民间文艺助力乡村振兴

主 编 陈国欢 季中扬 史新明 孔宏图

东南大学出版社
·南京·

图书在版编目(CIP)数据

民间文艺助力乡村振兴 / 陈国欢等主编. -- 南京：东南大学出版社,2024.10
ISBN 978-7-5766-1212-7

Ⅰ.①民… Ⅱ.①陈… Ⅲ.①民间文学—文艺学—关系—农村—社会主义建设—研究—中国 Ⅳ.①I207.7 ②F320.3

中国国家版本馆CIP数据核字(2024)第028680号

责任编辑：顾 娟　责任校对：张万莹　封面设计：王 玥　责任印制：周荣虎

民间文艺助力乡村振兴 Minjian Wenyi Zhuli Xiangcun Zhenxing

主　　编：	陈国欢　季中扬　史新明　孔宏图
出版发行：	东南大学出版社
出 版 人：	白云飞
社　　址：	南京四牌楼2号　邮编：210096　电话：025-83793330
网　　址：	http://www.seupress.com
电子邮件：	press@seupress.com
经　　销：	全国各地新华书店
印　　刷：	江苏凤凰数码印务有限公司
开　　本：	787mm×1092mm　1/16
印　　张：	15.25
字　　数：	365千字
版　　次：	2024年10月第1版
印　　次：	2024年10月第1次印刷
书　　号：	ISBN 978-7-5766-1212-7
定　　价：	78.00元

本社图书若有印装质量问题，请直接与营销部联系。电话(传真)：025-83791830。

编委会

名誉主编 王锦强　何　超

主　　编 陈国欢　季中扬　史新明　孔宏图

副主编 张　丹　姚建萍　唐华伟　周经纬　徐丙奇

编　　委 尚宇轩　李林青　唐　鹏　姚　卓

序言 PREFACE

乡村振兴与手工艺价值回归

潘鲁生　中国民间文艺家协会主席

内容摘要： 乡村振兴离不开文化支撑，乡村振兴战略对乡村文化的传承与重塑提出了更高要求。传统手工艺的复兴有助于充实和提振乡村文化并增强文化产业融入发展的源动力。由此要深入把握和尊重乡村特色产业的发展规律，重视文化传承与保护工作，建立和完善更"接地气"的发展模式，重塑乡村文化特色，传承生活美学，激活文化记忆和生命力。

关键词： 乡村振兴；传统手工艺；文化资产复兴

我国乡村振兴战略确立了"产业兴旺、生态宜居、乡风文明、治理有效、生活富裕"的总要求，开启了城乡融合发展、共同富裕、质量兴农、乡村绿色发展、乡村文化兴盛、乡村善治，以及中国特色减贫的乡村振兴新征程。乡村振兴离不开乡村文化的振兴，传统手工艺是重要载体，不仅包含民族传统造物智慧、审美意识、技术能力、伦理观念，也具有农业、工业和信息经济内涵的产业功能。关注传统手工艺发展，推动传统手工艺适应时代需求，有助于创造高层次物质生活与精神生活，助力文化发展和乡村振兴。同时，乡村振兴战略的实施也将催生一批新兴群体、汇聚一股新生力量，推动民族传统工艺美术的复兴。

一、乡村生活使传统手工艺再生

如果把乡村振兴视为设计几间民宿、开几个咖啡馆、种上几分菜地，将城里人吸引到乡村旅游体验，借此增加就业机会、提高收入的话，那并没有真正把握乡村振兴的内涵，至少不是农民期待的乡村振兴。乡村振兴的核心是乡村文化、乡村共有价值的振兴。乡村共同体不仅是血缘、地缘、宗族等要素相互联系后的汇总，而且是本土地、有机地、浑然地、持久地生长在一起的文化整体，表现出共同居住、共同生活、共同劳动和共同关爱的共有价值，反映出"价值共同体"自然天成的稳固意志。我们认为，乡村文化振兴将重建以传统手工文化为主导的"价值共同体"，一批带有场所共同价值的"乡土博物馆""乡土景观群""农业资产带""田园共同体"等文化设施将新建和复建：一批反映乡村耕读文化、乡情村史、乡土记忆、乡村活态生活、乡土主题等多样化的"乡土博物馆"将应运而生，一些具有识别价值的乡村聚落、民居住宅、村口聚会地、巷弄街道、菜地、田间小道、畦埂、作坊、桥梁、庙宇、祠堂、文化大院、柴垛、灌溉设施、自然河流等"乡土景观群"将得到重视，一些集物候节律、传统节日、文化资产、俗信、礼仪、传统种养系统、集市等与日常生产生活一体的"农业资产带"将焕发活力，一批新兴的集循环农业、创意农业、农事体验于一体的"田园综合体"方兴未艾。

其中，传统手工艺是参与中华传统文化孕育、生成、发展、传播最为广泛的文化形态之一，传承的不仅是中国传统技艺和造物思想，更多的是日常生产与生活智慧，以及由此交织凝练而构成的社会价值体系。传统手工艺蕴藏着人类最本质的创造力，几乎涵盖了民众乡土生活的全部，形成了一个个持有历史记忆、勾连文化脉络和传播文化价值的基因密码，存续于中华民族乡村"价值共同体"的每一个细胞当中。手工艺具有"物性"与"心性"交织重叠的特点，在某种意义上就是国民集体乡愁的主要载体。将传统手工艺融入乡土生活，展现一方水土的民俗、风物和文化样式，将为传统手工艺发展带来生机与活力，更为乡村振兴提供源源不绝的精神动力。如果说我们已经无法真正回归到一种万籁俱静的自然状态，那么如何确保传统乡村"价值共同体"在乡村振兴中发挥内燃机、黏合剂和助推器的育化功能，通过最广泛的手工造物行为将人与人紧密地联系在一起，强化"慢经济""乡愁经济"与"价值共同体"的叠加效应，防止出现片面追求旅游增值的负面情形，是摆在我们面前的重要课题。

二、乡村手工艺群体崛起发展

城镇化和乡村振兴是互相促进、互相联系的命运共同体。以双向流动为主导的城乡资源共享思维，为走向复生的乡村文明找到了自我认知的灵魂。随着"返乡下乡""引才回乡"逐渐变为现实，乡村中现有的新型职业农民、传承人、留守妇女以及乡村发展急需的城市精英、实用人才、大学生村官和"三支一扶"人员等，逐渐汇集成扎根乡村、与乡村共命运，有意愿、有情怀、有能力的乡村人才队伍，成为乡村文化和传统手工技艺得以传承的关键因素。同时，城乡文化、资本和工艺、技术等要素之间的相互吸引流动，势必引发乡村创新创业热潮，从而推动乡村文明的复兴，使中国五千年文明在城乡双向流动中走向现代化。

在这一双向流动的浪潮中，乡村妇女与青年群体将迅速崛起，成为传统手工艺传承与创新不可忽视的生力军。在中国农耕文明演进中，传统手工艺的传承除了被津津乐道的"师传徒""父传子"的形式之外，还潜藏着另一种湮没无音的、对辉煌的华夏文明起到默默推动作用的传承力量，那就是"母亲的艺术"。中国传统的妇女技艺，从狭义上讲，主要集中在纺织、浆染、刺绣、编结、剪纸等女红范畴；从广义上说，女红的范畴实可扩展到整体的传统工艺与民间艺术。当下，母女传承技艺的方式虽已褪色，但传承潜力犹在。全国妇联的统计数据显示，妇女已占中国乡村劳动力的60%以上，她们承担着生产劳动、操持家务、抚养子女、照料老人等重担，日常精神压力很大，文化生活比较匮乏。在新一轮国家扶持"三农"利好政策和乡村振兴战略带动下，更多的女性将从繁杂的事务中解脱出来，重返手工技艺传承队伍。女性权益保护进一步加强，妇女通过培训参与工艺技术传承、培养传统工艺文化创意意识、活跃乡村文化生活、提升可持续生计的能力，以此改善自身地位等，正呈蓬勃发展之势。乡村社区组织通过手工艺赋权女性群体，增进弱势群体间的相互合作，提升乡村女性的自尊、自信及其乡村社区归属感，改善女性群体生存状况与精神风貌，彰显了传统手工艺独特的社会价值。

据相关统计，乡村女性手工艺群体中35岁以下的约占65%。但在城市手工艺群体中，受过高等艺术教育、仍穿梭在城乡之间从事手工艺的青年女性比例超过70%，长期光顾与手工艺消费有关的专业网站的青年女性比例高达85%。女性手工艺群体正呈规模整体扩张、成员构成年轻化的发展态势。与此同时，随着返乡下乡年轻化、知识化和资本化成分的剧增，以及互联网化生产与电商销售方式的普及，一批批传统手工艺人正经历着信息时代的思维转型，催生出一批既是互联网平台"原住民"，又是现实生活中青年手工匠人的新型角色。人才要素加速了城乡之间手工资源的交流转换，使传统手工艺焕发新的生机。越来越多的青年手工艺人群体展现出对传统手工艺的认同，并将其作为职业选择。青年手工艺传承人普遍认同传统工艺，具有设计创新能力、团队合作意识、互联网操作经验和国际化视野，这些都是信息化时代传统手工艺突破发展所需要的共性能力。

三、乡村互联网手工艺经济兴起

目前，中国已进入文化消费需求持续增长、文化消费结构加快升级、文化消费拉动经济作用明显增强的新时代，消费已由过去追求"排浪式"、温饱型消费，向个性化、原真性、品质化消费方向发展。互联网化生产与电商IP经营模式的大规模普及，从根本上拓展了传统手工艺传承、传播的空间范围，加速消费由消费数量向消费质量与生活品质协同的方向发展。互联网发展下的乡村开始成为城乡经济一体化架构下传统手工艺的"原创生产中心"，这是信息经济主导下对传统手工艺发展的普遍要求。

随着一系列电商平台的出现，以"移动互联网＋社交＋大数据"为依托，文化消费逐步重建大众日常生活方式，重构手工艺的多元化发展格局。例如，一系列传统手工艺APP应用雨后春笋般涌现。这些APP聚集了各地的手艺人，通过图文、视频、直播等方式，或展示艺人与作品，进行社会化媒体传播，或助推网红手艺人，借助流量IP经营和粉丝体验互动，形成用户与良品美器及品牌之间的良性互动。"互联网＋"打通了生产价值链和消费价值链，使传统手工艺人直接与市场对接，有效减少了中间环节，改变了传统手工艺品的产销模式，打破了手艺人的传统思维模式，便于传统手工艺突破信息传播局限的地域边界，向更为广阔的空间实现传承与传播，在获得倍数收益的基础上延展了传统手工艺保护与传承的新渠道。此外，新媒体平台技术对于保护濒临失传的老手艺、挖掘青年手艺人，以及提升手工艺垂直领域用户的黏性具有重要的先导作用。乡村振兴将进一步加快城乡手工艺线上线下的互动频率，在拓展传统手工艺传承发展渠道的同时，必将有助于解决互联网时代传统手工艺知识产权及从业者权益保护的根本问题。

借助互联网优势发展乡村手工艺经济，要加强对"以农为本"的文化体系的解读和挖掘，激发生产创意、生活创意、IP创意、功能创意、工艺创意、材质创意、产业创意、品牌创意和景观创意，通过营造优美意境，创造农民独特增收模式，促进美丽乡村建设，以实现农业增产、农民增收、农村增美。在这个过程中要加强文化传习，使传统手工艺成为乡村、社区和民众自然和谐、稳定有序、良好互动的重要纽带，增强文化认同感与归属感。同时，把握县域经济在生产力发展水平、资源禀赋及经济发展阶段等方面的特点，构建符合自身发展条件的商业模式，使手工艺经济区块在优化县域产业结构中不断转型升级。

总之，乡村振兴离不开文化支撑，乡村振兴战略对乡村文化的传承与重塑提出了更高要求。民族传统手工艺价值的复兴有助于充实和提振乡村文化，并增强文化产业融入发展的源动力。在这个过程中还需要更深入地把握和尊重乡村产业的发展规律，充分重视文化传承与保护工作，建立和完善"接地气"的发展模式，重塑乡村特色，传承和发展生活美学，激发乡村文化的集体记忆和活力。

目录 CONTENTS

序言
乡村振兴与手工艺价值回归 ·················· 潘鲁生（001）

基础理论研究
论民间文艺赋能乡村建设：基于百年乡建学术史的反思 ·········· 毛巧晖（003）
民间文艺与乡村振兴的铸"魂"塑"形" ·················· 郑土有（016）
非物质文化遗产助力乡村振兴转换逻辑与实践路径 ·········· 林继富（022）
繁荣民间文艺，助力乡村振兴 ·················· 戴珩（024）
民间文艺助力乡村振兴的可能性及其定位 ·················· 季中扬（028）
关于群众文化视域下民间工艺美术传承发展的思考 ·········· 唐鹏（033）
乡村振兴中高校赋能传统工艺的路径与策略——以江南大学中国紫砂艺术设计研究院为例 ·················· 王峰（044）
苏绣文化赋能乡村振兴的实践探索——以"江苏省苏绣小镇"苏州高新区镇湖街道为例 ·················· 周经纬（050）
民间文艺助力乡村振兴的苏州实践——以阳澄湖（消泾）国际手作村为例
·················· 陶可妍　王宇翔（058）
民间文艺之乡赋能乡村振兴的思考与探究——基于江苏省内中国民间文艺之乡的调研 ·················· 李林青（070）
乡村振兴视角下东海县水晶雕刻人才培养初探 ·········· 张守忠（075）

民间文学与乡村振兴
试论神话资源助力乡村文化振兴 ·················· 王宪昭（083）
朝向乡村振兴的神话资源价值研究——以"双重漫游者"新乡贤为视角
·················· 孙正国（094）

手工艺与乡村振兴
中国布老虎艺术及乡村振兴 ·················· 马知遥（105）
乡村振兴背景下的妇女手工艺生产——临夏州东乡县刺绣扶贫车间调查研究
·················· 高莉　王京鑫　牛乐（113）

从遗产到资源：传统手工艺类非遗的乡村角色研究——以贵州省为例
.... 王月月　段　勇（123）

"遗产资源论"视域下的凤翔泥塑——兼谈艺术介入乡村建设的多元
.... 孟凡行（132）

"后'非遗'"时代手艺新村建设的可持续性发展研究——以潍坊杨家埠村为个案
.... 荣树云（139）

千文万华，美在"漆"中 .... 蒋　超（149）

民间艺术与乡村振兴

乡村振兴与文化传承——以农民画与乡村教育为例
.... 郭世杰　刘　明　刘　洋（157）

礼俗仪式音乐在乡村振兴中的价值及意义——以乌江流域仡佬族民间吹打乐为例
.... 李　杰（169）

重视乡村乐班在新农村精神文明建设中的作用——基于苏北乡村唢呐班的调查与分析
.... 赵宴会（177）

民俗艺术与乡村治理

村落语境中的艺术表演与自治机制——以鲁中地区三德范村春节"扮玩"为例
.... 朱振华（185）

非物质文化遗产保护与当代乡村社区发展——以鲁中地区"惠民泥塑""昌邑烧大牛"为实例 .... 张士闪（210）

舆论监督：作为乡村治理的民俗艺术——以陕西省H县"耍歪官"活动为例
.... 沙　垚（223）

基础理论研究

论民间文艺赋能乡村建设：基于百年乡建学术史的反思

毛巧晖　中国社会科学院研究员

摘要：在中国近代社会变革中，知识人和革命者很早就意识到乡村建设的意义。在1919年兴起的"到民间去"运动中，乡村文化对于革命的作用引起中国共产党早期领导人和知识分子较广泛的关注。此后在二十世纪二三十年代的"乡治"讨论中，歌谣、鼓词等所蕴含的"革命"与"激进"内涵进一步被发现，革命者和知识人希冀通过对民间文艺的改造来传播新思想、启蒙农村。延安时期，由政治精英推动的乡村文艺运动改变了之前知识分子与乡村隔离的状态，充分发挥了民间文艺在乡村建设中的政治、社会功能。新中国初期的乡村文化建设重点在于如何重塑民间文艺，形成新的"地方讲述"及文化共识。改革开放后，伴随民俗旅游的兴起，民间文艺在乡村建设中发挥了"舞台"作用。21世纪初在非遗语境中，民间文艺走向发展主体的地位，尤其是在艺术乡建中引发了诸多讨论。文章在对不同时期乡建中民间文艺所发挥的功能与价值梳理的基础上，归纳与总结其经验与存在的问题，为乡村振兴战略的实施提供一定镜鉴。

关键词：民间文艺；乡村建设；乡村振兴；乡建学术史

村落作为中国乡村社会结构中的基本单位，是一种实际存在的时空坐落，它的治理结构、发展状况直接关系到基层社会的稳定。① 从1919年兴起的"到民间去"运动开始，中国的政治精英、知识分子就很重视乡村对于社会革命与社会发展的意义，这一发展历程大致可以分为二十世纪二三十年代兴起的"乡治"讨论、延安时期的乡村建设、中华人民共和国成立初期的乡村改造、20世纪80年代至21世纪初的乡村旅游及艺术乡建。在每一阶段，民间文艺可以说都未缺席。在不同时期它所起的作用及在实践过程中形成的经验与问题，或可为当下民间文艺赋能乡村振兴提供一定镜鉴。

一、民间文艺与"乡治"

北伐战争之后，随着农民运动的蓬勃发展②，学人们围绕"农村建设"问题展开了

---

① 刘铁梁.村落：民俗传承的生活空间[J].北京师范大学学报（社会科学版），1996(6).
② 如北伐战争前期，湖北农民在中国共产党的领导下，开始组织农民协会。到1925年底，汉川、黄冈、黄安、黄梅、潜江、天门、远安、枣阳等地建立了农民协会。参见吴礼林：《北伐战争时期湖北农运的几个特点》，《中南民族学院学报》（社会科学版）1986年第3期。

广泛讨论,并引入外国相关实践经验。① 1928 年,梁漱溟《请开办乡治讲习所建议书》一文开篇即指出:"乡治为适应潮流切合需要之时代产物,举凡伦常重心之民族问题,教养精神之政治问题,均平原则之民生问题,均非建设乡治,皆无从得其完满之解决。"② 江苏的村制育才馆、湖南的村制训练所、广东的乡治讲习所、河南的农村训练班、河北的村政研究委员会等均为"乡治"的实践,然而此项事业"非仅制度的建设,实有赖于学术的训练"③。1929 年,根培在《高呼建设声中之农村问题》的第三部分《农村一般生活的鸟瞰》中谈到"乡村人民的嗜好":

> 若说到乡村一般的情形,凡是失业或闲散的人,多是欢喜牌赌看戏。他们都把茶馆,酒店,赌厂戏场(行台戏)等消遣场,为惟一的正业,因而倾家败产,甚而生出极大的祸患,至死也不觉悟……④

由于乡村的人民"全无维持精神正道的机关去指导",似乎与"迷信的结合"更能推进乡村事务,"凡一村之中,每要团结防匪自卫,或改良水利等通力合作的正事,反不如某处迎神某处打醮的号召力量之大"。为了不"溺于邪途",故"农村自治"不可缓。学人们积极探索建设农村的方法,特别是针对"农村娱乐的改良",提出以"农村音乐会""运动会""演说比赛会"等"新娱乐"代替"旧有的不正当娱乐",在"农村音乐会"的建设中运用"农村的一切歌谣,编为乐谱,教农民歌咏,一切爱国词曲,使农民唱和,鼓励爱国心绪,养成高尚情操,改革鼓词,编纂农村新剧"。⑤ 梁漱溟也在《山东乡村建设研究院设立旨趣及办法概要》中专门设节讨论"乡间礼俗的变革",认为此变革"关系乡村建设问题者甚大"。他认为:

> 人与人之间关系日密,接触日多,所以行之者必有其道。此道非法律而是礼俗。法律只可行于西洋,行于都市;若在中国社会,尤其是在乡党之间是不行的。⑥

这一时期,社会各派政治力量在乡村建设的实践与讨论中关注到了歌谣、鼓词、民间礼俗等民间文化的重要作用。他们注重民间文艺中蕴含的"激进""革命"的因素,以"启蒙"的眼光探寻如何利用民间文艺为社会革命服务,并将其纳入学校教育以塑造现代国民。

---

① 相关文章有黄山:《农民运动与农村建设》,《建国》1929 年第 33—34 期;阎若雨:《从兵荒马乱中说到农村建设》,《农村月刊》1930 年第 11 期;友农:《农村建设的方向》,《民间》1931 年第 2 期;笑庵:《中国农村建设问题》,《南针》1932 年第 2 期;董志立:《农村建设刍议》,《浙江省建设月刊》1933 年第 9 期;等等。著作有赵仰夫:《丹麦的农村建设》,上海:新学会社 1928 年;徐正学:《中国农村建设计划》,南京:国民印务局 1935 年;叶士平:《中国之农村建设》,漳州:南风印刷社 1936 年;等等。
② 梁漱溟.请开办乡治讲习所建议书[J].内政公报,1928(6).
③ 梁漱溟.请开办乡治讲习所建议书[J].内政公报,1928(6).
④ 根培.高呼建设声中之农村问题[J].村治月刊,1929(10)
⑤ 罗光宗.怎样去建设我国的农村[J].河南中山大学农科季刊,1929(1).
⑥ 梁漱溟.山东乡村建设研究院设立旨趣及办法概要[J].农村月刊,1931(19).

《农村月刊》①《乡村建设》②《农村》③《新农村》④《绥远农村周刊》⑤《绸缪月刊》⑥就民间文艺及相关问题的刊载均反映了这一思想。如《农村月刊》1930年第14期刊载的《歌谣》一文中谈到,歌谣作为在乡村最流行且有趣的民众文艺,从事乡村运动的人可以拿它作工具,所以在《农村月刊》第14期开始增加"歌谣"一项,"择其顺口,有趣,可为小学校之课外教材者而录之"。再如《绸缪月刊》1936年第5期刊载的《从歌谣中去检讨农村妇女生活》一文中提到,从歌谣里面去探讨农村妇女的生活和现状可以得到更真切更实际的刻画,"她们的人生凄楚,她们的性爱的悲愤和愿望,都漓漓地从歌声里传出来",如"教妹精,教妹莫嫁种田人;五更吃饭四更起,日头又晒雨又淋""教妹精,教妹莫嫁种田人;红薯芋头家常饭,一年到头不见荤""挑水妹,打烂水桶不敢回;一来又怕家婆骂,二来又怕老公搥"。此外,还有展现农村妇女在旧制婚姻中痛苦发泄的歌谣,如"家花不比野花香,家郎不比野郎强;野郎好比田科子⑦,家郎好比老虎王""石榴花开叶子青,丈夫打骂不留情;情哥待我仁义重,死在山头也甘心"。歌谣讲述了农村妇女的遭遇,这既是中国农村社会里妇女生活的写照,也蕴含了20世纪30年代"农村妇女运动"中的妇女教育理念。《农村》在1933年第2期刊载的李鸿怡《今后文艺应有的动向》中明确提出,今后文艺的动向应当是

---

① 《农村月刊》,1929年10月在北平创刊,由中国农村改进社编辑并发行,1931年9月停刊,共出版23期。该刊以"发扬党义,昌明文化,改良农村"为宗旨,研究乡村建设、农业生产发展问题,揭示我国农村经济日渐衰落的原因,反映农民生活日趋悲惨的实际情况,探讨妇女解放、农村生产、生活教育等问题,也刊有少量文学作品。

② 《乡村建设》,1931年10月创刊于山东邹平,停刊于1937年,由山东乡村建设研究院编辑并发行,半月刊,属于综合性刊物。其主要栏目有乡运通讯、朝话、乡运者的话、各地乡运消息及状况、工作纪实、海外纪闻、村运消息、本院新闻、参考资料、讲演、农村调查、社会调查、专题讲述、补白等。主要撰稿人有张玉山、梁漱溟、江恒源、蓝梦九、茹春浦、孟张龙、张立民、秦亦文、周葆儒、刘宇、杨效春、祝超然、严寅、陈康甫、陈希纯、方铭竹、李靖宇、冯新亭、熊国霖、刘焕亭、白飞石、孔雪雄等。该刊以"记述社会真实状况,阐发乡村建设理论,供给乡村民众最需要的知识"为宗旨,积极研究乡村建设问题,指导乡村建设的开展实施。载文以该院和邹平县的消息为主,也有农村建设方面的理论文章、乡村运动消息、调查、医学常识、农业知识、文艺、国内外大事记等。刊有《农品展览专号》《棉业合作报告专号》等特刊。

③ 《农村》出版至1936年10月第4卷第1期停刊,由江西农村改进社编辑并出版。该刊原为月刊,自1935年第3卷起改为季刊。该刊主要供稿人有熊肇光、熊天翼、苏郁圃、江咏楠、袁啸虹、吴恺、陈传忠、尹行信、李幼农等,主要栏目有农村问题论述、专载、调查、农情通讯、农事消息等。《农村》以"复兴农村"为宗旨,以"集中人才、建设理论、分期实施"为三大任务,希望有志于农村事业的社会人士、国内外农业学者专家,担起建设农村事业的重任。

④ 《新农村》,月刊,1933年6月在山西太原创刊,由农村教育改进社编辑并发行,1936年6月停刊。该刊以"提倡农村事业、研究农村问题、改进农村教育以建设新的农村"为宗旨,内容包括教育评论、农村教育、农村经济、农村自治、农村社会问题、农村文学等方面的论著及通讯,并刊发过多期专号。

⑤ 《绥远农村周刊》,1934年在绥远创刊,由绥远农村周刊社编辑并发行,1937年停刊。该刊是研究当时农业发展、农村概况的重要期刊,主要撰稿人有赵文魁、高梅轩、雅珏、士杰、居居、戎占芽、继先等,主要栏目有农谚、社评、周文简载等。

⑥ 《绸缪月刊》持本位救国之旨,以服务社会为目标,正如该刊的刊名"绸缪"一样,希望在灾难来临之前未雨绸缪。其因综合性强,读者面广,故有广泛的社会影响。

⑦ "田科子"为植物名,寓意"甜哥子"。

"从十字街头跑向穷乡僻壤的农村去"。1934 年，薄坚石在《新农村》第 9 期发表《从农村破产声浪里谈谈农民文艺运动》，文中将"农民文艺"分为：

（甲）关于农民的文艺

（乙）由农民自己创作的文艺

（丙）有地方色彩的乡土文艺

（丁）为农民申诉或牖启农民智识的文艺。

其涵括了乡土文艺、民间文艺及具有启蒙性质的精英文艺等。在当下我们的讨论中，因为学科分野，这几类文艺研究之间区隔越来越大，薄坚石将农民文艺统合观照的思想值得当下借鉴。

在当时各种有关乡村文艺及文化建设的讨论与实践中，1932 年初至 1937 年熊佛西等戏剧家在河北定县展开的乡村实验影响较大。熊佛西初去定县时，便根据当地的民间生活写了几个剧本。演的时候，熊佛西便混在观众里面，观察他们的反应：

看他们什么地方哭，什么地方笑，什么地方咳嗽，什么地方伸懒腰，凡见他们咳嗽伸懒腰，便知道这地方对他们不发生亲切关系。①

熊佛西认为戏剧不仅有"给予"的问题，还存在"接受"的问题。"接受"指的是民众能不能接受、愿不愿接受的问题。农民所欢喜的，"是一个和农民生活相关的完整的故事"，因此"演给他们看的戏剧，要多用动作，多用具体的表现"。熊佛西的戏剧作品《牛》的演出更是采用新式的方式——"台上台下打成一片，演员观众不分"。这部作品可以视作"摒除幕的界限"的最高理想。② 另一部戏剧作品《屠户》描写了放高利贷（印子钱）的孔大爷放债压迫农民的故事，这部作品在定县的乡村多次演出。据熊佛西回忆，某次演到第三幕时，忽有一年轻农人大叫："打死他妈的孔屠户。"熊佛西认为，在艺术的目标上，乡下人能这样欣赏，能成群结队地跑到距离四十里远的地方去看戏，足见新剧的感动力与吸引力。③ 尽管话剧是"新的东西"，使农民"非常高兴"，但是随着实验的结束，农民这种"痴迷"也迅速降温。

定县农民戏剧实验作为"雅俗夹缝中的另类启蒙"④，最初在乡村文化建设中产生了一定影响。无论是其现实主义的创作原则，还是"观众与演员打成一片"的演出方法，抑或是对"露天剧场"的强调⑤，都对培育当今健康、繁盛的乡村舞台及农村文化⑥，提供了值得参考和借鉴的经验。

---

① 熊佛西,戴子钦.民众戏剧与定县民众戏剧运动[J].教育辅导,1935(6).
② 《民间》编辑部.熊佛西近作《牛》用最新技巧演出[J].民间(北平),1934(2).
③ 空常.论旧剧与新剧以及农村新剧运动[J].文艺战线,1937(13).
④ 刘川鄂.雅俗夹缝中的另类启蒙：20 世纪 30 年代定县农民戏剧实验[J].文学评论,2013(4).
⑤ 熊佛西.戏剧大众化之实验[M].南京：正中书局,1937.
⑥ 曾宪章,刘川鄂.20 世纪 30 年代定县农民戏剧实验的历史意义[J].文艺研究,2013(9).

但我们也看到：艺术家的理想与实践和乡村启蒙、"培养新民"的诉求还很遥远。① 话剧并未与民众发生内在关联，这可能与当下很多艺术乡建及文化扶贫等类似，人走"文化"则如云烟消散。在这些文化活动中，知识分子有意无意地忽略了民众的文化自主性。所以无论是定县戏剧试验，还是全面抗日战争时期各地兴起的利用民间文艺形式进行的革命动员，我们看到的更多是从初始的兴味盎然到最后的草草收场。严恭在《来自江南农村：农村流动演剧的报告》中谈道："八•一三"之后，上海剧院组织流动演剧团散发到农村去"唤起民众一致抗战的宣传"，在具体的表演实践中，演剧团逐渐认识到，农村演剧，主要是要让农民看得懂，听得懂。② 为了做到这一点，在内容方面，要选择农民切身相关的题材；在形式方面，根本原则是通俗。演剧团探索了一条行之有效的"试验"之路，即改编民间流行的小调歌谣，再配合固定的形式演出。如在无锡演出时，上海救亡演剧队第四队改编了无锡民间最流行的《无锡景》："拉拉小胡琴呀，唱不勒（给）诸公听，诸位先生静呀静心听呀，听我唱格打倒东洋人呀，东洋呀矮子末罪过数勿（不）请呀！"经过改编的《无锡景》在演出时曾受到当地民众的欢迎，除此之外，还改编了《梨膏糖》《数来宝》等作品。但批量的制作之后，如"通俗读物编刊社"的抗日文艺实践，引起了诸多批评，尤其"狭隘的实用主义"③ 受到的诟病甚多。

另外，我们也应该看到：乡村建设中很早就意识到民间文艺的价值，但在对民间文艺进行利用、改造的同时，他们又陷入无法厘清民间文艺与民间信仰关系的焦灼。不仅一些歌谣的搜集整理、民俗物件的保存被视为有伤风化、保存迷信，而且在国家社会、知识教育层面，一些民间文艺也渐趋被置于科学的对立面。

二、乡村文艺运动与延安时期的乡村建设

在中国乡村建设史上，中国共产党在延安时期的乡村建设实践具有独特地位。④ 1935年，中共中央到达陕北之后，面对"号称乡村运动而乡村不动"⑤ 的难题，积极探索用文化和政治治理乡村的"党治"之路。⑥ 中国共产党逐渐认识到边区文艺"如野草闲花似的到处孕生着，成长着，遍地都是翠绿的小草和美丽的花朵，虽不伟大，然

---

① 孙诗锦.1930年代定县戏剧改良与乡村启蒙[J].史学月刊,2012(2).
② 严恭.来自江南农村:农村流动演剧的报告[J].文艺月刊,1937(2).
③ 向林冰.通俗文艺的语汇问题[J].学习,1939(1).
④ 高明.不激进的革命:延安乡村建设再理解[J].开放时代,2018(3).
⑤ 梁漱溟.我们的两大难处[M]//梁漱溟全集:第2卷.济南:山东人民出版社,2005:573.
⑥ 孙晓忠.创造一个新世界:延安乡村建设经验[G]//孙晓忠,高明.延安乡村建设资料.上海:上海大学出版社,2012.

而普遍，深入大众"①。梆子、秧歌、落子、上党宫调、小花戏、皮黄、霸王鞭等传统民间文艺形式与话剧、歌剧、快报剧等现代文艺形式结合起来，形成了形式多样、生机勃勃的乡村文艺景观。1942年《在延安文艺座谈会上的讲话》（以下简称《讲话》）提出，"我们是站在无产阶级的和人民大众的立场"，"文艺工作的对象是工农兵及其干部"，"我们的问题基本上是一个为群众的问题和一个如何为群众的问题"。② 1943年，春节宣传表演的新秧歌开启了"中国文艺史上空前的新文艺运动"，当时这一"提高了的为群众的文艺"的代表作是"由铁锤镰刀领头的鲁艺大秧歌和《兄妹开荒》"。③ 此外，还有《运盐队》《挑花篮》《拥军花鼓》《十二把镰刀》等剧目。在《夫妻逃难》中扮演"妻"的熊塞声④回忆在米脂县杨家沟演出的场景时提到：

　　正逢春节，各乡都派了代表和自卫队员，手持红缨枪，从四面八方的山沟里涌出，吹打着唢呐锣鼓，用碾盘那样大的簸箕抬着肉、酒、蒸馍，人流如同从山沟里下来的山洪，声震天地，红旗招展，一起涌向杨家沟来慰问我们。⑤

　　随着"乡村歌咏活动""乡村剧团活动""乡村文艺通讯运动"的开展，民众积极主动加入文艺创作的队伍，如河北唐山县（今唐山市）的王尊三、河北雄县（今雄安新区）西楼村的李国春、河北保定市清苑县（今清苑区）南宋村的魏炳山等鼓词艺人创编新鼓词，鼓舞群众参与革命，演唱乡村新景象。王尊三创作了《保卫大武汉》《晋察冀小姑娘》《亲骨肉》《皖南事变》《大生产》⑥等，其长篇鼓词通篇多用"十四寒"韵，偶用邻韵"十五删"，流转自然、妥帖工整。鼓词《大生产》描绘了乡村新景象，"共产党的领导真不错，谁也有饭吃谁也有地种……如今实行了土地改革，谁也有衣穿谁也有活做"，同时村干部还参与调解家庭矛盾，"二小子去请农会主任刘老和，叫他们来给咱们分一分家业"，⑦ 在鲜活的讲述中展现了共产党人参与乡村政治、文化建设的工作。《边区乡村文艺运动略述》指出："根据冀西十二个县的统计（不完整）：村剧团一〇一四个，团员将近二万人；黑板报二九四一个，霸王鞭和秧歌队几乎每村都有一个（铁路线上的村庄没有，那是因为国民党反动派还压在人民的头上）。"⑧

---

① 周而复.延安的文艺[J].文艺阵地，1939(9).
② 毛泽东.毛泽东选集：第3卷[M].北京：人民出版社，1991：848-853.
③ 柯仲平.把我们的文艺工作提高一步：陕甘宁边区文艺工作总结[J].群众文艺，1949(11/12).
④ 熊塞声（约1915—1981），原名熊贤璨，1937年参加革命工作，历任延安鲁艺戏剧干部，东北文工团演员，东北特区文艺干部，东北电影厂演员，北京电影厂、北京电影演员剧团演员；1953年开始发表文学作品，著有童话剧剧本《巧媳妇》《还我的孩子》《一架缝纫机》《骄傲的小燕子》，童话诗《马莲花》《孟二先生》《吹笛子的人》，电影文学剧本《钟义和小白龙》，以及民间故事集《马郎》等。
⑤ 熊塞声.在毛泽东文艺思想引导下：延安文艺座谈会后的一段回忆[N].大公报，1962-05-23(3).
⑥ 王剑清，冯健男.晋察冀文艺史[M].北京：中国文联出版公司，1989：525-526.
⑦ 王尊三.大生产[C]//王尊三，等.大生产.北京：新华书店，1949：26-28.
⑧ 张文芳.边区乡村文艺运动略述[J].北方文化，1946(2).

从边区文艺的实践看,其消解了"新"与"旧"、"土"与"洋"的文化等级,为文艺的本土创新和民族化发展提供了必要的发展空间。① 如阜平作为文艺活动的中心,在其1945年春节的近300个节目中,梆子、秧歌、快板等形式的节目占了近200个。这些"艺术形式"抛弃了脸谱、蟒袍、玉带等旧的服装道具,改造了某些"台步""台词",因此可视为新的民族形式的"雏形"。如边区唐县杨家庵的赵玉山,"他唱秧歌二十多年,他村大小人都能拉两句,村剧团就在这样的基础上建立起来"。赵玉山和"闹秧歌"的村民一起,在秧歌表演中,吸收了梆子、落子等调头,并大胆采用了一些新歌曲如《松花江》《黄水谣》《八月十五》《五枝花》等的曲调,丰富了秧歌的声腔表现力。② 花鼓、霸王鞭、太平车、跑旱船、踩高跷、皮影戏等民间文艺形式成为展现乡村生产变化、土地革命的"新文艺",同时也促进了乡村文化建设。这些"新文艺"由于秉承着"自己演自己的事""自己编大家审""采用民众喜闻乐见的形式"等原则,不仅成为现实斗争的有力武器,还对指导民众生产生活起到了十分重要的作用。如1943年平山东岗南村面临蝗灾,有些人认为蝗虫是神虫,不肯去打,还有些青年、儿童借打蝗虫的名义,踏坏了很多庄稼。为了应对此种情况,村剧团编创了《打蝗虫》的剧作,指导村民打蝗虫,这个村子后来被选为打蝗模范村。再如太行区涉县索堡镇,每到庙会的时候,附近村上的妇女都赶来坐夜或下神,而一些人以巫神名义骗取老百姓钱财,索堡镇剧团就采取了一种"以其人之道还治其人之身"的方法:索堡的剧团叫一个人化装成男巫到那里去下神,另一个人装作病人去找男巫治病,那个男巫就装腔作势地下起神来,要病人许很多愿才肯治病,最后那个病人当众声明,他自己什么病也没有,揭穿了男巫的欺骗,并在当场展开了批评。这样启发了在场所有的妇女,大家认识到下神是假的,后来一哄而散。③

在中国共产党领导的乡村,政治精英、知识分子、民间艺人共同建构了乡村的新图景,民间文艺呈现新样态。如"新年画"的创作,在保留传统年画形式的基础上,将年画的主题"由驱祸求福转变为革命宣传与动员"④。新年画《农家历》就是利用"春牛图"的形式,"把当中的春牛改成变工队,两面的十二属相,改成十二个月农家的工作中心,填上简单的词,就成了对今天根据地农家完全有用的东西了"⑤;新年画

---

① 周维东.革命文艺的"形式逻辑":论延安时期的"民族形式"论争问题[J].文艺研究,2019(8).
② 王剑清,冯健男.晋察冀文艺史[M].北京:中国文联出版公司,1989:540.
③ 刘松涛.华北抗日根据地的农民教育工作[G]//《人民教育》社.老解放区教育工作经验片断.上海:上海教育出版社,1979:240-244.
④ 李军全.民俗节日与革命动员:华北根据地、解放区乡村社会中的春节(1937—1949)[J].党史研究与教学,2014:(1)
⑤ 实验学校.年画创作中的点滴经验[G]//孙晓忠,高明.延安乡村建设资料:第3卷.上海:上海大学出版社,2012:214.

《立功喜报》借用传统年画《天官赐福》的形式，使用旧社会状元及第的报喜形式，把抗日英雄模范的"立功喜报"写上英雄姓名。① 此外，还有将"灶王爷"上的"一家之主"改为"一家民主"，两边的"上天言好事，回宫降吉祥"，改为"天天做好事，人人都旺祥"。② 这样的创作最初也引起了群众的不满，有些人表示："这是八路军的灶王爷""八路军一向不信神，说没有神，可是印下灶爷卖，这是怎么弄的？"也有人认为："公家啥都好，就是不信神，现在'转变'了（指卖神像），就好了！"③ 在具体实践中，文艺工作者们逐渐认识到"年画印得美不美，合不合群众的习惯固属重要，但更重要的还是内容问题和如何正确地利用旧形式问题"④。于是，东北书画社在刊印年画之前，会将年画"初稿"带至乡间征求农民意见，几经修改，最后刊印了20种年画，深受各地农民欢迎，"年前一周左右即销售五十万份"，其中《人民解放军大反攻》《贫雇农大会》《翻身乐》广受好评。⑤ 此外，还有在农民生产、生活中起过重要作用的"新洋片"，将说唱文艺与连环图画结合，演述的内容多样，既有传统曲艺，也有颂扬革命英雄英勇事迹、普及卫生等内容，如一位姓张的老乡看了《怎样养娃娃》之后，一定要拉演洋片的同志到家里吃酒，并痛惜地表示："你们要是早来七八天，我那孩子就不会撂下了。"⑥ 此外，说书艺人韩起祥、农民诗人孙万福、乡村艺人刘志仁等与知识分子合作的文艺作品，不仅实现了中国共产党革命话语在乡村的推广，也对乡间抽烟、酗酒、赌博等不良现象起到了训诫作用。

延安时期，在党的领导下，知识分子走向乡村、走向民众，他们与民间艺人合作，充分发挥了鼓词、年画、旱船、高跷、舞狮、龙灯、杂耍等不同样式的民间文艺的社会功能，同时也创造了"斗争秧歌""新说书""新年画""新洋片"等民间文艺的新样态，这些在经济建设和文化建设中成为改造乡村文化的重要路径，其经验在中华人民共和国成立后进一步在全国范围内推广和践行。

三、"文艺下乡"与社会主义新农村建设

中华人民共和国成立后，乡村建设是社会主义改造和建设的重要任务。早在1945年4月24日中国共产党第七次全国代表大会上，毛泽东就在其所作的《论联合政府》中指出："农民——这是现阶段中国文化运动的主要对象。所谓扫除文盲，所谓普及教

---

① 陈建伟. 年画与抗战[J]. 山西档案, 2006(2).
② 王亚平. 冀鲁豫的新年画工作[J]. 文艺报, 1949(8).
③ 牟原. 关于年画[G]//孙晓忠, 高明. 延安乡村建设资料: 第3卷. 上海: 上海大学出版社, 2012: 232.
④ 牟原. 关于年画[G]//孙晓忠, 高明. 延安乡村建设资料: 第3卷. 上海: 上海大学出版社, 2012: 234.
⑤ 《正报》编辑部. 解放区文讯: 赵树理主编"新大众"东北年画销五十万份[J]. 正报, 1948(34).
⑥ 王剑清, 冯健男. 晋察冀文艺史[M]. 北京: 中国文联出版公司, 1989: 547.

育,所谓大众文艺,所谓国民卫生,离开了三亿六千万农民,岂非大半成了空话?"①新中国成立后,政府提出建设农村就要发展好农村文艺。而在农村文艺中,民间文艺占据主导地位。在延安时期已有陈荒煤、王亚平等提到发展乡村文艺的关键是"团结和改造民间艺人和旧艺人"。20世纪50年代,在各地乡村文艺的发展中,重点在于如何重塑民间文艺,并形成新的"地方讲述"及文化共识。

"文艺下乡"成为这一时期的主流。广大文艺工作者开始以前所未有的规模参与农村地区的建设工作,如重庆曲艺团深入山区演出,坚持进行"七边"活动(即边劳动、边学习、边体验生活、边创作、边排练、边行军、边演出),创作了《问路》《贫下中农团结紧》《迎亲人》《信不信》等节目,增加了清音小演唱、扬琴演唱、快板群、对口词、方言剧等群众喜闻乐见的形式。除了对传统民间文艺资源的"创编"之外,重庆曲艺团还对"新人新事新气象"进行编演,如记录"改土造田"工作的《好当家》,赞颂"虎溪公社"生产队长的《好队长杨志成》等。②

1953年,文化部发布了《关于开展春节农村文艺活动向农民宣传总路线的指示》,其中专门提到了如何更好地将文学、影视艺术与民间文艺结合,塑造农村新文艺,同时也强调了"应充分重视和发挥民间艺人的力量,组织他们参加宣传活动"③。1955年,浠水县在介绍领导发展农村文艺的经验时说道:

适当地满足了翻身农民的文化生活要求。全县一百五十六个乡,目前乡乡有业余剧团,村村有文娱小组。每逢节日或纪念会,各地都举行小型的演出,极受群众欢迎。在平时,分散在各区乡的民间艺人和爱好文娱活动的农民,也利用生产空隙时间进行活动;同时,县里还经常有计划地组织电影队、汉剧团深入农村巡回演出;各区并以乡为单位,以农业生产合作社为核心逐步建立农村俱乐部,在俱乐部中进行各种文艺活动以及问答会、大众讲座、读报、图书阅览等活动。由于农村文化娱乐活动的不断丰富和发展,广大农民的生产热情更为饱满。④

20世纪60年代,为了响应"把社会主义的文艺送到农村去"(文艺下乡)的号召,新中国文艺建设任务明确规定了向农村输送社会主义文艺,进一步巩固工农联盟和发展社会主义建设事业。其中特别值得注意的是当时兴起的新故事讲述。各地文化馆培养"故事员"到田间地头去讲述,宣传新政策、新文化。在创编与讲述中,故事员融入了民间文艺的创编原则与演述经验。如1963年《故事会》第2辑刊载毛学镛改编、龚昌平整理的《红色宣传员》,开篇即以一种说唱文艺形式娓娓道来:

---

① 毛泽东.毛泽东选集:第3卷[M].北京:人民出版社,1991:78.
② 朱兵.活跃在山乡的文艺轻骑兵:记重庆市曲艺团深入山区演出[J].曲艺,1965(4).
③ 牟原.关于年画[G]//孙晓忠,高明.延安乡村建设资料:第3卷.上海:上海大学出版社,2012.
④ 我们领导农村文艺活动的一些体会[N]人民日报,1955-12-01(3).

今天，我不讲山，不讲水；不讲天，不讲地；讲一个农村女宣传员怎样耐心帮助落后农民转变过来，共同搞好生产，建设社会主义；故事的题目叫《红色宣传员》。这个故事说嘛，蛮远，出在我们的兄弟国家——朝鲜；说近嘛，真近，讲的都是农村里面的事情，我们都很熟悉。①

在故事的"附记"中，强调故事的讲述需要凸显宣传员"李善子"帮助福善婶、崔官弼、崔镇午改造的过程，这就要求讲述者需要掌握李善子在"各个阶段的语气、仪态、行动"。此外，在讲到"千里马运动"与"青山里精神"的时候，一定要表达得很正确，"不能走样"。② 1964年，赵树理选编的《群众演唱丛刊》由北京出版社出版。书中收录了小型戏剧（话剧、评剧、歌剧），曲艺（唱词、相声、快板），歌曲和革命斗争故事等。③ 赵树理在《编者的话》中表示，选编这套群众演唱丛刊的目的是"满足农村公社社员、厂矿职工和广大青年开展业余文艺活动的需要，配合社会主义、集体主义、爱国主义思想教育，起到推动生产、鼓舞劳动热情、丰富群众文化生活的作用……"④ 新中国初期，乡村文艺发展是为了更好地建设社会主义农村，提倡积极发挥与促动农民的主体性，他们不但是文艺的创造者、欣赏者，而且是艺术作品的检验者、鉴定者。⑤ 这一时期，乡村文艺建设引起党和国家的高度关注，其中以民间文艺为基础的乡村文艺成为乡村建设的主要支持力量，并且我们看到这一时期乡村文艺不仅服务于乡村建设，而且"跃出工农城乡二元藩篱，在乡村之外的社会生活其他领域产生鼓舞乃至教育作用"⑥，成为社会主义文化的重要组成部分。

20世纪80年代，各地域、各民族民俗艺术遗产的挖掘与保护迅速兴起。⑦ 国际上对文化遗产的保护政策、经验也经过译介进入中国，如"苏维埃文化基金会"对文化遗产采取"保护、消化、发展"的态度及"继承、发展民间艺术创作，给民俗、民间艺术形式配上现代生活节奏"等。⑧ 20世纪90年代，各地域、各民族的民俗艺术交流

---

① 毛学镛.红色宣传员[G]//上海文艺出版社.故事会:第2辑,龚昌平,整理.上海:上海文艺出版社,1963:1.
② 张颖.中国艺术乡建二十年:本土化问题与方法论困境[J].民族艺术,2021(5).
③ 包括《两姓之间》(话剧)、《卖鸡》(戏曲)、《火药枪·降妖记》(曲艺)、《把关》(评剧)、《捉"鬼"计》(评剧)、《盘关》(话剧)、《柜台》(话剧)、《一比吓一跳》(相声)、《一件棉袄》(评剧)、《卖烟叶》(新故事)、《永远站在社会主义建设最前线》(歌曲)等。
④ 赵树理.卖烟叶·新故事[M].北京:北京出版社,1964.
⑤ 许向东.略论文艺下乡[J].江淮学刊,1963(4).
⑥ 李炼石.回望新中国初期乡村文化振兴的有效探索[N].北京日报,2020-12-07(15).
⑦ 如20世纪70年代末期中国与日本民俗学者的交流与合作、20世纪80年代中期的中芬民间文学联合考察项目。
⑧ 胡锡进.文化遗产:"保护、消化、发展":苏维埃文化基金会[N].人民日报,1989-12-07(7).

活动频繁①。在这一发展趋势下,"自下而上的乡村民俗展演和手工艺作为农村新型产业盛极一时"②,对于手工艺、说唱等表演艺术论述者较多,但我们也应该关注到这一时期神话、传说、故事等的搜集、整理、编辑出版③,尤其是音像图文形式的传播。各地乡村建设本着"文化搭台,经济唱戏",一度出现了繁荣。同时,在这一时期,一种既强调地理联结也关注文化特性的"共同体"逐渐形成,建构起丰富多维的地域文化图景。如江苏镇江开发建设旅游区时,将金山、焦山、北固山、南郊诸山等自然景观与"甘露寺刘备招亲""梁红玉擂鼓战金山""水漫金山寺"等历史故事和神话传说以及该市收藏和展出的近4万件文物相结合,并通过"小码头古文化街,古渡、石塔、客栈、饭馆、茶楼、商号、书场"等地方景观的建设,将古文化街建设成"唐宋元明清,从古看到今"的旅游街。④

1991年9月6日—10日,山东省枣庄市峄城区召开的全国农村(地区)旅游经济交流大会再一次强调了农村旅游经济是以农村旅游资源为条件,以农村旅游景点和旅游项目为媒介,形成吸引力强的市场,开展经济活动,创造新的财富。与会代表强调"农村旅游经济"的"乡土性",需要将这些旅游资源包括"农村特有的自然景观和人文景观",与当地民俗节日、风土人情紧密结合,形成旅游文化活动。⑤但这一乡村建设路径并未走出很远。到了21世纪初,其所暴露的问题越来越多,如为了迎合旅游者的消费需求,使民俗文化在"符号化""舞台化"中呈现出一种"半生不熟"⑥的状态,突破文化消费边界,不顾文化伦理等事象层出不穷。再加上近年来城镇化的迅速发展⑦,出现了诸多问题,如"城市对乡村文明的侵蚀与同化""乡村价值的式微""集体记忆的消失以及群体认同的瓦解"等。⑧为了应对这些问题,党的十九大报告提出乡村振兴战略的重大决策部署,对乡村经济、文化发展产生了深入、持续、驱动性的作用。⑨我国自2006年开始在国家层面启动非物质文化遗产保护,民间文艺逐步从"搭

---

① 如1994年文化部启动了"中国民间艺术"之乡的命名,从政府层面进一步推动民俗艺术的发展和研究。1999年,"九九巴黎·中国文化周"以文化为切入点介绍中国,联合国教科文组织总干事费德里科·马约尔(Federico Mayor)提到联合国教科文组织希望通过对中国古典艺术、传统民间艺术和文化古迹保护的介绍,让人们了解真正的中国文化。

② 张颖.中国艺术乡建二十年:本土化问题与方法论困境[J].民族艺术,2021(5).

③ 刘锡诚.旅游与传说[J].民俗研究,1995(1).

④ 范然.佳境重现清幽 胜景又增绮丽 镇江开发旅游资源[N].人民日报,1987-01-05(2).

⑤ 《数量经济技术经济研究》编辑部.全国农村(地区)旅游经济交流大会纪要[J].数量经济技术经济研究,1992(3)

⑥ 李松,于凤贵,杜晓帆,等.民俗旅游与社会发展[J].山东社会科学,2011(7).

⑦ 截至2021年末,我国常住人口城镇化率为64.72%。此数据见国家统计局2022年2月28日发布的《中华人民共和国2021年国民经济和社会发展统计公报》。

⑧ 彭莹.乡村振兴战略与非物质文化遗产保护问题探论[J].上海城市管理,2018(4).

⑨ 潘鲁生.以文艺赋能社会发展[N].中国艺术报,2022-03-07(2).

台"走向了"唱戏",如各类新型民俗节庆的设立与举办、非遗特色小镇的创建、农民画等民间工艺的文化产业化发展等,民间文艺在乡村建设中发挥着与历史上任何时期都不同的作用。

以农民画为例,其传统内容主要为乡村田园景观,表现农户日常生活,呈现农业生产劳动场景、收获景象及地方风俗民情等。① 21世纪以来,农民画呈现一种新的发展方向,成为民俗文化和乡土风情的文化载体。如汕头龙湖区新海街道十一合村在发展"庭院经济"的同时,在当地20多座古民居和近500米长的巷道上绘制了多幅以农耕文化、海洋文化、潮汕民俗、红色基因等为主题的3D墙画。② 再如浙江省宁波市澥浦镇农民画以渔民画为创作主体,吸收和继承了剪纸、刺绣、年画、壁画等民间艺术形式,色彩鲜明、造型夸张。如《澥浦船鼓舞》作品便结合了船、海、渔民等地域文化元素,通过澥浦农民画再现了澥浦船鼓的恢宏气势。近年来,陕西宜君、南京六合、安徽萧县、西安鄠邑、江西永丰、延安安塞、江苏邳州、上海金山、吉林东丰等地农民画借助画廊、展览馆、美术馆或博物馆等,实现了由地域特色文化资源到区域特色文化产业的价值转化。

伴随着乡村建设的发展,艺术乡建③引起多领域关注。从渠岩发起的山西和顺"许村计划"(2007年)到欧宁、左靖发起的安徽黟县"碧山共同体"(2011年),再到金江波发起的浙江湖州"乡村重塑莫干山再行动"公共艺术创作计划(2018年),在他们的乡村建设实践中,其关注内容逐渐由"原始艺术""地方性知识"转向通过民间艺术发现或构建"地方性"与"地方感"④。在这一过程中,艺术乡建中本土化问题的"错位"⑤引发争议。如对于安徽黟县"碧山共同体",有些当地村民表示,"看不懂,反正艺术家与学生都和我们没关系,农民是种田的"⑥。2021年笔者在延庆、密云一带调研时,村落中的艺术雕塑、乡村绘画蒙上灰尘,有些则被老百姓铲除。当访谈到他们为何如此做时,他们大多回答这些跟他们没关系,没有用。这些与艺术乡建的初心"背道而驰"。从文化意义上考量,乡村振兴是"回归农耕文明本源的文化复兴工程",其核心是重构"精神回归之路"。⑦ 民间文艺是传统村落发展的重要文化资源,"凝聚着中

---

① 周星.中国农民画的发展趋向与新的可能性[J].东方论坛,2021(1).
② 汕头打造文艺3D墙画,扮靓美丽新农村[EB/OL].[2020-10-23].https://baijiahao.baidu.com/s?id=1681343221500958361&wfr=spider&for=pc.
③ "艺术乡建"作为特指名词,最早见于渠岩:《艺术乡建:许村家园重塑记》,《新美术》2014年第11期。
④ 孟凡行.地方性、地方感与艺术民族志创新[J].思想战线,2018(1).
⑤ 张颖.中国艺术乡建二十年:本土化问题与方法论困境[J].民族艺术,2021(5).
⑥ 邢晓雯.争议"碧山乌托邦":艺术家主导乡建,陷入"脱离群众"纷争[N].南方都市报,2014-07-16(AA36).
⑦ 舒伯阳,刘玲.乡村振兴中的旅游乡建与包容性发展[J].旅游学刊,2018(7).

华民族自强不息的精神追求和历久弥新的精神财富"①，但长期以来它们无法进入公共文化系统，更多被视为"地方性知识"。非遗保护兴起后，它们实现了身份的转化，进入公共话语表述系统。一些文艺实践者运用艺术手段将传统文化符号转译成通用语言，对色彩、图样、功能等进行创新，推动传统民间文艺与当代生活融合，从对民间文艺的"汲取"与"引用"逐渐转向创造性转化、创新性发展。如近年来在游戏、网文、雕塑中对上古神话的吸纳与创新及各地品牌设计中对地域民间文艺的转化，像安徽凤阳小岗村大包干蒸谷米的包装设计中，设计团队在包装主图形中融合小岗村标志性建筑"大牌坊"、自主研发的蒸谷米制作流程以及安徽地方特色"花鼓戏"，既彰显了品牌的价值，亦传递出小岗精神的深刻内涵。②

四、结语

在乡村建设中，涉及的问题很多，大多数研究是从某一视角或问题出发，很多讨论难免都是"盲人摸象"式的理解，亦难免一叶障目。但从民间文艺的视角梳理百年乡村建设的发展脉络，尤其是通过不同时期的典型个案或建设经验，我们可以看到：在乡村建设中，我们经历了启蒙农村、发动农村、改造农村、建设农村、振兴农村的不同阶段，民间文艺在不同阶段都发挥了作用，当然每个时段政治精英、知识分子对民间文艺的态度或理念并不是均质化的，我们也只是通过典型事件或当时的主流观点进行论述，但其还是为我们勾勒出了民间文艺的传承与发展不仅能够唤起民众的"文化自觉"③，还为民众提供了一种"历久弥新的精神核心"④。所以，乡村振兴需要民间文艺赋能，这一"赋能"的过程不仅增强了中华民族文化共同体的建构力量，亦彰显了中华民族强大的凝聚力与向心力。

---

① 龙新民.毛泽东文艺思想对当代文艺工作的指导意义[J].党史纵横,2013(12).
② 陈烔."艺术乡建"，为美好生活添彩(乡村振兴艺术何为?)[N].人民日报,2020-10-11(8).
③ "文化自觉是指生活在一定文化中的人对其文化要有'自知之明'，明白它的来历，形成过程所具的特色和它的发展趋势。自知之明是为了加强对文化转型的自主能力，取得决定适应新环境，新时代对文化选择的自主地位。"参见费孝通:《反思·对话·化自觉》,《北京大学学报(哲学社会科学版)》1997年第3期.
④ 毛巧晖.乡村振兴战略背景下民俗节日的传承发展[J].中国非物质文化遗产,2021(2).

民间文艺与乡村振兴的铸"魂"塑"形"

郑土有　复旦大学中文系教授

乡村振兴战略，一方面是使得农村农民富裕起来、共享经济发展的成果的重要途径，另一方面是针对目前我国乡村凋敝的现实情况而提出的重大决策部署。

乡村衰落是在现代化过程中必然会出现的一种趋势。在经济高速发展的情况下，城乡差距拉大，农村大量劳动力流向城市，发达国家大多经历了这个过程。像日本自上世纪五十年代以来，就一直致力于乡村振兴工作，虽然取得了不少成绩，有许多成功的案例，但总体情况并不理想，目前大多数乡村仍然呈现不断衰败的情况。如何振兴乡村是一个世界性难题。我国这些年来也面临着同样的问题，大量年富力强的中青年进城务工，乡村空心化、老龄化的情况相当严重。而我国是一个历史悠久的农业大国，农耕文明是中华文明的基石，乡村是农耕文明滋生、发展、传承最重要的文化空间，因此国家及时出台了相关政策，力求克服在现代化进程中的"农村陷阱"，重振乡村文化、经济。乡村振兴战略是一个系统工程，需要多管齐下，需要为乡村重新铸"魂"塑"形"。其中，民间文艺在这过程中可以发挥其独特的作用。

乡村之"魂"，主要体现在精神领域，是一个村落的精气神，或者说是一种传统，是村落向心力、凝聚力之本源。其中既有中国所有乡村均具有的勤劳耐苦、和谐互助、遵循自然的精神，也有各个村落（尤其是历史悠久的古村落）自身特有的精神风貌和传统。

乡村之"魂"的形成是多种因素综合的结果，如村落的历史文化、村落独特的地理环境等，其中民间文艺无疑是其中重要的原因。随着农村的衰微、人口的流失，乡村之"魂"也逐渐被销蚀，迫切需要恢复或重铸。长期流传于村落中的各类民间文艺，如神话、传说、故事、笑话、民歌、谚语等民间文学，社火、秧歌等民间歌舞，剪纸、刺绣、灶画、编织等民间工艺，无不是历代村民在长期的生存实践过程中积累的智慧结晶，集中反映了村民的各种价值观念、理想愿望、审美追求，是铸"魂"的极好资源。如：

民间文学作品中往往歌颂传统美德和积极向上的人生观，鞭挞懒惰、自私、欺诈等丑恶行为，像《两兄弟》故事中褒扬勤劳善良，《十兄弟》故事中提倡合作精神，巧媳妇型故事中赞美心灵手巧和聪明智慧，清官型故事中宣扬惩恶扬善，等等，对村民健康的道德观、善恶观、人生观的塑造能起到积极的作用；

民间艺术中的舞龙舞狮、社火、秧歌等集体表演项目，需要众人共同完成，讲究的是相互协作。这样的活动，不仅可以活跃村落的文化气氛，传承民俗文化，而且可以密切村民之间的关系，培养共同体意识，凝聚人心，强化大家庭的情感；民间戏剧、说唱等是村民获取各方面知识的主要渠道，能极大地提升村民的文化素养。

村落中的民间工艺无处不在。尤其是剪纸、刺绣、漆画、木雕、砖雕、石雕等，其中以求吉避凶内容为主，是村民理想愿望的形象化展现。

所有这些民间文艺作品融入村民的日常生活中，每个个体都会在不知不觉中受其影响，并且逐渐凝聚为一个村落的精神风貌。

而那些历史悠久的古村落中往往会流传一些祖先的传说、先人艰苦创业的传说等，对于村落精神的形成作用更为巨大。

如浙江武义县俞家村，坐落在武义县山区，村子已经有800多年的历史，保存完好。相传该村的形成源于南宋末期大儒俞德安葬于此。当地至今流传着这样的传说：俞德学识渊博，在松阳县任教多年，与邻里相处很好，常常为人排忧解难。俞德去世后，家人依遗嘱将其安葬到老家杭州，但棺材运至武义朱颜村时，竟然神奇地被紫藤紧紧缠住。其子俞义只得把父亲就地安葬。俞德生前弟子甚众，纷纷前来祭扫，甚至不少弟子选择聚居于此，以便于祭奠老师。此后朱颜村人口激增，俞义也娶了村中女子为妻，在此定居耕作，村子改名为"俞家村"。明朝中叶的时候，俞家村已经发展成一个规模不小的村落，但灾荒频仍，屡遭旱涝之灾。俞氏族人俞绍文少年时曾进京赶考，结识了刘伯温。俞绍文于是写信向这位故交求助，希望他能化解村中的灾难。刘伯温到村里考察一番后，对俞绍文说："我发现这个村子水源不足，地势开阔，冬夏季风都较大，因此易旱易涝。需要引水进村，并在村中设置遮风挡雨、聚气生辉的风水阵法。"俞绍文连忙传唤村民集合，听刘伯温布置任务。刘伯温首先安排大家从村边的小溪中挖一条引水沟渠，将水引入村中。然后，在村里的几处关键位置挖掘水井和小池塘，一共七口井和七个塘，位置遵循"斗牛星"的分布。此举终于解决了多年的干旱问题。从此，俞家村为之一变，村里屡出状元，读书风气渐浓。如今，俞家村被列为国家重点文物保护村落，成为著名的旅游胜地。村落的形成是否与俞德安葬于此有关、刘伯温是否到过俞家村，都已无法考证，但村民都认为是真的，并以此为豪。更重要的是崇尚读书、注重保护自然环境，已然成为俞家村的"魂"。

又如浙江兰溪市诸葛村，是全国诸葛亮后裔最大聚居地，现有保存完好的明清古建筑200多处。相传诸葛亮十四世孙诸葛利宦游浙江山阴（绍兴）后任寿昌县令，卒于寿昌。其子由寿昌徙往兰溪西陲砚山下，传至二十七世孙诸葛大狮，以重金从王姓手中购得土地，以先祖诸葛亮九宫八卦阵布局营建村落。从此诸葛亮后裔们便聚族于此，瓜瓞延绵。诸葛村建有大公堂（诸葛亮纪念堂，始建于明代）、丞相祠堂、钟池、天一堂、雍睦堂（建于明正德年间）等，现有人口5 000余人，其中诸葛亮后裔有

4 000 余人。1996 年,诸葛村被国务院列为全国重点文物保护单位,有各级非物质文化遗产 8 项,"诸葛古村落营造技艺""诸葛亮后裔祭祖"为国家级非物质文化遗产。据传旧时诸葛村的每一个人,从孩提时期就接受《诫子书》的教育,每个小孩都会熟记。尤其是从明代起,诸葛村的诸葛家族遵从"不为良相,便为良医"的祖训,在祖国大江南北和中南亚地区开设了 300 多家药店,如今诸葛村四代以上的中药世家就有 14 家。他们恪守"道地药材""货真价实""童叟无欺"的原则,以"敬业""为民"为办店宗旨,重视声誉与商业道德。村民以诸葛亮为典范,形成了重读书、济世利民的传统。

重铸乡村之"魂",可以提升村民的文化自信和自豪感,让他们充分认识到自身的文化价值,克服"自鄙"心理,这样才能在情感层面留住村民,重聚人气。

乡村之"形"主要体现在物质层面,尤其是发展适合新时代需要、契合农村实际的产业,提高村民的经济收入,才能真正达到乡村振兴的目的。正如 2021 年中央一号文件提出的:"加强新时代农村精神文明建设……深入挖掘、继承创新优秀传统乡土文化,把保护传承和开发利用结合起来,赋予中华农耕文明新的时代内涵。"发挥传统优秀乡村文化的优势,将其作为一种文化资源开发利用,是当下乡村振兴过程中应当着力的工作。从当地的民间文艺资源出发,形成独特的产业,不仅会形成自身的特色,而且还可持续,因为这才是有"根"的产业。在这方面已有一些成功的经验,例如:

上海金山农民画闻名全国,在世界上也有一定的影响力,已成为金山地区的文化名片和重要的文化产业。而金山农民画独特风格的形成主要源于中洪村的民间艺术。毫无疑问,金山农民画是在户县农民画的影响下发展起来的,最初也是按照户县模式进行农民画活动。1974 年,户县农民画到沪展览,掀起上海郊县的农民画创作热潮。从当年 4 月开始,金山县文化馆举办数期美术培训班,参加者为有一定文化、接受能力较强的青年农民和下乡知青,以专业绘画基础训练为主,作品模仿户县写实主义的风格。经过培训,这些青年在素描等技法上提高很快,但在创作方面缺乏生活气息和乡土味,农民群众看了没有亲切感①,由此引发了当时在文化馆主持群文美术工作的吴彤章的思考:农民画如何契合农民的审美趣味,如何在户县农民画的基础上另辟蹊径?1978 年 2 月 24 日,金山文化馆在枫泾林园场举办该年度第一期农民画创作学习班,找来了中洪村善于刺绣的农村妇女曹金英、曹芙蓉等参加。曹金英在学习班上创作的作品《喜庆丰收》,以笔代针,把刺绣的构图、色彩运用于绘画,让辅导员吴彤章、阮章云眼前一亮。在曹金英的作品里,吴彤章看到了金山农民画发展的新路径,即吸收刺绣等农村妇女手工艺形式的元素,使农民画更有乡土气息。

刺绣等民间艺术与绘画有着相通的艺术规律,但又不完全相同,她们掌握的剪纸

---

① 吴彤章. 金山农民画的艺术道路[J]. 美术杂志,1982(8).

和刺绣技能可以作为绘画入门的途径。她们不知道绘画的一些陈规旧法，正便于发挥她们的艺术创造才能，而不是用整齐划一的形式束缚思想感情的表达。当人们不能用现成的绘画语言而只能用自身创造的绘画语言来表达时，才有艺术的创新。她们开始把纸当布，把笔当针，把颜色当成有色的丝线，照绣花样配色，像剪纸一样造型，但又不纯粹如是。如曹金英大嫂画的《庆丰收》运用了帐檐形式，《鱼塘》借鉴了蓝印花布的风格，但又不是帐檐、蓝印花布的设计图。它们是从帐檐、蓝印花布中脱胎出来的另一种形式。①

从此，民间艺术风格替代了户县农民画的写实风格，逐渐被全国各地的农民画作者接受，成为至今为止中国农民画最典型的风格。中洪村一批有民间艺术（剪纸、刺绣）才能的妇女加入农民画的创作队伍，大多在艺术创作、经济收入方面取得了不俗的成绩。上世纪八九十年代，金山农民画远销海外。2006年，中洪村建设了"金山农民画村"并对外开放。2008年，吉林东丰、陕西户县、云南腾冲、江苏邳州等九个农民画画乡的画家入驻，中洪村改名为"中国农民画村"。在画村内，每位画家有单独院落，集创作、装裱、销售于一体。为此中宏村先后被评为中国特色村、中国十大魅力乡村，全国农业旅游示范点等。

舞龙舞狮是中国历史悠久的民俗传统，而广东地区舞狮活动尤为盛行。广东省湛江市遂溪县龙湾村的李荣仔自幼受父亲影响喜爱舞狮，先师承龙湾"遂狮"第二代传承人梁汝义学传统醒狮和武术，后到佛山南海黄飞鸿馆专攻高桩舞狮技艺，并专门到佛山、广州等地学习狮具制作，成为集舞狮、教练、裁判和狮具制作于一身的民间狮艺全才。他吸收村民成立了遂溪龙湾龙狮团，在各个村落的民俗活动中表演。他被评为南派醒狮国家级非物质文化遗产传承人，龙湾龙狮团成为非物质文化遗产遂溪醒狮保护传承基地。更重要的是，他通过龙湾舞狮团，不仅提升了龙湾村的知名度，而且带动了龙湾经济、文化的发展：从2000年开始收徒传授舞狮技艺，弟子超过700名；先后带出了黄略石盘、客路大边塘、菉盘、廉江沙坡、青平等多支徒弟狮班；每年生产一万头以上狮具销往美国、加拿大、英国、东南亚等国家和地区，几乎全世界有华人的地方就有他制作的醒狮；他创办的醒狮生产厂招收村里50多个农民，解决了部分村民的就业问题，增加了村民的收入。龙湾龙狮团、醒狮生产厂建立在醒狮传统基础上，不仅活跃了当地的群众文化，而且成为龙湾村最主要的文化产业。

花木兰替父从军的传说，在我国流传历史悠久，传播范围广，影响大。相传位于武汉市黄陂区北部的木兰山是花木兰的出生地。唐武宗会昌三年（843），时任黄州刺史的杜牧曾游木兰山，并留下《题木兰庙》："弯弓征战作男儿，梦里曾经与画眉。"宋雍熙二年（985），王义重建了木兰将军坊和将军庙。木兰庙会传承千年，每年有10万

---

① 吴彤章. 金山农民画的艺术道路[J]. 美术杂志，1982(8).

余人参拜。木兰殿始建于唐朝，重建于明代，殿里的三尊塑像分别代表木兰的三个阶段。木兰湖相传是木兰将军自幼操戈习武、饮马驰骋之湖塘，原名天堰，人们为了纪念木兰，将天堰更名为木兰湖。至今这里仍保留着木兰将军庙、将军墓及唐代木兰将军墓碑石。

"木兰传说"国家级非遗传承人叶蔚璋，从小听祖父和父亲讲木兰从军故事，耳濡目染、深受教育，并立志以木兰为榜样，保家卫国。他高中毕业后从警，1986年再登木兰山祭拜木兰将军后，萌发传播木兰文化的念头，后走上了收藏木兰相关文化艺术品之路，历时30余年，克服了各种困难，潜心收藏木兰专题藏品。现收藏瓷器、雕刻、邮品、连环画、书籍及各种艺术品、工艺品等二十多个门类，5000余件藏品，先后在木兰大街和木兰山自费筹办木兰展览馆，被誉为中国木兰文化传承传播第一人。在他的积极参与和努力下，"木兰传说"2008年被评为国家级非物质文化遗产代表性项目，他本人也被评为"木兰传说"国家级传承人。

"木兰传说"的核心区域武汉市黄陂区姚家集街杜堂村，位于武汉市最北部，2014年以前，村民主要靠外出务工谋生，是省级重点贫困村。党的十八大以来，杜堂村在脱贫攻坚背景下，借助武汉市实施"三乡工程"（能人回乡、企业兴乡、市民下乡）和黄陂区打造全域旅游示范区机遇，创新发展农旅融合的乡村旅游产业。其中核心项目就是挖掘"木兰传说"的资源建成木兰花乡景区。传承人叶蔚璋积极参与景区建设，将村民老宅改建为1 000多平方米的木兰文化博物馆，藏品3000余件，全面、系统、立体地展示了木兰文化的全貌，体现木兰文化的发展历程，以弘扬木兰"忠孝勇节"的精神。在实际传承过程中，叶蔚璋创造性地将"木兰传说"延伸扩展为"叙述演讲→展览展示→演出表演→文旅农林商特色游→夜景旅游"的模式，把一个民间文学非遗项目创造性转化为惠及百姓的综合性项目，深受游客喜爱。木兰花乡景区建成以来，累计接待国内外游客380万人次，旅游总收入突破5亿元，带动就业3 000余人，成为以民间文艺资源助力乡村振兴的典型案例。杜堂村先后获得中国美丽休闲乡村、全国乡村旅游重点村、国家森林乡村、湖北省休闲农业示范点、湖北省新农村建设示范村、湖北旅游名村、武汉十大最美乡村等荣誉称号。武汉木兰花乡景区也被评为国家5A级旅游景区，并荣获湖北省扶贫龙头企业、武汉最受欢迎景区、2019年度最佳口碑景区等称号。①

民间文艺是在特定的生存环境中逐渐形成的，具有显著的地域性特征，能够鲜明地反映地域的独特文化。在乡村振兴的过程中，充分挖掘当地的民间文艺，是防止"万村一貌""乡村城市化"的有效手段。当然，这也对管理部门提出了更高的要求，即要在深入调查研究、真正提炼当地文化要素的基础上才能进行开发利用，简单地

---

① 木兰花乡：助力乡村振兴的样板[N].湖北画报，2023-06-19.

"移植"、照搬城市文化的做法，往往不可持久。简单借用其他乡村和城市的成功做法，并不一定会成功，因为没"根"。

  从以上简单的分析中，我们可以看出乡村之"魂"与"形"是相互作用的，不能截然分开。乡村之"魂"的重铸，可以强化村落的价值，每一个村落都是独一无二的"这一个"，建立村民的归属感、认同感和自豪感，让村民有回归的冲动，让其他人（尤其是城市居民）有前往参观游玩的愿望。但仅仅这样是远远不够的，必须要有在民间文艺资源（当然还有其他资源，如优美的自然环境、田园风光、绿色食品、农业观光等）基础之上的独特产业，确保村民的经济收入，让每个在村落里生活的村民过上与时代相符的体面生活乃至让城市居民羡慕的"诗性"生活，只有这样才能真正逐步实现乡村振兴。否则的话，回归的村民会重新流失，乡村的凋敝难以避免。

非物质文化遗产助力乡村振兴转换逻辑与实践路径

林继富 中央民族大学教授

中国乡村自 20 世纪 90 年代以来，以前所未有的速度被卷入现代化发展的洪流，传统乡村社会生活共同体逐渐瓦解，而非物质文化遗产传承发展源于乡村社会乡民的实践，并以其强大感召力和约束力成为村落社会的深厚根基。在我国乡村振兴过程中，必须将非物质文化遗产融入乡村社会当代发展，融入乡民的现代生活。因此，挖掘非物质文化遗产潜藏的丰富价值，激活、发挥非物质文化遗产的能量，实现生活需求的转换，成为新时代推进非物质文化遗产传承发展的实践路径。

一、非物质文化遗产融入乡村振兴的政策与理论基点

乡村"是指城市建成区以外具有自然、社会、经济特征和生产、生活、生态、文化等多重功能的地域综合体，包括乡镇和村庄等"，"与城镇互促互进、共生共存，共同构成人类活动的主要空间"。乡村振兴的"乡村"与"城市"有所区别，是中国非物质文化遗产传承的主要空间，是村民生活的"地域综合体"，这就决定了乡村"地域综合性"的多元生活关系和文化关系。

2021 年 4 月，第十三届全国人民代表大会常务委员会第二十八次会议通过《中华人民共和国乡村振兴促进法》，对于乡村的"文化繁荣"提出了具体措施，其中包括"采取措施保护农业文化遗产和非物质文化遗产，挖掘优秀农业文化深厚内涵，弘扬红色文化，传承和发展优秀传统文化"。

2022 年 10 月，习近平总书记在中国共产党第二十次全国代表大会上讲话明确指出"全面推进乡村振兴"，"坚持农业农村优先发展，坚持城乡融合发展，畅通城乡要素流动。……扎实推动乡村产业、人才、文化、生态、组织振兴"。

2021 年 8 月，中共中央办公厅、国务院办公厅印发《关于进一步加强非物质文化遗产保护工作的意见》，提出对非物质文化遗产资源进行系统挖掘，将新乡村建设与非物质文化遗产保护实施高度融合，"挖掘中国民间文化艺术之乡、中国传统村落、中国美丽休闲乡村、全国乡村旅游重点村、历史文化名城名镇名村、全国'一村一品'示范村镇中的非物质文化遗产资源，提升乡土文化内涵，建设非物质文化遗产特色村镇、街区。加强新型城镇化建设中的非物质文化遗产保护，全面推进'非遗在社区'工作。"

二、非物质文化遗产融入乡村振兴的实践路径

乡村非物质文化遗产是"有根"的文化，它是乡村关系和乡村共同体的灵魂和精神纽带，承载着乡土、乡情、乡音的传统价值。因此，"在实施乡村振兴战略和新型城镇化建设中，发挥非物质文化遗产服务基层社会治理的作用，将非物质文化遗产保护与美丽乡村建设、农耕文化保护、城市建设相结合，保护文化传统，守住文化根脉"。新乡村关系需要利用非物质文化遗产的赓续培植新的乡村共同体生活。

非物质文化遗产作用于乡村秩序建设的力量源于乡民的"善治"智慧，包括家风家训传统、传统节日体系、民间文学蕴含的社会秩序等，均能够在乡村振兴的社会建设、社会风气形成等方面发挥重要作用。

在政府的帮助下，各种类型的送文化下乡、送书下乡，送戏下乡，建立农村书屋等活动层出不穷。这些文化活动对于活跃乡村文化、涵养乡村文化品格、保护非物质文化遗产、调动乡村文化的兴奋点十分重要，使乡村文化常态化、审美化是新乡村文化需要的，也是乡村文化振兴的必由道路。

要想把文化留在乡村，政府送文化只是权宜之计。要把乡村非物质文化遗产融入乡村振兴，村民借此自己办春晚、自己举办各种类型的非物质文化遗产传承活动，让优秀传统文化传承下来，让传统文化在新乡村的土壤上生根发芽，从而种在村民的心里、长在村落各个角落，以非物质文化遗产公共精神构建富有生机的、相互支持的和赋有包容性的地方共同体。

党的二十大报告明确提出"扎实推进产业、人才、文化、生态、组织振兴"。非物质文化遗产是乡民的生活实践，其生活属性表现为源于生活、服务于生活、提升生活质量，其中就包括"合理利用"非物质文化遗产提升乡村建设质量和改善乡民生活，挖掘非物质文化遗产的产业资源，融入乡村振兴的"产业振兴"。合理利用非物质文化遗产成为新乡村发展的重要选择。

利用非物资文化遗产蕴藏的旅游资源特性，发展乡村旅游。将非物质文化遗产精神内涵、文化个性融入乡村旅游及多样化的文化活动形式，包含人文精神的景观、饮食等均成为乡村旅游资源；利用非物质文化遗产传统商品属性，建立不同类型的非物质文化遗产工作坊，对非物质文化遗产进行创造性转化，使其服务乡民的生活、提升乡民的生活质量；以融合性集聚方式建设"非遗小镇"，对于地方传承的非物质文化遗产进行系统性、物质化、创造性的建设；组建以非物质文化遗产为主的演绎队伍，开展有偿性质的服务，活跃乡村文化，改善乡民生活。

繁荣民间文艺，助力乡村振兴

戴　珩　国家公共文化服务体系建设专家

一、民间文艺具有独特的价值与功能

民间文艺是人民大众集体创作的艺术，反映人民大众的思想感情和审美观念，有着独特的价值与功能。

（一）民间文艺是乡村社会的主要文化形态

民间文艺的内容丰富多样，既有神话、传说、民间故事、歌谣、谜语、谚语，也包括民间音乐、民间舞蹈、民间戏剧、民间曲艺、民间杂技、民间美术、民间工艺等。民间文艺主要来源于劳动人民的生产劳动实践，和民众的生产生活密不可分。可以说，民间文艺是民众日常生活的诗性表达，同时也构成了乡村社会的主要文化内容和主要文化形态。民间文艺具有历史价值、文化价值、审美价值、精神价值、教育价值、经济价值等多重价值。许多重要的和有代表性的民间文艺项目已被列入各级非物质文化遗产名录。

（二）民间文艺是乡村民众的精神家园

民间文艺生于民间、兴于民间、藏于民间，最接地气、最好地保留了中华文化的根脉，留下了中华文化的特殊印记。民间文艺是乡村民众的精神食粮，也是乡村民众的心灵依托和精神家园。千百年来，从神话传说到民间习俗，从民间礼仪到传统节日，从民间手工艺到民间艺术表演，乡村民众就是接受着民间文艺的濡染和熏陶，潜移默化地接受着传统文化的教化和滋养，传承着民间信仰、习俗、知识、技艺、智慧，延续着乡村的文脉，赓续着乡村文明。民间文艺安抚和慰藉着一代又一代乡村民众的心灵，规范并活跃着老百姓的日常生活，让他们有了一个相对温暖和可靠的精神家园。

（三）民间文艺的发展助推乡村建设

文艺是民族精神的火炬，是时代前进的号角，最能代表一个民族的风貌，最能引领一个时代的风气。民间文艺是社会主义文艺的重要组成部分。新中国成立后，特别是改革开放以来，在党和政府的重视下，民间文艺不断发展，增添了新的时代内容和新的表达方式，出现了农民画、新民歌、新说书、新故事、新年画等，对宣传党的方针政策、更新农民思想观念、培育农村文明新风尚、促进农民致富起到了积极作用。党的十八大以来，民间文艺更是紧随时代，不断探索创造性转化和创新性发展，融入乡村文化建设和社会主义先进文化建设，在特色小镇建设、美丽乡村建设、民间艺术之乡建设中发挥了重要作用，推动了乡村治理和乡村发展。

二、繁荣民间文艺是乡村振兴的重要内容

习近平总书记在党的二十大报告中强调，"全面推进乡村振兴"，"坚持农业农村优先发展，坚持城乡融合发展，畅通城乡要素流动"，"扎实推动乡村产业、人才、文化、生态、组织振兴"。乡村振兴，其中一个重要方面是文化振兴。文化振兴，必然包含着繁荣民间文艺。

（一）民间文艺的状况直接反映着乡村文化建设状况

民间文艺是老百姓自己创造、享受的文艺，民间文艺可以说是乡村文化建设的晴雨表。乡村文化建设活跃，民间文艺肯定兴盛。反之，民间文艺衰败，乡村文化也肯定衰落。中国民间文艺在形成和发展过程中具有深刻的农耕文明印记。几千年来，传统民间文艺很大程度上依托于农耕文明的生产方式、生活方式、文化观念、群体联系而存续发展，因此在社会工业化、现代化转型过程中很容易受到冲击。这些年，随着现代化和城市化进程的加快，加之乡村的空心化、老龄化，民间文艺被挤压到了边缘，生存和发展遇到了一定的困难。民间文学、民间音乐、民间舞蹈、民间戏曲、传统曲艺、民间美术、民间手工技艺的受众和参与者日益减少，民间文艺人才也趋于老龄化且日渐减少，一些传统民间文艺项目甚至后继乏人。这直接带来一些地区乡村文化的衰落。

（二）民间文艺繁荣与否直接关系着乡村文化振兴

乡村振兴，既要塑形，也要铸魂。乡村文化振兴是乡村振兴的重要内容和有力支撑，要全面、真正实现乡村振兴，必须实现乡村文化振兴。民间文艺是乡村文化的根，同时，也是乡村文化的枝和叶。只有乡村群众广泛参与民间文艺的创作和发展，乡村文化才能充满蓬勃生机。只有乡村群众普遍享受民间文艺，乡村文化才能显现出无限的活力。

（三）民间文艺是乡村振兴的活力源泉

坚持以人民为中心，是习近平新时代中国特色社会主义思想的重要内容。习近平总书记在党的二十大报告中强调前进道路上必须牢牢把握的"五项重大原则"，其中一个原则就是"坚持以人民为中心的发展思想"。以人民为中心的发展思想，就是坚持一切为了人民、一切依靠人民，始终把人民放在心中最高位置、把人民对美好生活的向往作为奋斗目标。乡村振兴战略关注的重心是"人"，是乡村居民的幸福感、获得感。乡村振兴战略"二十字"方针是"产业兴旺、生态宜居、乡风文明、治理有效、生活富裕"。这"二十字"方针包含的五个方面，都是把"人"置于主体地位。民间文化是乡村的灵魂，也是乡村居民精神世界的重要组成部分。实施乡村振兴战略的重要原则

之一，就是"坚持以社会主义核心价值观为引领，大力弘扬民族精神和时代精神，加强乡村优秀传统文化保护和公共文化服务体系建设，繁荣发展乡村文化"。民间文艺承载着乡村社区的历史、传统、价值观和生活方式，是传统文化的重要组成部分，积淀着中华民族最深沉的精神追求，是乡村繁荣兴盛的丰厚滋养。民间文艺赋予乡村以深厚文化底蕴和独特魅力，既激发乡民自身的热情与活力，又对乡村外的人们构成吸引力，促使他们以不同方式参与和推动乡村振兴。繁荣发展民间文艺，不仅可以传承和弘扬乡土文化，而且可以为乡村振兴提供强大的文化动力。

三、用民间文艺赋能乡村振兴

在实施乡村振兴战略中，必须充分发挥民间文艺的作用，用民间文艺赋能乡村振兴。

（一）推动民间文艺繁荣

要加强农村公共文化建设，为民间文艺提供生存的空间和生长的土壤。建好、管好、用好乡镇、社区（村）基层综合性文化服务中心，为民间文艺表演、传承、创新搭建平台。以社会主义核心价值观为引领，深入挖掘优秀传统农耕文化蕴含的思想观念、人文精神、道德规范，为民间文艺的进一步繁荣注入源头活水。深入研究农民的审美心理，尊重广大农民的审美需求，从农村老百姓的实际需求出发，创作反映时代生活，尤其是"三农"题材的民间文艺作品，推动民间文艺创新发展。开展乡村艺术普及，扎实做好乡村文化人才培训工作，深入挖掘草根文化人才，培育和壮大民间文艺人才队伍，激发乡村民间文艺创新创造活力，推动民间文艺繁荣发展。

（二）用民间文艺为乡村全面振兴铸魂

坚持以文化人、以文育人，以社会主义核心价值观为引领，推动农耕文明和现代文明有机结合，书写中华民族现代文明的乡村篇。充分利用民间艺术资源，组织开展乡村居民喜闻乐见的群众文化活动，打造群众便于参与、乐于参与的优质公共文化产品，丰富人民精神世界，增强人民精神力量，让群众在视听享受中接受新思想、新理念、新观念的洗礼，培育文明乡风、良好家风、淳朴民风，建设文明乡村，改善农民精神风貌，提高乡村社会文明程度，焕发乡村文明新气象，为乡村振兴注入精神能量。

（三）用民间文艺发展特色产业

积极探索民间文化艺术产业化发展路径，让一些经济价值突出的民间文艺项目在乡村产业发展中找到新的生长点，形成特色产业，在扩大民间文化艺术传播力和影响力的同时，为乡村经济社会发展赋能提质，助力乡村产业振兴。河北省保定市曲阳县用千年石雕托起百亿产业，湖南省常宁市用版画艺术创新引领乡村产业振兴。苏州高新区依托苏绣建设苏绣小镇，支持建设省、市、区各级大师工作室，给予优秀苏绣企业贡献奖励，鼓励企业开拓电商市场，培育苏绣自主品牌。2023年，苏绣小镇获评江苏省特色小镇。截至目前，苏绣小镇拥有从业人员 8 400 余名、绣庄 400 余家、个体工商户近 2 000 家，年产值近 15 亿元。山东临沂市临沭县依托柳编建设柳编艺术之乡，以柳编为主的民间艺术产业已发展成为集种植、加工、出口为一体的创新型产业体系，草柳、木柳、铁柳、布柳等类别组成多个产业品种，企业达 390 余家，形成了鲜明的区域品牌优势，带动当地百姓持续增收。江苏宜兴丁蜀镇发展紫砂产业，紫砂从业人员已多达 10 万余人。徐州市贾汪区马庄村科学编制"香包产业发展规划"，建设香包文化大院、香包文化产业园。全区成立 10 家香包专业合作社，将小香包做成了大产业。

（四）用民间文艺助力乡村旅游

富有地方特色的民间文艺是地方文化的鲜明标识和代表性符号，对游客有着巨大的吸引力。用好民间文艺资源，可以助力乡村旅游。云南宁洱那柯里以习近平总书记视察那柯里的重要指示要求为主线，整合地方文化资源，走出了一条"艺术＋乡村旅游"之路。该村通过引入"普洱绝版木刻"这一地方文化名片，普及推广普洱绝版木刻艺术，传承普洱绝版木刻技艺，以工作室、陈列室方式展示普洱绝版木刻艺术和技艺，为喜爱绝版木刻艺术的人民大众提供最直接的版画创作体验空间和艺术交流平台。同时，瓦陶、手绘、书法、雕刻等具有乡土气息的文创人才汇聚那柯里，极大丰富了那柯里村的文化艺术内涵，游客不仅可以欣赏和购买这些充满乡土气息的艺术作品，还可以参与到艺术创作中，拥有更加个性化、情感化、休闲化的旅游体验感。2021 年，那柯里成功创建国家 4A 级景区，获得全国文明村、中国最美休闲乡村等称号，昔日的古道驿站已蝶变成如今乡村旅游的网红打卡地。贵州省黔南州开展"五类特色村培育行动"，以打造歌舞特色村、书法特色村、美术特色村、诗词特色村、摄影特色村等五类文艺特色村为切入点，做好民族文化传承、山水风光宣传，促进民俗节庆体验游、农村休闲度假游、民族风情观光游等乡村旅游产业健康发展。山东潍坊寒亭杨家埠旅游开发区突出"民艺之乡、文化寒亭"理念，大力发展以年画风筝为主的文化旅游产业，新建年画博物馆、风筝博物馆、农民画博物馆等多个旅游打卡地，促进了乡村旅游发展。福建省漳州市长泰区山重村以百年古民居、薛氏家庙、千年古樟民俗广场等独具乡村野趣的原生态历史文化遗存作为核心景区，大力发展非遗民俗旅游。每年正月初八举行千年"猪王争霸赛"，配套木偶戏、舞龙、舞狮等民俗活动。平日里举办的摄影比赛、果蔬采摘节等活动，吸引了众多游客。许多地方利用民俗表演、非遗体验、民族服饰展等打造精品旅游路线，带动乡村文化旅游业发展。浙江宁海利用十里红妆婚俗打造文旅金名片，发展红妆文化产业，通过打造十里红妆度假区、开发红妆文化旅游精品线路，形成以婚俗文化体验、文化养生旅游为主，从婚宴美食、手工业体验和节庆旅游等为辅的旅游产业，把宁海十里红妆婚俗打造成国内知名品牌。

民间文艺助力乡村振兴的可能性及其定位

季中扬　东南大学中华民族视觉形象研究基地教授

民间文艺大都产生于乡间地头，带着泥土的芬芳，具有乡土性。换句话说，民间文艺是乡村的内生文化，与乡村具有天然的契合性。人们认为民间文艺的力量是巨大的——其入人也深，化人也速，民间文艺在乡村振兴实践中应该有着重要地位，能够发挥娱乐、教化、团结等社会功能。事实上，在乡村振兴实践中，民间文艺的作用是有限的，看起来不过是日常生活的调料、装饰，并非必需品，其影响力似乎微不足道。诸多所谓民间文艺助力乡村振兴的案例表明，与其说是民间文艺助力乡村振兴，不如说乡村振兴促进了民间文艺的保护与传承。那么，在现代化、城市化进程中，民间文艺究竟是否可能助力乡村振兴呢？其"助力"是主角，还是敲敲边鼓呢？

一、乡村振兴与文化修复

乡村振兴是国家战略，它不仅关涉中国未来发展，还可能对人类文明进程产生根本性的影响。全球现代化经验表明，还没有一个国家在城市化、工业化之后又实现了真正的乡村振兴，欧美没有，非常重视乡村发展的日本也没有。由此可见，中国乡村振兴是在探索一条人类社会发展的新路。正如方李莉所言，乡村振兴意味着可以不走西方城市化的老路，通过恢复乡村生活，超越传统的工业化道路，进入一个更环保、更绿色、更可持续发展的新道路，她称之为"后农业文明"。① 就此而言，乡村振兴并非仅仅是产业兴旺、城乡融合发展，甚至城乡完全实现一体化。事实上，乡村振兴不仅是要解决乡村发展问题，促进经济内循环，更为重要的是要重新发现乡村价值，保护乡村的社会文化资源，为中国在高度工业文明之后率先走向生态文明做好准备工作。

早在十多年前，张孝德就曾提出，当代中国城镇化，同时站在两个历史的最高点上：一是新能源革命催发的生态文明新时代；二是工业文明时代给予中国的"三高技术"，即高速公路、高速铁路和高速信息网。人们有条件在乡村实现高质量的现代化生活，因而，中国特色城镇化模式是城乡两元文明共生模式。② 如果说，在未来社会，乡村仅仅意味着一种绿色的生活空间、一种亲近自然的生活方式，那么，这样的乡村就不应该与城市一体化，恰恰相反，它应该尽力凸显乡村本色。

---

① 方李莉."后农业文明"模式的全球性思考[J].江西社会科学，2022(11).
② 张孝德.中国特色城镇化模式：城乡两元文明共生模式：基于新能源革命、民族文化与"三高技术"的三维度分析[J].经济研究参考，2013(1).

当然，并非所有乡村都具备成为现代文化空间的条件，也并非所有乡村都可能产业兴旺。中国地域广阔，乡村资源禀赋各不相同。对于大多数乡村而言，能够尽可能修复被现代化所破坏的社会与文化生态，让还生活在乡村的居民能够安居乐业，也可以说是一种乡村振兴。事实上，对于大多数乡村而言，人们往往想着离开乡村，留下的往往心中不甘，这样一种社会心理对于乡村振兴来说才是一个真正棘手的问题。就此而言，乡村振兴的关键在于必须修复乡村文化，建好乡村社会的心态秩序。

二、民间文艺助力乡村振兴的可能性

"民间文艺活动本身就是人民的审美生活，是人民不可缺少的生活样式。"① 民间文艺之所以具有资源价值，一个重要原因就是"非遗"话语对其价值重估，它不再是低级的艺术形态，而是值得重视的文化遗产。即使并不赞赏其审美价值，也得看重其文化记忆、社会认同功能。如上文所言，乡村振兴有两种基本类型，一是产业兴旺型，二是文化修复型。那么，民间文艺究竟如何助力这两种类型的乡村振兴呢？

（一）民间文艺是乡村旅游核心资源

一般认为，产业兴旺是乡村振兴的经济基础。但问题是，乡村究竟可以发展什么产业呢？在特定时期、特定区域，乡镇发展工业似乎是可行的。但是，乡镇企业道路很难解决产业聚集、升级以及环保等一系列问题。发展现代农业呢？这似乎有着广阔前景。但是，现代农业所需劳动力非常有限，很难解决乡村就业问题。如果一产、二产都很难真正有效解决乡村产业问题，那么，乡村产业兴旺就只能寄希望于三产了。事实上，这些年乡村一直致力于以乡村休闲旅游带动一、二、三产融合发展。

对于乡村旅游而言，有些地方有山有水，自然风光资源丰富，但这样的村庄占比并不高，不具有普遍性，大多数村庄发展乡村旅游主要靠田园采摘、乡村美食、民间文艺等资源。尤其是民间文艺，可以成为乡村旅游的核心文化资源。首先，民间文艺不仅可以呈现乡村独特的历史与民俗文化，为游客提供更加深刻的文化体验，还有助于激发乡村居民对本土文化的自豪感，推动民间文艺的活态传承。其次，民间文艺表演需要大量群演，尤其是大型节庆型的民间文艺表演，需要的人力资源更多，这在一定程度上创造了就业机会，可以解决乡村中老年人的就业问题。此外，民间文艺演出需要一定的空间环境，这会倒逼相关部门做好乡村景观规划与设计，美化村庄面貌，使其更具吸引力。很显然，这不仅有助于提升游客体验，也改善了村民的生活环境。

---

① 万建中."人民性"：民间文艺的核心所在——对习近平总书记关于文艺重要论述的理解[J].民族文学研究,2018(6).

（二）手工艺可能解决乡村产业与人口流失问题

乡村振兴关键要能留住人。乡村由于不适合发展现代工业，现代农业用工量又较少，很难解决人口流失问题。乡村旅游固然有可能一定程度上缓解农村人口流失问题，但是，适宜发展乡村旅游的村庄占比并不太高。相比较而言，振兴乡村手工业倒是可以有效解决乡村人口流失问题。明清时期，江南地区人口聚集程度非常高，这并非乡土社会的内卷化发展，而是得益于乡村手工业的充分发展，大量就地转移了乡村劳动力。

在传统社会，大部分家庭都会从事一定的手工业劳动，或纺纱织布，或做鞭炮、做香，或做柳编、竹编等。这种农工互补模式，使得乡村社会留住了人力、人才。在现代社会，那些有着悠久手工艺传统的村庄也往往得到了非常好的发展。比如云南省大理州鹤庆县的新华村有着从事银器加工的悠久传统，不仅大部分村民愿意留在村里创业而不是外出经营，甚至邻村以及外地人也来此开店，其三个自然村中留在本地发展的户数分别为：南邑村186户，占比40.35%；北邑村109户，占比23.29%；纲常河62户，占比16.49%。[①] 诸如此类的乡村比较多，如江苏宜兴的紫砂村、苏州的镇湖镇等。发展乡村手工业，不仅可以解决中老年妇女的在地就业问题，还有可能留住青年人。

（三）民间文艺具有维系乡村社会的重要功能

如果仅仅着眼于乡村经济与产业发展，民间文艺助力乡村振兴的作用是有限的。即使是传统手工艺，其带动乡村发展的能力也极其有限，而且不具有普适性。

正如上文所言，我们要区别看待乡村振兴，有的乡村可以实现产业兴旺，而大多数乡村则很难发展产业，尤其是那些交通不便、资源匮乏的村庄。对于很难发展产业的大多数乡村来说，乡村振兴的中心工作就不是发展经济，而是社会服务，尤其是针对老年人的各种社会服务。在实践中，应该充分重视民间文艺的文化维系功能。不管是过去还是现在，民间文艺都是进行意识形态宣传、促进乡风文明的重要载体。更为重要的是，民间文艺还具有强大的社会团结功能，维系着村落文化的整体性，可以增强乡村社会的凝聚力和向心力。对于缺乏传统民间文艺资源的乡村，甚至可以适当移入，通过发挥民间文艺的娱乐、教化、团结功能，保持乡村良好的精神面貌，让留在乡村的人能够充分感受到乡村自身的文化魅力，在内心深处留恋乡村，而不是觉得是被遗弃在乡村。这在某种意义上来说也是一种乡村振兴，而且是具有普适性的一种乡村振兴。

---

① 孙九霞，李怡飞. 流动的手工艺社会：从"同乡同业"到"全域同业"的白族银器村[J]. 开放时代，2020(4).

三、主角,还是触媒?——民间文艺助力乡村振兴的定位

一般认为,乡村振兴的首要指标就是产业兴旺。以此而论,民间文艺在乡村振兴实践中只能做一个配角,敲敲边鼓而已。即使是乡村手工艺,除了极少数村庄,也很难成为乡村经济发展的主力或引擎。但是,如果说乡村振兴主要是让乡村成为宜居之地,成为能让村民安居乐业之地,那么,乡村文艺就大有可为,甚至可以成为乡村振兴的主角。因为,归根结底,这样的乡村振兴必须落脚于乡村文化振兴,乡村只有发展自己的文化,才能真正留住人、吸引人。

其实,在乡村振兴实践中,民间文艺既不是配角,也不太可能成为主角,其最为贴切的定位应该是"触媒"。所谓触媒(catalysts),就是催化剂,它虽然很少,看起来也没那么重要,但是,它可以有效促成其他因素,使得其他因素能够高效运行。1989年,美国学者韦恩·奥图(Wayne Atton)和唐·洛干(Donn Logan)在《美国都市建筑——城市设计的触媒》一书中提出了"城市触媒"(Urban Catalysts)的概念,国内学者则把这个概念引入乡村研究领域,以此来描述一个乡村良性发展必备的激活特征。① 在乡村振兴实践中,民间文艺就具有这种"激活特征",它本身看起来似乎并不重要,但是,它可以激活乡村社会的各种要素、资源。比如广场舞,它不仅是一种娱乐方式,更为重要的是,它也是村民公共交往的方式。通过广场舞活动,乡村建设的潜在力量就可能被发掘出来。有研究者发现,"广场舞这种具有民主意识和民主管理能力训练内涵的自组织将成为农村妇女迈向政治参与的雏形,在一定程度上会逐渐改变村庄政治图谱。"② 尤为值得注意的是,民间文艺由于遗产化,引发了多方力量的关注。在保护乡村民间文艺类"非遗"的文化行动中,人们重新发现了乡村,发现了乡村生活与乡村文化的当代价值。

总而言之,民间文艺本身也许并不能有力地改变乡村,但是,它所引发的关注、激发的力量也许能够真正改变乡村,包括我们今天用学术的话语形态来谈论民间文艺助力乡村振兴的可能性,这其实就是民间文艺作为"触媒"价值的体现。没有民间文艺,我们不会如此关注乡村,不会注意到乡村文化及其审美表达有何独特的意义。民间文艺所引发的外界关注,恰恰说明它是可能有助于乡村振兴的。

四、结语

在前现代的乡土社会中,民间文艺往往依存传统节日的时空框架,发挥着文化维

---

① 翟辉.乡村策划:寻找乡村触媒[J].西部人居环境学刊,2016(2).
② 韩国明,齐欢欢.农村"女性精英"广场舞领导与村委会竞选分析:动机、能力与机会:基于甘肃省16个村庄的实地调查访谈[J].贵州社会科学,2017(2).

系功能。在现代化、城市化冲击下,这种文化维系功能逐渐丧失了。在乡村振兴背景下,民间文艺被赋予了新的价值与功能,成为乡村振兴的重要资源。但是,能够实现民间文艺资源转化的村庄大都在自然风光比较好的都市近郊,或是旅游线路上的古村落,这样的村庄毕竟是少数。由此可见,从产业振兴维度来看,民间文艺助力乡村振兴具有很大局限性。当然,所谓乡村振兴也并非一定要以"发展""繁荣"为评价指标,乡民生活舒适、和谐、满意度高也是乡村振兴的重要维度。就此而言,所有的村庄都可以进行文化修复、文化振兴,即移入一些民间文艺资源,发挥其文化维系功能,这种意义上的"助力"是具有普适性的。

关于群众文化视域下民间工艺美术传承发展的思考

唐 鹏 江苏省民间文艺家协会驻会干部

我国民间工艺历史悠久、源远流长，是综合了生产、生活、艺术审美的造物文化体系，历史长河中产生的那些琳琅满目的民间工艺美术作品既是特定社会历史条件下的民间文化创造，也是民族文化心理结构、精神诉求、集体记忆的延续性存在[1]。当下，随着中国社会的快速发展与转型，民间工艺美术受到了时代变革的巨大冲击。传统手工艺的衰退、大众审美的转变、宣传普及的失位与错位等因素，导致民间工艺美术逐渐失去了原有的生存环境与土壤，脱离了"民间"，走向小众化、非遗化、专业化的发展道路。当前，围绕民间工艺美术传承与发展的研究主要聚焦在对其技艺本身和设计转化等方面，但从民间艺术发展规律来看，除了需要对其技法、风格本身加以关注外，还应结合社会学、美学、传播学、管理学等学科对艺术创作受众、展示空间、传播形式、消费需求等加以更多研究。

群众文化作为广大民众在职业外自我创造、自我参与、自我享用与消费的社会性文化，与民间艺术有着相似的属性。正如钟敬文在其《民俗学概论》一书中所指出的："民间工艺美术是由广大民众自发创造、享用并传承的美术。在今天，民间美术是相对于专家创作的艺术，是城乡广大民众自己创造、自己享用的艺术。"[2] 近年来，为满足人民群众对高质量精神文化生活日益增长的需求和对弘扬中华优秀传统文化的迫切需要，国家频繁出台了有关推动群众文化高质量发展和振兴传统手工艺的政策文件与配套方案，为民间文艺工作者在群众文化新的视角下重新思考民间工艺美术的传承和发展提供了保障和机遇。

一、对民间工艺美术传承现状的几点思考

（一）生存环境的改变

民众物质生活和精神生活的需要，是民间美术品产生的根本动因[3]，在大规模工业化生产到来之前，中华民族孕育出了发达的传统手工艺和手工业，在此基础上发展出了绚烂多彩的民间工艺美术。然而随着社会生产力的极大提高、工业化和城镇化的快速发展，以及社会分工的细化，民间工艺美术的生存环境发生了变化。现代工业的标

---

[1] 潘鲁生.《中国民间工艺集成》序言[J].民艺,2020(6).
[2] 钟敬文.民俗学概论[M].北京:高等教育出版社,2019.
[3] 钟敬文.民俗学概论[M].北京:高等教育出版社,2019.

准化生产使传统手工艺在实用性和效率上的优势日渐式微。在日用品领域，机器大规模生产逐渐代替了手工制作，且这种替代已经渗透到了人们日常生活的各个方面，如穿戴服饰、宅居陈设、生活起居、装饰美化、游艺竞技等。正如柳宗悦所言，手工艺是"用的艺术"，丧失了生存土壤的传统手工艺，不可避免地走向了衰退。相当多的传统手工艺退出了历史舞台，保留下来的手工艺也面临着失传和消费群体数量大幅下降的问题，从而导致了民间工艺美术生存环境的改变，手工艺制品的大量消亡使得依托于传统手工艺而存在的民间工艺美术也逐渐失去了传承与发展的土壤。

（二）创作方向的徘徊

逐渐丧失生存土壤的民间工艺美术使得艺术家的创作空间变得愈发狭小，能够提供给艺术家进行创作的技艺门类、作品类别、题材风格、受众群体等都逐渐变窄，本应全民参与创作、参与享用的民间工艺美术呈现出小众化趋势。群众在民间工艺美术作品创作、传播过程中的参与度极低，进一步导致艺术家在创作过程中无法将目光投射到广大民众的需求上，使创作过分走向"非遗化"和"专业化"。民间工艺美术兼具实用、文化和审美属性。当下的社会变迁和机械化生产带来了大众审美情趣的转向和"实用性"的变迁，审美需求和"实用性"的内涵变得更加多元丰富，而民间文艺从业者并没有跟上时代的步伐而及时调整创作思路。那些在固有创作理念与技艺基础之上创作的作品，无论是在观念、形式或是内容上都无法满足广大群众的需求；加之自身生存的经济压力，迫使一部分民间艺人一味追求市场效应，放弃了对艺术与品质的追求。民间文艺工作者在传承与创新、民间与精英、实用与装饰、艺术与商业的十字路口徘徊。

（三）宣传普及的失位与错位

近年来，诸如非遗、手工艺、工艺美术等与民间工艺美术相类似的概念与产品得到了政府、媒体、艺术家与商业机构的大力宣传与普及，群众通过各类艺术节、民俗节庆、艺术展览、直播带货等活动接触到民间工艺美术，但宣传普及中依然存在失位与错位现象，缺少对于民间工艺美术概念、种类、用途、艺术价值等精准的宣传。这一现象产生的原因是多方面的，从民间工艺美术作品自身来看，由于作品多为造型艺术，占有一定物理空间，加之不少门类作品价格昂贵、易于损坏，所以不利于其在群众文化活动中进行展示与传播。从社会层面来看，一方面由于受到经济因素、人员配备、展览场地等条件限制，宣传无法充分展开；另一方面则是"民间"这个概念经常被误读，导致民间工艺美术的范围与传播受众被人为地框定在了较小的范围内，宣传形式和内容也产生了偏差。

从宣传形式来看，现有的宣传模式过于同质化，且存在失位现象，没有真正渗透到群众文化活动中。以展厅艺术为例，由于艺术展览自身所具有的艺术传播和教育功能，同时随着近年来城镇化率的不断提高，展厅艺术已成为现代城镇与乡村群众文化生活的重要内容（截至2021年末全国常住人口城镇化率超过了64%，工艺美术大省江苏省会南京超过了86%）。但目前工艺美术类展览的数量依然偏少，纵观2016—2020年间南京地区艺术展览，工艺美术类仅分别为13场、4场、13场、4场和5场，占比不足所有艺术展览数量的2%[①]。总的来看，受宣传力度与展期时长所限，走进展厅的人数少之又少。

从宣传内容来看，现有的宣传难以突显民间工艺美术作品的艺术性与美学价值，展现在大众面前的往往是一些制作粗糙、艺术价值不高的消费商品。宣传的错位与失位，一方面导致广大群众对民间工艺美术的认知出现不足与偏差，对其印象往往停留在"非遗""过时""乡土气"等方面，对其种类的了解也基本局限于剪纸、香包、灯彩、刺绣这些出镜率高的门类；另一方面致使群众在各项民间艺术活动中的参与度不高、互动性不强，无法为民间工艺美术从业者提供充足的创作和服务对象。

二、当前的基础与未来的机遇

民间工艺美术由于具有重要的历史、文化与经济价值，受到了政府部门的高度重视，加上近年来传统手工艺自发性的复兴，其各个领域均呈现良好的发展势头。同时，由于其在群众文化活动中扮演着双向互动的角色，为其传播与发展带来了新的机遇。

（一）作品、人才与社会基础

中华文明在历史长河中，产生了丰富的手工艺门类，积累了众多优秀民间工艺美术作品。仅2006年国务院颁布的第一批518项国家级非物质文化遗产中，手工技艺就有138项。近年来，国家相关部门策划编纂了多部民间工艺美术巨著，包括由中国民间文艺家协会牵头编纂的《中国民间工艺集成》《中国民间剪纸集成》，由中国工艺美术协会组织编纂的《中国工艺美术全集》等。这些著作通过文字、图片等形式全方位展现了民间工艺美术发展的脉络，构成了今天传承与发展民间工艺美术的资源宝库。

人才建设方面，以从事民间工艺美术传承为代表的老中青人才梯队已初步形成，相应培养机制得到了进一步完善。截至目前，全国已有中国工艺美术大师600多人，各省、市也形成了一定规模的省级和市级工艺美术大师人才梯队，与此类似的人才类型还包括各级"非遗传承人""工艺美术名人""乡土人才"等，各地普遍开展的名师带徒项目为人才的培养打通了渠道。网络直播带货的兴起，让众多"90后""00后"年轻手艺人加入民间工艺美术传承的行列，新鲜血液不断注入。

除了作品与人才方面的积累，社会层面各类关于民间工艺美术的学术研究、民俗活动、展览展会、手艺培训及评奖评选等活动逐渐增多，有利于民间艺人发展的职称

---

① 顾颖.2016—2020年南京艺术展览研究[J].艺术百家，2022(1).

评定、大师评选、技能大赛也接踵而至。由中国文联和中国民间文艺家协会主办的中国民间文艺山花奖,以及各省、市设立的民间工艺美术类奖项对民间艺人的发展起到了推动与引领作用。

(二)政策利好与科技优势

近十年来,仅国家层面制定发布的有利于民间工艺美术保护、传承、发展和群众文化高质量发展的政策文件就不下一二十条。如2015年,中共中央办公厅、国务院办公厅印发《关于加快构建现代公共文化服务体系的意见》;2017年,中共中央办公厅、国务院办公厅印发《关于实施中华优秀传统文化传承发展工程的意见》,工信部、文化部等联合制定《中国传统工艺振兴计划》;2021年文旅部、国家发改委等联合印发《关于推动公共文化服务高质量发展的意见》,同年文旅部发布《"十四五"文化产业发展规划》等。这些政策促进了民间工艺美术和群众文化领域的互动与深度融合,为全民参与民间工艺美术的传承发展提供了制度保障和现实可能,有效促进了民间艺术以多主体、多渠道、多样式融入群众文化活动中。

科技方面,各类新兴技术已不仅是艺术活动的辅助手段,当代艺术与科技融合覆盖了从观念意识到工具媒材、从创作到展示与传播的全领域,它引起艺术与科技的关系发生结构性更迭[①]。虽然工业化进程曾阻碍了手工艺的发展,但以新材料、新工艺、软件技术、互联网+、虚拟体验等为主体的新兴科技手段,将为民间工艺美术自身的更新迭代与群众文化活动、消费的提质增效提供新的思路和手段。

三、群众文化视域下的发展路径探究

(一)扩大创作与受众群体,挖掘多元审美需求

1."民间"内涵的变迁

历史上,民间艺术主要产生并传播于下层社会与乡村,区别于精英艺术、文人艺术。然而,随着中国社会的不断变迁、城镇化的快速推进和民众受教育程度的普遍提高,"民间"和民间艺术的内涵与外延都发生了巨大变化。当前社会呈城乡融合发展趋势,文化的阶层和地域区别越来越小,民间文艺已不仅仅局限于乡村百姓自己创造、享用和代代相传[②]。从作者群体来看,民间艺人身份更加多元,已经不能在他们与精英艺术家之间划出泾渭分明的界限;从接受群体来看,已从乡村百姓扩展延伸到广大城镇市民;从传播空间来看,已从相对封闭的乡村进入到全社会经济、文化生产生活与数字化虚拟空间中。

---

① 牛克诚.卷首语[J].美术观察,2022(4).
② 徐赣丽.城市化背景下民俗学的"时空转向":从民间文化到大众文化[J].学术月刊,2016(1).

民间艺术来源于最广大的"民间",由于"民间"内涵的变迁,再加上当下文艺政策方针的导向,就要求民间工艺美术真正回归民间,回到广大人民群众中,坚持以人民为中心的创作导向。在这一过程中,全民参与的群众文化活动无疑成为民间工艺美术传承发展的重要载体和场所。公共文化服务的高质量发展,丰富了群众文化活动种类与形式,提高了群众的参与度,为民间艺术的创作和传播提供了广阔的天地。一方面要倡导民间艺术家、组织者将创作、服务对象聚焦全体民众,在群众文化活动中寻找创作方向;另一方面也要鼓励、引导全民参与到民间文艺的创作与传播中,与创作者形成良性互动。

2."中华美学精神"与当代群众审美追求相结合

坚持以人民为中心的创作导向,离不开美学在场。在2014年文艺座谈会上,习近平总书记提出了"中华美学精神"的重大命题;在2021年中国文联十一大、中国作协十大开幕式上的重要讲话中习近平总书记又提出了"把中华美学精神和当代审美追求结合起来"的重要观点,这要求艺术家在创作中须观照"中华美学精神"和当下广大群众的审美需求,在创作中既不能庸俗低俗,也不能曲高和寡。中华传统美学精神主要包括儒家美学精神、道家美学精神和来源于民间艺术的"生生"美学精神。纵观历史,民间艺术的深层次文化内涵往往较为稳定,不管社会如何发展都替代不了民间最本质的内涵,民艺中诸如道德观、家庭观、人情观等涉及心理结构、精神内涵的深层次观念几乎不随社会变迁而改变,其所蕴含的"生生"美学中关于形象、图案、符号、色彩等象征体系,以及代表成双成对、礼赞祝福、生命饱满健康等艺术主题依然适用于当下的群众文化生活①②。在资料方面,也有不少涉及民间工艺美学的研究可供借鉴,从《考工记》《天工开物》到《长物志》《绣谱》,再到当今学者的研究,如张道一的《张道一论民艺》、潘鲁生的《民艺学论纲》、杭间的《中国工艺美学史》、季中扬的《民间艺术的审美经验研究》等,这些著作为优秀传统文化与美学精神的挖掘与利用提供了理论基础与实践经验。因此,艺术家在创作构思中需要深入挖掘"生生"美学的内涵与形式,将传统美学基因,通过新材料、新形式、新技术、新科技等现代手段,融入创作中。同时,当我们以群众文化为视域考量民间工艺美术的创作时,由于不同地域、不同年龄、不同教育背景、不同行业群众审美需求的多元化与差异性,就需要将审美的范围进一步扩大,将儒家美学精神和道家美学精神也考虑进来,同时探寻"中华美学精神"的本源。正如钱穆所说,中国思想上所说的"天人合一"应用到工艺美术方面所体现的"心物合一"是中华美学思想的延续③,因此,我们要将天人合一、

---

① 季中扬,胡燕,等.论中国民间艺术的文化内涵及其当代意义[J].江苏社会科学,2015(1).
② 季中扬."生生"美学与民间艺术[J].学术研究,2016(12).
③ 钱穆.中国文化史导论[M].北京:商务印书馆,2020.

逍遥自在、表里兼顾、虚实结合、情志并重等传统核心艺术价值取向与方式运用到创作中，在艺术公赏与艺术分赏共存的时代，以适应不同群体在艺术欣赏与消费上的差异。

3. 挖掘青年艺术家潜力

坚持以人民为中心的创作导向，应充分挖掘、发挥青年人才的潜力与优势，通过制度和政策上的利好完善人才培养机制，为青年民间文艺家创设更多发展空间和展示平台，不断发现人才、培育人才、推出人才，激发青年人的创新力。以江苏地区为例，江苏省民协成立了新手艺人青年工作委员会，苏州吴中区成立了青年手艺人协会，这些平台通过叠加政策、区域和群体优势为民间工艺美术的传承提供了新思路与新平台。青年艺术家处在传统与现代的交点上，一方面他们从老一辈那里承袭了传统，另一方面他们受过良好教育，是网络时代的原住民，眼界开阔，与时代、社会的关系更紧密。更为重要的是，他们既是群众文化产品与服务的提供者也是参与者，通过对各类群众文化活动的亲身体验对不同群体的审美和物质文化需求更敏感，并以此为依据推动理念、技术的更新与作品的创新。在怀念所著的《年轻手艺人》一书中，作者向读者展示了苏州地区三十多位年轻一代民间工艺美术从业者的故事，所涉门类从高难的核雕到闲挂的鸟笼，从高贵的红木苏作到雅俗共赏的刺绣和旗袍等[1]。这些年轻手艺人创作的作品将传统文化和现代设计有机融进了传统民间工艺，为民间工艺美术的传承注入了时代气息。

（二）聚焦"实用性"变迁下的重塑，依托群众文化创新发展

诚然如前文所述，民间工艺美术的实用性和效率已无法完全适应时代需要，但如果从历史的维度观察，不同种类的民间工艺美术在历史长河中也存在着极大的演化，特定工艺门类的实用性也随着不同历史时期政治、经济、文化、生产力及人们生活方式的改变而变化。从这个角度来看，实用性只是在当下发生了变迁，所谓的实用性衰退或许只是其实用属性的改变。当代民间工艺美术创作应主动适应今天人们的生活方式，贴合当下的生活需要，寻找在新环境下的实用性与适用性。

1. 作为文化传播载体

民间工艺美术的创造往往是民众精神内涵的延续与重塑，在现代社会中创造出的民间工艺美术作品不仅是为了使用，还是人们情感和审美活动的表达，这种情感需求本身也是实用性的一种体现。正如钱穆所说，中国人的人生理想是要把"实用"和"自然"调和起来，融成一片[2]。人们把思想、情感、精神赋予在物品上，虽然机器制造在功能、材质、难度与效率上比手工艺有优势，挤占了其发展空间，但民间工艺美

---

[1] 怀念. 年轻手艺人[M]. 南京：江苏凤凰教育出版社，2018.
[2] 钱穆. 中国文化史导论[M]. 北京：商务印书馆，2020.

术并不会消亡，因为人有情感、文化和精神需求①，由于实用性这种文化与审美属性的变迁，让民间工艺美术具有了培养群众审美创造能力、提升群众审美判断能力的美育功能，也因此在群众文化活动中充当了优秀传统文化的传播载体，对全民族文化认同感的提升起到了促进作用。从更深的层面来看，要想促进民间工艺美术的传承与发展，必须使其在更广泛的空间得到有效传播，正如法国媒介学家雷吉斯·德布雷所说，"如果要传承的话，首先必须要有传播"②。当前广泛开展的群众文化活动，无疑为民间工艺美术的传播提供了场景和机遇，加强民间工艺美术作品在群众中的这种传播可以培养民间艺术的群众基础。当大众在欣赏、体验、创作、消费等群文活动中对民间工艺美术逐渐熟悉、了解后，他们参与传承民间工艺美术的热情会被激发出来，民间工艺美术从业者的数量进而会增多。

2. 元素化重塑

由于传统民间工艺美术在创作和传播中受理念、材质、技艺和效率等诸多因素制约，一定程度上限制了创作思路与方式，影响了其在社会中的传播与流通，因此我们应考虑对传统工艺进行元素化重塑。一件民间工艺美术作品往往包含技艺、造型、图案、色彩、内涵等元素，每一个小元素都体现了作品一部分的实用性（使用价值或审美价值），对这些元素进行拆分重组，通过跨媒介融合的方式进行创作，可以有效促进传统工艺的创造性转化和创新性发展，使其以元素化、符号化的形式渗透在群众文化中。这种元素化重塑可以是传统技艺和现代风格的结合，也可以是风格与现代材料或工艺的结合③，也可以是各艺术门类之间的相互融合等等。这种重塑既可以一定程度降低作品创作的时间与物料成本，也可以使创作更加灵活多样，满足群众多元化的需求，便于在群众文化活动中传播，让群众更易于接触和接受民间艺术。以蓝印花布技艺为例，中国工艺美术大师吴元新在元素化重塑上取得了突破。在保留技艺层面，他与韩美林跨界合作，将韩美林十二生肖、岩画、数字等元素运用到蓝印花布围巾设计中，给传统技艺蓝印花布注入了生命力与现代感；在保留图案元素层面，他将经过再设计的纹样与颜色运用到服装与床上用品等纺织领域，既体现了实用性，也突出了美学价值，让已丧失实用功能的蓝印花布技艺重获生机。

3. 作为公共艺术品

公共文化是群众文化的重要组成部分，近年来出台的《关于推动公共文化服务高质量发展的意见》《"十四五"公共文化服务体系建设规划》等政策文件都对公共文化服务、公共文化空间构建指明了方向与路径，为民间工艺美术向公共艺术品方向创新

---

① 韩子勇.关于"手艺"的随想[J].艺术学研究,2021(4).
② 王廷信.中华传统艺术当代传承的媒介路径[J].北京电影学院学报,2020(11).
③ 诸葛铠.裂变中的传承[M].重庆:重庆大学出版社,2007.

发展、打造城市与乡村公共文化空间和产品提供了机遇。公共空间如今已成为群众文化活动的重要场所，从特色小镇、旅游景区、街道社区、市民广场，到飞机场、高铁站、地铁车厢等，都可以融入民间工艺美术元素。通过与新材料、新工艺及视听科技的融合，既美化了空间，又达到了宣传民间工艺美术的效果。下面简要介绍海派剪纸艺术家李守白在这方面做的创新探索：李守白于2009年创作了牛年剪纸装置艺术《翘首最牛年，团圆新天地》，作品采用木质板材和LED灯来制作，将浓郁的民族文化与独特的海派艺术相融合①；2017年其又为黄浦区西成里创作了弄堂风情版雕装置艺术，通过镂空光影的技术，重现了西成里的建筑历史风貌。在公共产品方面，则可以从公共设施、奖牌奖杯、吉祥物、纪念品等公共艺术品方面进行尝试，通过社会范围的方案征求让群众参与到作品创作中，通过政府购买的方式加大对民间工艺美术的扶持力度。各地区可根据本地民间工艺美术的优势打造出具有当地特色的文化空间，不同的公共文化产品可结合主题选择对应的民间技艺或图案进行设计融合。

（三）提升群众文化供给，加强民间工艺美术传播与流通

让民间工艺美术真正回归到广大群众中既是时代要求也是其自身发展的需要。一方面，群众文化活动成为民间工艺美术得以有效宣传和传播的载体与媒介，同时也为因社会工业化生产而导致的手工制品消费需求不足带来了新的消费空间和群体；另一方面，民间工艺美术及其衍生品既是群众文化活动的内容与主体，同时也扮演着传播中华优秀传统文化的媒介角色。因此，在这个意义上，民间工艺美术和群众文化活动互为媒介、相互促进。习近平总书记在中国文联十一大、中国作协十大开幕式上的讲话中强调：人民是文艺之母。文学艺术的成长离不开人民的滋养，人民中有着一切文学艺术取之不尽、用之不竭的丰沛源泉②。只有让大众在群文活动中接触到高品质的民间工艺美术作品，感受到其魅力，才能使人们自发、积极、有效地参与到民间工艺美术作品生产、传播、消费与评价的全过程，使其重新获得传承与发展的土壤。民间艺术家应以群众文化需求为导向，不断提升群众文化服务和产品供给水平。当下，民间工艺美术在群众文化活动中主要以作品展陈、体验、销售等形式出现，鉴于此，下面将从作为文化服务供给的展厅艺术和作为产品供给的文化消费两个方面加以论述。

1. 增加展览数量，提升展览水平

艺术展览是群众文化活动的重要组成部分，是大众接触、欣赏民间工艺美术最直接的方式之一。展览既是展品的陈列展示，也是一场信息传播活动，是其自身宣传的有效途径。因此，当前亟需加大对民间工艺美术类展览的扶持力度，提升展览的数量和水平；同时动员、鼓励社会力量、民间组织共同参与，支持民营文化企业办展。在

---

① 郑土有. 化传统为时尚：李守白的艺术创新之路[J]. 上海工艺美术，2012(3).
② 习近平. 在中国文联十一大、中国作协十大开幕式上的讲话[M]. 北京：人民出版社，2021.

办展方面应加强展览管理,做好策展、释展等环节。

(1)加强策展:持续打造品牌项目。引入策展人制度,并广泛借鉴其他艺术门类,如美术、摄影及现当代艺术成功的策展经验,运用新媒体技术把展讯精准地送达群众面前,在展览中引入更多现当代艺术风格的创新作品等。(2)展地选择:以选择在群众日常开展文化活动的地点为宜,包括美术馆、博物馆、文化馆、酒店、商场等室内空间,或旅游景点、市民广场、艺术街区、步行街等户外开放空间。(3)运用跨媒介手段提升展陈与传播效果:现代媒介技术的发展,使其塑造的虚拟影像超越了实体空间,让受众获得借助虚拟空间感受传统艺术的新通道,在虚拟空间获得了延续和再生的机遇①。在展陈设计上应通过展厅内的装置、屏幕、灯光、音响、沉浸式体验项目等最大化地展现作品的艺术观感与内涵,并通过网络、数字技术完善线上展厅与作品传播,使展览与展品在时空上得到延伸。(4)增强互动体验:将拥有视觉、听觉、触觉甚至嗅觉的综合媒介引入展厅,在展陈中强调用户体验和反馈,进而形成交互机制,从而消解艺术家与受众之间的"二元对立"②。通过设置现场制作与体验拉近观众与作品的距离;设置网络调查问卷与人机互动装置,及时反馈观众的文艺批评与文化需求。(5)在展厅中设置模拟人们日常工作、生活的场景,如书房、卧室、办公室、庭院等,使民间工艺美术作品的展陈更贴合生活实际,突出其"功能美"的审美属性,增加观众的"在场感"。

2. 加强文化消费领域的供给侧改革

从行业角度来看,工艺美术产业已成规模,具备一定市场基础。仅江苏宜兴地区陶瓷行业的从业人员就从1958年的不到2万人增长到2016年的10万余人③。据《中国轻工业年鉴(2020)》显示,2019年我国工艺美术品制造规模以上企业达到4 870家,主营业务收入近8 275.35亿元,利润为404.64亿元④。但作为文化消费产品的民间工艺美术仍没有真正激活消费市场,无法满足群众多元化的文化消费需求。当前,群众文化消费已经成为民间工艺美术发展的重要动力与手段,只有通过消费领域的供给侧改革,才能使其更加有效地在社会层面传播与流通,实现长期可持续发展。近年来政府对于文化产业的高度重视与支持,加上数字科技、网络技术的更新迭代等因素,为民间工艺美术的创作与销售带来了新的契机:创作对象从小众走向大众,创作方式引入更多数字化元素,作品属性演变为包含实用、审美、教育、娱乐等在内的多重属性,销售方式已从线下转向线上线下相结合。民间工艺美术从业人员应通过多样化的

---

① 王廷信. 中华传统艺术当代传承的媒介路径[J]. 北京电影学院学报,2020(11).
② 施蕾蕾. 城市公共艺术传播的本土化实践及前景探析[J]. 艺术传播研究,2021(2).
③ 方李莉. 手工艺与当代中国生活方式的重塑[J]. 民俗研究,2021(3).
④ 王世成. 中国轻工业年鉴:2020[M]. 北京:中国轻工业年鉴社,2020.

群众文化活动,从中寻找与挖掘消费需求,根据不同消费群体进行产品定位,在群众文化消费中完成民间工艺美术的创新发展。

(1)做强高端市场:注重"材美工巧"等审美观念,创作高品质民间工艺美术作品。通过展厅艺术、艺术品拍卖等手段吸引更多有经济实力的大众消费群体加入云锦、刺绣、玉雕、紫砂、红木雕刻等高端艺术品消费中。(2)提升文创品质:加强元素化重塑的创作。突出文创产品的实用性、趣味性,增强其设计感和文化内涵,如将代表中国传统吉祥寓意的造型、图案、色彩等元素融入创作中。中国工艺美术大师姚建萍刺绣艺术旗下生活品牌"姚绣"紧跟时代潮流发展开发了许多生活美学用品,包括首饰、腕表、文具、扇子等,2022年又携手腾讯QQ飞车推出七夕手游服饰"十里红妆",将实体苏绣通过数字转化有机融进群众文化生活中,让玩家在游戏中接触、感知、体验苏绣艺术的魅力。(3)加强教学体验:吸引更多儿童、学生、青年等加入剪纸、陶艺、编织、灯彩等门类的持续性学习中,扩展体验门类和形式,扩大民间工艺美术的群众基础。(4)文旅融合创机遇:文化和旅游融合发展是文化建设的内在要求,由于各地区有着截然不同的自然地理风貌、文化遗产遗迹和风土人情,为民间艺术从业者和文化企业打造富含文化内涵、展现人文精神的旅游精品和文化创意产品提供了差异性的开发资源,应将民间工艺美术的元素融入饮食文化、节庆活动与景区景观设计中。

除了艺术展览和文化消费,应积极开发更多样式的群众文化活动。如组织开展群众性的技能比赛、考级等,并由相关政府制定奖励与激励机制;还可以借鉴《国家宝藏》《中华诗词大会》等节目形式,通过创新电视与网络节目调动全民参与民间工艺美术的传承与发展。

四、结语

民间工艺美术一端勾连自然、一端沉浸社会,在时间和空间的双重维度中,不断蓄养着自身的思想与气质①,它的传承与发展对增强民族文化自信、维系地域文化认同、满足人民群众日益增加的物质与精神文化需求等有着重要现实意义。近年来,国家对于群众文化和传统工艺的高度重视,让我们得以在群众文化的视域下重新思考民间工艺美术的传承与发展。随着社会的变迁,民间工艺美术呈现出新的发展趋势——创作群体与受众的扩大、创作中的元素化重塑、作为群众文化中的物质与精神载体以及跨媒介传播等。民间文艺工作者需要将创作目光投射到广大群众身上,探索民间工艺美术与群众文化的互动效应,不断挖掘、引导、适应当下群众多元化的审美和消费

---

① 张西昌.刊首语《传承·发展与创新》[J].民艺,2021(3).

需求，并以需求为导向对民间工艺美术进行重构与传播，在创造性转化和创新性发展的过程中传承和发展民间工艺美术。正如李泽厚在《美的历程》一书中指出"美的历程是指向未来的"，广大民间文艺工作者既要有"固本培元"的守护，更应有"借古开今"的自信，以形式多样的群众文化活动为契机，在"中华美学精神"的引领下，使民间工艺美术焕发出新时代的生机。

乡村振兴中高校赋能传统工艺的路径与策略
——以江南大学中国紫砂艺术设计研究院为例

王 峰　江南大学设计学院教授

伴随着我国"文化自信"的崛起与"回归传统""中国方式"等话题的热议，传统文化、工匠精神、中华美学开始重新回归大众视野。紫砂非遗有着完备的工艺体系与深厚的文化底蕴，体现出明清以来江南文人与工匠互动共生的集体智慧。而这也是紫砂非遗区别于其他陶瓷品类的重要因素。但在工业理性与现代文明的冲击下，紫砂非遗技艺的创造力正在逐渐削弱。基于此，自2004年加入联合国教科文组织《保护非物质文化遗产公约》以来，针对"非遗"的传承保护、创新发展，文化部门相继颁布了《关于加强非物质文化遗产生产性保护的指导意见》《中国传统工艺振兴计划》《国家级文化生态保护区管理办法》等一系列文件，提出"生产性保护""促进传统工艺走进现代生活""见人见物见生活"等理念，使"非遗进入生活"成为"弘扬中华优秀传统文化"的重要层面。同时，在中央和地方各大媒体的报道中频繁曝光，让"非遗"重新进入民众视野，引发了广泛关注和讨论，一时间成为社会热点话题。

但在这繁荣表象之下，我们仍然要保持冷静思考：面对人们日益增长的物质需求和审美需求，如何努力实现非遗的创新设计与改善生活、丰富生活的统一，如何提升当代民众尤其是年轻人关注非遗的积极性，以及如何为保护非遗提供持续活力与后续支撑？而这些问题都是新时代包括紫砂在内的所有"非遗"创新发展面临的严峻挑战。可以说，"非遗为乡村振兴提供了内容，乡村振兴为非遗提供了场景。从这个意义上讲，非遗和乡村振兴是'双向'赋能。这种'双向'赋能为兼顾非遗的保护和开发提供了新的可能"[①]。因此，聚焦紫砂非遗技艺在乡村建设中的转化与发展，尤其是紫砂非遗技艺的创新应用，从乡村振兴的战略角度切入，分析江南大学中国紫砂艺术设计研究院如何将紫砂非遗与创新设计相融合，在弘扬中华优秀传统文化的同时，推动相关文化创意产业的发展，实现紫砂非遗对乡村振兴建设的文化价值和经济价值显得十分有必要。

一、江南大学中国紫砂艺术设计研究院发展概况

江南大学中国紫砂艺术设计研究院（以下简称研究院）于2021年成立，它扎根无

---

① 曾博伟，李柏文. 非遗赋能乡村振兴的政策选择与措施[J]. 云南民族大学学报（哲学社会科学版），2023（5）：53.

锡，辐射全国，面向世界，是一个集研究、设计、创新和交流等功能于一体，并且具有江南地域特色的研究平台。研究院聚集了一批优秀的专家学者、设计师、紫砂艺人，以中华美学精神为依据，以宜兴紫砂艺术设计为核心，以新科技、新媒介、新载体为手段，致力于保护、传承、创新、振兴紫砂传统工艺，使之成为紫砂非遗赋能乡村振兴发展的新动能。该研究院以"产教融合"的思想战略为指导，以江南地区紫砂文化为主要研究对象，以传承与创新为导向，以艺术设计为动力，采用跨专业、多视角的研究方法，开展紫砂理论研究和实践创作，借助乡村振兴战略实施机遇，进一步繁荣紫砂艺术设计和紫砂文化产业，从而提升宜兴紫砂工艺的价值和知名度。研究院运用系统性的研究思路，凝练特色鲜明的研究方向，构建具有国际先进水平、根植地域特色的紫砂艺术设计研究理论和方法体系。在研究体系上，该研究院设定了2个理论研究方向：紫砂文化研究、传统造物形态研究。4个实践研究方向：紫砂艺术品设计研究、紫砂器设计研究、紫砂产品设计研究、紫砂技艺复兴研究。可以说，该研究院运用创新性思维发展紫砂非遗，优化紫砂非遗的传承模式，将江南地域文化资源转化为品牌，助力乡村文化经济建设，使紫砂非遗回归日常生活，使非遗在使用中得到传承和弘扬，以此助力乡村振兴。

《中共中央、国务院关于实施乡村振兴战略的意见》："立足乡村文明，吸取城市文明及外来文化优秀成果，在保护传承的基础上，创造性转化、创新性发展，不断赋予时代内涵、丰富表现形式。"对紫砂文化的保护、发展、创新与振兴是坚定文化自信、弘扬中华优秀文化的有力抓手。基于此，"中国紫砂艺术设计研究院"的成立，无疑是响应国家推行乡村振兴政策的明智之举。该研究院敢于肩负"守正创新"历史担当，扎实推进紫砂文化的传承保护与创新发展，加快人才培养和重点研究团队建设，繁荣紫砂消费市场。同时，也将借助新媒体环境，积极探索紫砂文化多路径的传播方式，进一步拓展紫砂器物、紫砂产品设计等的展示渠道和窗口，让紫砂获取更多"亮相"的机会，继而推动紫砂非遗相关产业的兴起与发展，增强乡村振兴经济发展动力。自成立之初，该研究院就注重发挥紫砂的美育价值和社会价值，以公益服务群众作为工作重中之重，现已获批"江苏省高校社会科学普及示范基地"（2021），其间策划并展开多项紫砂文化普及活动，充分发挥研究院的平台优势和特色，重在挖掘紫砂非遗的特殊地理人文环境和本土文化的原生力，积极探索紫砂非遗赋能乡村振兴的多种可能性，致力于建构一种可持续、持久性的乡村振兴路径，能够对区域的文化建设、经济发展以及社会效益带来多角度、多层次的推动作用。

二、研究院以紫砂赋能乡村振兴的重要举措

(一) 多元融合,深化工匠精神

紫砂非遗是江南文化的重要组成部分,做好紫砂非遗的乡村振兴工作,必须要对紫砂非遗的工匠精神、文化内涵、艺术表现以及工艺技术等进行全面、系统的调研,从中寻找、提炼可以进行创新转化的优秀因素。研究院在多元融合紫砂非遗艺术理念与传统设计思想的教学研究中,旨在挖掘紫砂非遗的深层文化内涵和审美精髓,将其与传统设计思想有机融合,主要从设计理念、艺术表现手法、泥料运用和工艺技艺等方面探索紫砂非遗的独特魅力和价值所在,进而探索如何在当代设计中实现创新性转化。研究院还从传承与弘扬的角度出发,通过挖掘紫砂非遗传统技艺的独特魅力和内涵,为现代设计的实践和创新注入新的动力和灵感,深化紫砂非遗所蕴含的工匠精神,形成"以传承人为核心,多元力量参与,合力而为,共同保护的格局"[①],凸显构筑乡村文化内核的民族特色。唯有加强文化教育、提高文化自信、弘扬工匠精神,才能更好地传承和发展紫砂文化,为乡村振兴实现文化价值的传承和经济价值的增长。

(二) 系统调研,做好创新设计

基于文化传承与弘扬背景下的乡村振兴工作,需要做好顶层设计和发展规划。研究院找准紫砂非遗的资源特色和发展瓶颈,把传统文化思想和思考问题的方法融会贯通,将紫砂非遗与创新设计彼此互通、互融、互动,即以现代科技手段对紫砂非遗进行创新性探索和运用,进而发展出新型产品、新型设计,以满足现代人对文化遗产的需求。在这个过程中,不需要拘泥于紫砂传统形式,而以解决社会生活中的实际问题为设计目的,从实践中发现问题、解决问题、创新方法,逐步推进跨界思维和边界效应在紫砂非遗文化传承与创新中的应用。如此,紫砂非遗为创新设计提供灵感源泉,创新设计则成为紫砂非遗的一种新的表现方式,两者相互融合、相得益彰,创造出更多兼具人文情怀和现代科技的新造型。同时,这样的方式也能促进紫砂非遗文化的传承和创新,有助于探索和挖掘紫砂非遗的商业运行模式,重塑紫砂非遗的商业价值,推动文化创意产业的发展,为乡村振兴的科学发展注入新活力。而紫砂非遗的创新设计实践包括但不限于:紫砂非遗与科技的融合,紫砂非遗与乡村社会问题的关联,紫砂非遗与文化弘扬的结合,紫砂非遗与商业模式的创新等。这些实践活动将会积极推动乡村经济、社会、文化的可持续发展。

---

① 王巨山,叶涛.国家战略背景下传统工艺工作站与非遗工坊建设探析[J].文学遗产,2023(1):39。

（三）产教融合，打造文旅品牌

"充分发挥非遗资源的特色，促进非遗相关产业的传承、发展和创新，是非遗促进乡村振兴的核心要义。"[①] 研究院是以"企业＋学校"的强势联动模式，是为了提高人才培养质量，并与企业在开展产教深度融合过程中的一种更为深层次的合作形态。这有利于开展产教融合的本土化，推动产学研创，重视相关资源的整合，提高紫砂文化旅游的吸引力，直接服务地方经济与文化建设。这种合作模式依托宜兴雄厚的经济实力、深厚的文化底蕴以及天然的生态环境，重视紫砂非遗的保护与传承效果，以项目开发带动紫砂非遗产业发展。江南大学与其他高校、科研单位是知识创造者，为紫砂创意设计、紫砂文旅产业贡献智力支持、理论指导和人才储备，企业则是紫砂非遗实现成果转化的实验基地和创新资源集合地。研究院根据自身设置的专业课程，组织开展多元的产业活动，并将产业与教育相互结合，形成产教融合的办学模式，助力地方经济发展。同时，紫砂非遗"既是那一方水土独特的精神创造和审美创造，又是人们乡土情感、亲和力和自豪感的凭借，更是永不过时的文化资源和文化资本"[②]。因此，产教融合协同发展的模式，使紫砂设计走向大众，将产品开发与旅游市场融合，形成立体化发展方式和体系化开发格局，打造多样化、个性化的紫砂品牌，为之配套集"学、游、养、购、娱"于一体的多要素旅游项目，提升乡村旅游产业附加值。

（四）重视师资，培养人才

伴随着社会的发展和时间的演变，紫砂非遗在内容和形式上都表现出极大的流动性，面临着传承人能力素养跟不上时代步伐、传统技艺后继无人、技艺失传的危机。例如无锡惠山泥人由于仅依靠师徒的言传身教，也存在技艺失传的风险。在非遗振兴乡村的建设过程中，尤其要重视非遗人才的培养，确保非遗技艺后继有人。该研究院发挥平台优势和专业优势，主要实施小班化教学，采用现代学徒制和双师教学（江苏省工艺美术大师和江南大学设计学院教师）培养传承人，聘请民间艺人和工艺大师参与人才培养，针对专业教师进行培训，开展实践活动和教学研讨，培养一批集教学、研究、保护、传承与创新为一体的教师团队。目前，研究院已经开展相关课程20余门，涉及5个课程模块，还主动参与国家艺术基金项目"紫砂雕塑创作人才培训"，为50位学员深入体验紫砂文化量身定制了一系列"学术讲座＋文化体验＋合作学习"的特色培训课程，将基于沉浸式的传统文化课程的创新模式推广到乡村，实现了教育资源的共享。所授课程注重紫砂非遗文化与现代生活相结合，把培养传承、创新设计、经营管理人才作为紫砂产业发展的基础性工作，大力实施紫砂人才培训项目，增强学生的紫砂技艺和商品意识，引导性地激发他们开发新产品的积极性和参与竞争的主动

---

① 严瑾，卢勇.高校非遗帮扶助力乡村振兴的观察与思考[J].中国农业教育，2022(4):20.
② 史小建.非物质文化遗产在美丽乡村建设中的积极作用[J].江西农业，2017(5):117.

性，为乡村振兴贡献设计智慧，为乡村文化振兴和人才振兴注入了源头活水，更好地服务地方经济和社会发展。

（五）加强宣传，扩大影响

研究院借助媒体传播，通过央视、地方等传统主流媒体及网络新媒体，并联合某些自媒体形成矩阵传播效应，不断加强宣传力度，扩大紫砂非遗的受众群体和品牌效应，使紫砂非遗传统文化与现代大众文化同频共振，建立连接，从而激发紫砂非遗的生命活力，使紫砂非遗在推进乡村振兴中"活"起来，焕发新颜。结合时代新形势，有针对性选择群众关注的"非遗"文化，推进紫砂非遗的内容创新、形式创新和载体创新，纵向拓展、横向延展，形成共同推进实施的宣传工作格局，不断扩大紫砂文化的社会影响力和受众群体；通过大数据、人工智能、APP、数字多媒体等高新技术实现紫砂的跨界扩散与创新转化，推动紫砂的数字复兴、展示传播、创意策划、互动消费等产业链的数字化、网络化、多样化，在创意设计上给予民众新颖生动的沉浸式体验感，实现紫砂非遗的活态传承、线上线下互动交融；借助互联网催生紫砂文旅产业的新形态、新模式，增大其市场竞争优势，积极开发非遗文创产品，促进非遗产业迭代升级，并实现高质量可持续发展，助力乡村振兴的经济建设、文化建设。

三、研究院以紫砂赋能乡村振兴的意义

（一）增强文化认同，振奋乡村文化精神

江南地区自古以来便是中国传统文化的重要发源地和传承地，深受地域环境、历史背景、文化习俗和社会生活的影响，孕育产生了形式多样、意涵丰富的艺术门类，诸如书画艺术、建筑艺术、园林艺术以及民间艺术等。这些传统艺术构筑了江南文化博大精深的创新智慧，体现了江南深厚的文化积淀。而现代江南民艺是江南传统义化的重要延续，仍然具有鲜明的江南特色。紫砂非遗是最能体现江南造物精神内核的形式之一，它伴随着现代社会的发展变化，经历了衍生变革，依然呈现出蓬勃的生命力和强大的艺术性。紫砂非遗的创新传承对于区域文化的传承和发展发挥着辐射和渗透作用，这是一种隐性的潜移默化的影响，对于当地民众的精神生活有着积极意义。紫砂文化具有深厚的乡村文化气息，能够提升人生境界，启迪人生智慧，也是后辈了解先民生活方式、精神世界的重要媒介。研究院助力紫砂非遗赋能乡村振兴，通过发挥设计学传统优势学科和教学团队力量，在对紫砂非遗的内涵、技艺、形制、情趣等多维度充分调研的基础上，注重学科的交叉融合，提出更为科学、合理的弘扬和创新路径。此外，研究院还通过加强对紫砂非遗的宣传策划、筹办颇具特色的紫砂非遗文化活动，展示紫砂创新设计成果，提升紫砂非遗的品牌价值，这样既能提升紫砂非遗的保护水平和成效，也能提升人们对紫砂文化的认知和热爱，更能促使年轻学子、广大

民众自觉参与到紫砂非遗的文化事业中，逐步形成良好的社会氛围，缓解非遗后继无人的危机，使紫砂非遗在促进乡村振兴中发挥更大作用。

（二）繁荣市场经济，提升乡村经济价值

在现代社会中，传统优秀文化的弘扬和创新，俨然成为乡村经济发展的重要举措之一。传统文化经历长时间的积淀形成了独特的文化价值，通过对传统文化的创新转化可以推动相关文化创意产业的发展。研究院重点关注如何激活紫砂技艺与作品中的文化意蕴，在保护和传承的基础上，盘活江苏紫砂资源，使之整合于江苏文化旅游资源谱系之中，并为人民提供景观化、情境化、个性化、定制化的文创产品，将紫砂非遗与地域资源整合，有效改善紫砂产品开发滞后的现状，并做好非遗品牌的营销与推广，为紫砂非遗赋能乡村产业发展注入新动能。研究院尝试结合地方特色、生态环境，统筹相关资源，建设以紫砂为突破口的文旅新场景，并在此基础上，"依托旅游产业赋能乡村振兴，通过产业链条延伸触发多产融合，借助产业链驱动乡民，激发创业就业活力，乡村非遗'老文化'可以撬动乡村经济'新动能'"[①]。与此同时，研究院深挖紫砂非遗的品牌价值，提升其知名度与美誉度，以此打造"紫砂＋茶文化""紫砂＋水文化""紫砂＋竹文化""紫砂＋禅文化""紫砂＋历史典故"等多种新型旅游休闲方式，使紫砂融入"水韵江苏"全域旅游的整体布局中，推出具有紫砂特色的旅游项目，充分挖掘紫砂非遗的商品价值，促进非遗紫砂产业升级转型，实现紫砂非遗的活态传承和创新设计，激发紫砂非遗赋能乡村振兴的无限潜能。

---

① 王振艳,李佳蕊.非遗赋能乡村振兴的机能、机理及政策供给机制[J].学术交流,2023(9):161

苏绣文化赋能乡村振兴的实践探索
——以"江苏省苏绣小镇"苏州高新区镇湖街道为例

周经纬　苏州科技城党工委副书记、管委会副主任

民族要复兴，乡村必振兴。党的十九大报告首次提出"实施乡村振兴战略"及"产业兴旺、生态宜居、乡风文明、治理有效、生活富裕"的总要求。党的二十大报告强调要全面推进乡村振兴，巩固拓展脱贫攻坚成果，"加快建设农业强国，扎实推动乡村产业、人才、文化、生态、组织振兴"，要"传承中华优秀传统文化，满足人民日益增长的精神文化需求"，"推进文化自信自强，铸就社会主义文化新辉煌"。2023年中央一号文件首次提出要"推动乡村产业高质量发展"，多处提及文化和旅游内容，并明确提出实施文化产业赋能乡村振兴计划。作为中华优秀传统文化的一部分，非物质文化遗产是不可复制的文化资源，在脱贫攻坚中发挥了积极作用，在发展新阶段，将继续以"文化活化乡村"赋智赋能乡村振兴的方式，投入乡村全面振兴的实践中。本文以"江苏省苏绣小镇"苏州高新区镇湖街道为例，从苏绣文化基本情况以及苏绣文化为乡村振兴提供组织支持、经济支持、智力支持、精神支持和环境支持等5个方面展开实践探索。

一、苏绣文化相关情况

苏州刺绣简称苏绣，是国家级非物质文化遗产，以"精细雅洁"位居四大名绣首位。苏州高新区镇湖街道是非遗苏绣的重要发祥地。镇湖古名西华，历史悠久。2002年3月，实行区划调整，原隶属苏州市吴中区的镇湖镇成建制划入苏州高新区，并撤镇建街道。2014年5月，经省政府批准，设立江苏省苏州西部生态度假旅游区，探索"区镇（街道）合一"的管理体制和工作机制。2022年6月，镇湖街道被纳入太湖科学城功能片区一体化建设。

镇湖街道位于苏州高新区最西部，三面环太湖，拥有太湖岸线19.4公里，总面积20.1平方公里，下辖10个行政村、2个社区，户籍人口2.1万。辖区生态环境优美，人文底蕴深厚，先后获评中国刺绣艺术之乡、国家级文化产业示范基地、国家级非物质文化遗产（苏绣项目）生产性保护示范基地、国家生态旅游示范区等称号。

近年来，镇湖街道将苏绣的保护传承与创新发展作为彰显区域文化特色的重要举措，通过加强"物"的保护、"艺"的传承、"人"的培养，推动非遗苏绣创造性转化与创新性发展，以"五个一"成就行业"领头羊"。

一是构建了一条全产业生态链。围绕苏绣传承与保护的前中后端，实现了苏绣研发设计、生产制作、专利培育、产权保护、绣品交易以及法律诉讼、人才培养等各个关键环节的全覆盖。推动苏绣作品持续创新，将苏绣文化与服饰技艺、雕刻印刷技艺相融合，不断拓宽苏绣文化发展路径和领域，实现苏绣与互联网游戏、汽车品牌等融合创作，累计创新苏绣衍生品20余种。

二是搭建了一批特色化产业载体。先后建成1 700余米的绣品街、占地8 000平方米的中国刺绣艺术馆和建筑面积2.1万平方米的刺绣艺术展示中心，形成了"一街、一馆、一中心"的产业集群优势，在全省乃至全国范围内取得了卓越的引领示范效应。搭建全国首个刺绣数字云平台"云上苏绣小镇"，建立官方抖音号"苏绣小镇"，打造"实体＋虚拟"数字产业新模式

三是培育了一群高层次专业人才。目前，镇湖街道拥有中国工艺美术大师3名、国家级非遗（苏绣）传承人2名、首批"大国非遗工匠"3名、江苏省工艺美术大师11名、江苏省工艺美术名人8名、高级工艺美术师104名，拥有绣娘8 400余名，形成了在苏州、江苏省乃至全国都有较大影响力的苏绣大师集群。

四是举办了一系列重量级会展活动。累计举办14届中国刺绣文化艺术节，连续六年参展中国国际进口博览会。"百名绣娘绣百年"、首届中国苏州工艺双年展、"针黹之上·满庭芳华"苏绣新生代作品展等特色活动亮点纷呈。苏绣多次被作为国礼赠送外国元首及入选国家重要活动，例如，苏绣《仕女蹴鞠图》作为国礼赠送给国际奥委会，《玉兰飘香》走进首届中国国际进口博览会，为庆祝苏州工业园区建设25周年，苏绣作品《世纪之约》由苏州赠予新加坡，姚建萍为庆祝新中国成立70周年创作的主题作品《锦绣河山》入藏中国美术馆。累计已有80余件镇湖苏绣精品被作为"国礼"赠送给国际友人，近百件镇湖苏绣精品被世界各地博物馆或名人收藏。

五是打响了一方知识产权保护品牌。近年来，镇湖街道致力于苏绣创新发展和知识产权保护工作，为苏绣产业发展迎来了新的发展契机，形成了集群集聚优势，被认定为"国家重点文化产业示范基地"，以及"苏州市首批产业集群品牌培育基地"。2020年国标《苏绣》正式落地，苏绣检测分中心正式落户苏绣小镇，围绕苏绣知识产权保护，建立苏绣品牌法治保障中心，"镇湖苏绣"获评江苏省著名商标。绣品街获评"第五批国家级知识产权保护规范化市场"。苏绣小镇版权服务交易基地目前已引进苏绣企业和工作室30家，基地版权登记数676件，较2022年同比增长196％。苏绣小镇版权服务交易基地入选2023年江苏省新闻出版（版权）重点项目、省知识产权保护示范区项目。

二、以苏绣文化赋能乡村振兴探索高质量发展新路径

乡村振兴离不开文化支撑，非遗文化的传承和创新发展为乡村产业融合提供了内

生动力。镇湖街道立足苏绣小镇自身的文化特色,将苏绣"遗产"转化为文化"资源"①,坚持以"文化活化乡村"的理念,推动苏绣文化与基层党建、乡村产业、乡村人才、乡风文明和生态环境等深度融合,释放效应,助推乡村全面振兴。

(一)强化党建引领作用,筑牢战斗堡垒,为乡村振兴提供组织保障

近年来,镇湖街道党工委认真贯彻落实习近平总书记关于非物质文化遗产保护工作的重要指示以及在文化传承发展座谈会上的重要讲话精神,不断传承弘扬中华优秀传统文化,持续加强非物质文化遗产的挖掘、保护、传承与发展,依托党建引领为文化赋能,多措并举点亮非遗光彩,讲好苏绣文化故事,将文化优势转化为发展优势。建立刺绣协会党支部。2007年6月,成立苏州高新区镇湖街道刺绣协会党支部。党支部积极发挥自身特点,打造"神功巧手绣党旗"党建品牌,先后获评苏州市标兵行动支部、苏州市先锋基层党组织。近年来,刺绣协会党支部以服务绣娘群体为红色引擎,充分发挥党组织战斗堡垒作用和党员先锋模范作用,助推刺绣文化传承和产业健康发展。成功帮助50余名绣娘获得乡土人才、苏州市工艺美术大师、文化人才等各类市级以上荣誉称号,开设"红色匠心服务站",为绣娘群体提供刺绣行业职称申报、荣誉申报咨询指导;开展刺绣作品版权登记指导审核和知识产权咨询及法律援助。此外,在扶贫协作方面,组织绣娘深入贵州铜仁市万山区、宁夏石嘴山市平罗县、甘肃临夏州东乡县,量身打造刺绣扶贫计划,促进西部贫困地区妇女就业创业。实施基层党建"书记项目"。举办"百名绣娘绣百年"主题党建活动,作品《初心盛放》以江苏省委名义敬赠中共一大纪念馆,作品《百年风华》由苏州首个党组织——中共苏州独立支部收藏并陈列展示。"匠心•百年"苏绣党建主题展被列为苏州高新区党史学习教育实境课堂,累计接待5 800余人参观学习。2021年,央视深度聚焦镇湖街道党建工作,用6分多钟深入报道《党建引领,"绣"美小镇》。近年来,累计在央视新闻、《人民日报》等主流媒体刊发苏绣相关稿件60余篇,苏绣文化品牌的影响力不断增强。建设"云上苏绣"行动支部。打造苏州高新区非遗直播支部、苏州高新区"云上苏绣"行动支部,建立苏州高新区文旅新业态党建联盟,以打造全省首个文旅新业态党建联盟为契机,探索数字赋能下传统产业发展之路,努力打造"党建+非遗+经济效益"的发展新格局,以党建工作的"实"和"效"引领苏绣产业的高质量发展。与复旦大学国际文化交流学院共建"苏州苏绣小镇社会实践基地",为苏绣文化国际化推广传播提供支持和服务,通过新阵地、新理念和新作用,赋予非遗文化崭新的时代内涵。

---

① 孟凡行."遗产资源论"视域下的凤翔泥塑:兼谈艺术介入乡村建设的多元[J].艺术探索,2017,31(2):49-53.

（二）推动产业融合发展，增加农民收入，为乡村振兴筑牢物质基础

产业发展是乡村振兴的经济基础，关乎乡村长远的发展规划。① 2022年，文化和旅游部、教育部等六部门联合印发了《关于推动文化产业赋能乡村振兴的意见》（文旅产业发〔2022〕33号），提出到2025年基本建立文化产业赋能乡村振兴的有效机制。在新的发展条件下，镇湖街道将乡村文化建设与乡村产业发展各领域紧密联系、加强互动。搭建多元产业载体。西部生态旅游度假区建立于2014年5月，先后获评苏州高新区首个省级旅游度假区、苏州市首个国家生态旅游示范区。目前已建成中国刺绣艺术馆、绣品街、刺绣艺术展示中心（大师群）等载体，从刺绣展示、商品销售、人才培育、文创产品开发、创新创业、上下游产业等方面形成了一体化、全方位的产业体系。辖区内苏绣小镇，于2017年5月入选首批江苏省特色小镇创建名单；2019年入选第一轮全国特色小镇典型经验名单，成为长三角特色小镇产业联盟成员单位；2020年、2021年均入选全国特色小镇50强；2022年获评全省唯一全国"非遗旅游小镇"，入选"全国非遗与旅游融合发展项目名录"；2023年，正式获评江苏省特色小镇。目前，苏绣小镇从业人员8 400余名，绣庄400余家，个体工商户近2 000家，这些经营主体在淘宝、抖音等开设销售平台150余个，年产值近16亿元，苏绣产品中的八成来自镇湖街道。农文旅融合发展。农文旅有机融合是有效促进乡村产业链延伸和因地制宜实施乡村振兴战略的重要举措。近年来，镇湖街道以"农"为根基，以"文"为神韵，以"旅"为表达，大力发展辖区农文旅产业，不断完善旅游基础设施建设，通过唱响农文旅融合协奏曲，释放乡村振兴的新功能，持续开发特色农产品和旅游文化商品，培育了"贡山茶、镇湖黄桃、有机大米"三宝，全力打造镇湖街道"赏湖光山色、品锦绣人生"的特色发展品牌，走出特色化、精品化、差异化产业发展新路子。先后建成30余处核心文旅项目，其中有苏州太湖国家湿地公园、中国刺绣艺术馆等2个国家4A级旅游景区，西京湾、杵山生态园等2处开放式景区，马山游客中心、贡山岛等8处综合文旅载体；先后建成西京湾艺术中心、西京湾太湖科学营研学基地、环太湖半程马拉松数字跑道、西京湾高标准农田等农文旅项目，沿太湖岸线形成首批特色网红打卡集聚地。石帆村、秀岸村持续发挥农耕特色文化，突出"旅游+"产业发展模式，打造了集"乡村旅游+特色民宿+品牌塑造"于一体的共享农庄文旅项目——"芳菲别院"和"桃李芬芳"。2023年上半年度假区旅游总收入达10亿元，同比增长40.88%；接待人数143万人次，同比增长294.08%。数字化赋能产业发展。实现"苏绣+科技""苏绣+检测""苏绣+新零售""苏绣+体验"功能，打造数字创意中心、检测认证中心、电商直播中心、体验创作中心、公共服务中心五大功能中心。数字创意中心与喜

---

① 何海祺.文化建设助推乡村振兴战略实施的路径探析：以顺德黄连社区为例[J].文化创新比较研究,2023, 7(23):91-95.

马拉雅、腾讯、抖音、淘宝、快手、B站等数字文化头部企业合作，搭建数字电商交易平台和版权交易平台。检测认证中心与苏州市纤维检验院达成合作意向，引进中纺标等认证机构，借助数字手段实现苏绣艺术品"一物一码"。电商直播中心搭建3—4个直播间，提供国风、时尚、艺术馆等多种主题直播场景，为苏绣商家提供入驻开播、运营推广、主播孵化、质检配套等多维度服务和支持。体验创作中心通过现场布景、道具、氛围营造等场景体验、互动休闲、培训教学等，融合苏绣体验、互动、休闲、传播等功能于一体，实现短视频内容生产及投放，达到全域内容营销目的。公共服务中心提供包括创业辅导、项目申报、政策咨询、交流培训、市场推广、人才引进、金融管理、知识产权管理等一站式服务。发展村级集体经济。通过构建"文化＋"产业模式，以文化供给侧结构性改革引导乡村新消费，活跃乡村文化消费市场，吸引外来消费群体，把扩大农村消费和增加农民收入结合起来，为乡村经济注入新动能。近年来，镇湖街道大力发展村级合作经济，成立惠民股份合作联社，建设锦湖生活广场商业项目，对社员农户实行股红分配，成果共享；各村以自营、租赁、入股等方式盘活闲置村级资产，让农村闲置房屋变为产业发展"黄金屋"。进一步推进农村集体经济与乡村旅游发展相结合，带领村民增收致富，不断提升村民幸福感。2022年村级全口径收入超5 000万元。开办卢福英刺绣培训学校，针对绣娘开展各类就业创业培训，至今累计开展3 000场，辐射1万人次。依托卢福英刺绣大师工作室成立全市首个苏绣行业"家门口"就业服务站，今年以来，服务就业困难人员人数25人、职业指导数量80人次、创业服务数量21人次。

（三）完善人才队伍建设，汇聚磅礴力量，为乡村全面振兴提供智力支持

群众的支持是干事创业的关键因素，无论是文化振兴还是乡村振兴，都需要依靠人的力量，都离不开人才队伍的建设。2022年，国家乡村振兴局、全国妇联等八部门联合印发《关于推进乡村工匠培育工作的指导意见》，围绕巩固拓展脱贫攻坚成果、全面推进乡村振兴，建立和完善乡村工匠培育机制，挖掘培养一批、传承发展一批、提升壮大一批乡村工匠，激发广大乡村手工业者、传统艺人创新创造活力，带动乡村特色产业发展，促进农民创业就业，为乡村全面振兴提供重要人才支撑。加强校地合作。制定出台"镇湖苏绣人才开发计划"，由苏州高新区管委会与苏州工艺美院通过校地合作模式设立织绣班，定向培养创新型刺绣人才，苏绣大师担任产业教授；与苏州工艺美院合作共建产学研实训基地，共同创作了包括献礼新中国成立70周年的《一树繁花金羽扇》等佳作，为培养苏绣实用型、技能型、创业型高素质人才奠定了坚实基础。与研究机构、高校广泛开展合作，例如，与北京恭王府开展非遗研究合作，设立苏绣研培中心和中国传统工艺振兴计划（苏绣）协同创新中心；拓展非遗培训，与江南大学联合开展非遗研培计划项目，与清华美院、南京艺术学院、苏州大学等院校共建创

作基地和教育实践基地。江苏省妇女联合会在小镇设立江苏省巾帼手工产业（苏南）展洽中心，打造集聚苏南地区妇女特色手工产品的展示基地，针对刺绣人才需求提供系统全方位服务，技能培训、扶持创业讲座、公益展演等普及推广工作持续开展。加强新生代培育。出台《苏州高新区促进苏绣传承创新发展的若干措施》，实施"人才阶梯式培养计划"，加强苏绣新生代人才培养，鼓励年轻苏绣从业者申报各级工艺美术大师、非物质文化遗产代表性传承人；对于引进苏绣及相关产业高层次文化人才的，单个人才给予最高10万元奖励；对于符合条件的刺绣从业人员，给予每年1 000元的特色产业就业补贴。成立"针黹青年汇·艺术联盟"，汇聚新生代苏绣人才合力。支持所辖范围内中小学开设苏绣兴趣班和社团，以镇湖实验小学为平台，建立了苏绣文化少儿研究院和苏绣实践坊等，并专门开发苏绣校本教材《绣中奇葩》，在三到六年级劳技课和社团活动中使用，增强学生对苏绣文化的认同感、参与感，让织绣技艺薪火相传。支持企业面向各年龄段开展苏绣手作互动体验活动，涌现出新集文创、弥惟刺绣游学中心等优质文创企业，如新集文创年均举办活动50余场，吸引1 000余人次参与。

（四）推进乡风文明建设，增强文化自信，为乡村振兴丰富精神内涵

2023年7月，习近平总书记考察江苏时提出"四个新"的重大要求，提出要"在建设中华民族现代文明上探索新经验"，既是建设社会主义文化强国战略部署在江苏的具体体现，也是江苏担负新时代新的文化使命的行动指南。江苏省委十四届四次全会深入贯彻习近平总书记对江苏工作重要讲话精神，对高质量建设社会主义文化强省、更好担负起新的文化使命作出重要部署。随着我国社会主要矛盾的转化，人们的精神文化需求日益增长。然而，与乡村的物质文明建设相比，乡村精神文明建设还有待提高，需要立足辖区文化特色，讲好文化故事，在乡村文化浸润下，提高村民思想道德素质，焕发乡村文明新气象。加强文化保护。习近平总书记指出，我们一定要重视历史文化保护传承，保护好中华民族精神生生不息的根脉。近年来，镇湖街道推动国家标准《苏绣》落地，并在辖区设立国标苏绣检测分中心；打造苏绣小镇版权服务交易基地，发布基地版权激励办法，对于获国家、省、市版权荣誉的企业给予奖励，鼓励企业进行版权作品产业转化。目前，已促成诸多企业与外部的跨界合作。例如，助力弥惟文化获江苏省版权示范单位称号、省现代服务业扶持项目，助其拥有900余件版权登记作品，与泰盛集团旗下竹态纸巾、网易游戏《一梦江湖》、好莱坞电影《大侦探皮卡丘》等开展品牌合作；助力云裳绣艺与高校开展项目制主题教学，与清华·樊登书店、金螳螂装饰、颐和园、北京汽车等研发与制作苏绣文创；帮助姚建萍刺绣艺术馆探索数字经济与非遗知识产权的创新合作，已发行数字藏品6件，累计超10万份，为非遗领域版权转化树立了良好的标杆，多次荣获江苏省优秀版权作品、苏州市知识产权一等奖等荣誉，与上海中共一大文创、上海进博会、苏州博物馆、腾讯王者荣耀、宝马、阿里巴巴等知名IP或品牌进行版权合作和共创。"苏绣+"已形成多元化模式，

"苏绣+服饰""苏绣+动漫""苏绣+游戏""苏绣+汽车""苏绣+文创""苏绣+家装"等开出传统与现代艺术融合的绚丽之花。讲好文化故事。以"引进来"和"走出去"为双重抓手，强化苏绣文化的推广宣传。在"引进来"方面，已累计举办十四届中国刺绣文化艺术节，以及江苏省"艺博奖—银针杯"刺绣作品大赛和江苏省大学生刺绣设计大赛等，每年至少举办2次苏绣主题特展，在银针杯、苏艺杯评比中，苏绣小镇获得金奖14个、银奖23个、铜奖28个，苏绣新生代刺绣作品和项目在创新创业大赛中屡次斩获大奖；在"走出去"方面，多次组织苏绣大师及作品参展上海进博会、威尼斯双年展、北京京交会、深圳文博会、南京艺博会、苏州创博会、广州广交会、东博会等大型活动和展览。苏绣大师作品频频亮相世界及国家级艺术殿堂，包括大英博物馆、北京恭王府、中国美术馆、苏州博物馆等，举办主题艺术展览活动，苏绣产品畅销全国各地并远销美国、欧盟、日本、韩国和东南亚等几十个国家和地区。推进乡风文明建设。习近平总书记指出，要推动乡村文化振兴，加强农村思想道德和公共文化建设，以社会主义核心价值观为引领，深入挖掘优秀传统农耕文化蕴含的思想观念、人文精神、道德规范，培育挖掘乡土文化人才，弘扬主旋律和社会正气，培育文明乡风、良好家风、淳朴民风，改善农民精神风貌，提高乡村社会文明程度，焕发乡村文明新气象。近年来，镇湖街道健全以村（社区）党组织为核心、村（居）委会为基础、村（居）民为主体、物业公司和社会组织等广泛参与的多元共治体系，推进党建网、治理网、服务网"三网融合"。先后创建省级民主法治示范村（社区）3个、法治文化示范点2个和苏绣版权交易服务基地等；建成绣品街法治公园、法治文化园、法治文化长廊（墙）以及法治文化宣传栏，实现法治文化阵地的全覆盖。此外，在苏绣大师工作室设立"妇女微家"及"文化驿站"，依托各（社区）新时代文明实践站，每年开展"巾帼匠心说""苏绣团扇体验""金秋诗会""非遗糖画"等各种文化活动80余场。根据区域绣娘群体及社会治理需求，还成立了"我为绣娘办实事"党建品牌和"巾帼匠心绣花精神"绣娘城管志愿者服务队，以"绣花功夫"进一步提高社会治理水平。

（五）重塑生态景观，建设美丽乡村，为乡村振兴擦亮生态底色

习近平总书记在党的二十大报告中指出，要牢固树立和践行"绿水青山就是金山银山"的理念，站在人与自然和谐共生的高度谋划发展。党的二十大报告深度阐述了生态文明建设对改善人民福祉、促进现代化、实现可持续发展的深远意义。随着经济社会的逐步发展，国家对生态环境保护和资源保护等问题越来越重视，充分认识到生态环境是影响民生的重大社会问题。党的十八大报告第一次将建设"美丽中国"视为未来生态文明建设的宏伟目标，以建设一个美丽的中国，实现中华民族的可持续发展。农村生态文明建设具有重要意义，是打造"美丽中国"的基础。"生态宜居"是乡村振兴的关键环节，不仅需要经济、社会、文化的振兴，还需要生态文明治理体系的创新

和进步。镇湖街道辖区陆域面积 20.1 平方公里，水域面积约 108 平方公里，太湖岸线 19.4 公里，拥有省级湖泊太湖、市级湖泊漪湖、镇级河道 6 条、村级河道 62 条，全长约 54 公里。近年来，始终坚持"生态优先"工作方针，将生态文明建设贯穿于开发建设始终，着力强化生态修复和环境治理，积极推动生态文明建设和农村文化回归，为乡村振兴提供力量，使农业文化的精华成为生态文明建设的指导方针，打造生态宜居家园。全面做好生态修复。通过对废旧鱼塘的生态清淤及退圩还湖，建成柠山生态公园和太湖国家湿地公园。其中，太湖国家湿地公园为国家 4A 级旅游景区，通过建设水森林、恢复并修缮自然驳岸、建设生态浮岛等举措推进湿地生态保护；同时，还建设完善科普宣教长廊、生态环境监测实验室、太湖（漪湖）流域鸟类标本展览区等设施，开展大熊猫、鸟类、稻文化等自然课堂，推进湿地生态研学教育。持续提升太湖大堤沿线景观绿化品质，致力于将太湖沿线打造成为环太湖自然生态的滨水绿化景观。坚决打好"蓝天碧水"保卫战。加强建筑工地扬尘治理，严格管控秸秆焚烧，坚决关闭辖区内化工企业，坚决整治各类"散乱污"企业及小作坊，让天更蓝。严格落实河长制工作职责，常态化开展太湖蓝藻打捞工作，实施市政管网修复项目，开展排水户专项整治，确保管网通畅。将小桥港、寺塘湾创建为美丽河湖。制定《镇湖街道水质提升方案》，加强排口溯源工作。对太湖沿线 2 公里内排口开展溯源，对存在非雨出流的雨水排口全部予以整治。整理连片土地，建成千余亩高标准农田。持续开展水环境治理和水生态修复，让水更绿。持续推进农村人居环境整治。在环境整治中聚焦重点、解决难点，坚持问题导向，从村民群众反映和需求最强烈的问题入手，细化实化行动内容。镇湖街道采取以村为主、多部门联合行动等方式，广泛动员党员、志愿者积极参与，形成各方联动、综合整治的工作机制。开展"净美乡村"暨农村人居环境整治百日攻坚专项行动，发挥"星级示范户"评比效能，开展"美丽庭院""美丽菜园""美丽田园"创建，切实提升镇湖街道乡村环境"颜值"。近年来，镇湖街道先后获评苏州市农村人居环境整治示范镇（街道）、绣美太湖康居示范区，其中市干桥建成苏州市特色田园乡村，马山村、石帆村获评"美丽家园"省级示范点。

　　乡村振兴既要塑形，也要铸魂。乡村文化不仅是历史的积淀，也是乡村发展延续的内生动力。在乡村振兴战略背景下，镇湖街道坚持"文化活化乡村"理念，积极探索苏绣文化赋能乡村振兴高质量发展的新路径，大力发展苏绣文化产业，系统梳理文化建设与乡村振兴的内在逻辑关系，为具有浓厚历史文化底蕴的乡村落实乡村振兴战略、实现农村现代化转型提供实践参考，实现以文化振兴促进乡村全面振兴的目标。

民间文艺助力乡村振兴的苏州实践
——以阳澄湖（消泾）国际手作村为例

陶可妍　苏州市相城生态文旅发展（集团）有限公司党委书记、董事长
王宇翔　苏州市相城生态文旅发展（集团）有限公司运营部部长

一、背景与意义

党的十八大以来，以习近平同志为核心的党中央高度重视乡村振兴，党中央、国务院作出一系列重要部署。党的二十大报告指出，要扎实推动乡村产业、人才、文化、生态、组织振兴。《中华人民共和国乡村振兴促进法》指出，要统筹推进农村经济建设、政治建设、文化建设、社会建设、生态文明建设和党的建设，并提出要有计划地建设特色鲜明、优势突出的农业文化展示区、文化产业特色村落，发展乡村特色文化体育产业，推动乡村地区传统工艺振兴，活跃繁荣农村文化市场。

全面推进乡村振兴，物质文明是基础，文化振兴是灵魂。《中共中央 国务院关于实施乡村振兴战略的意见》提到，"要传承发展提升农村优秀传统文化""切实保护好优秀农耕文化遗产""支持农村地区优秀戏曲曲艺、少数民族文化、民间文化等传承发展"。中共中央办公厅、国务院办公厅《关于实施中华优秀传统文化传承发展工程的意见》指出，要实施非物质文化遗产传承发展工程、中华民族音乐传承出版工程、中国民间文学大系出版工程，"挖掘和保护乡土文化资源"。《中华人民共和国非物质文化遗产法》《中华人民共和国乡村振兴促进法》及部分地区制定的相关条例，对非物质文化遗产、乡村民间文化艺术给予了法律层面的关护，并指出要大力弘扬民族精神和时代精神，加强乡村优秀传统文化保护和公共文化服务体系建设，繁荣发展乡村文化。

民间文艺是中华优秀传统文化的重要组成部分，是民族传统文化中最基础、最重要的内容。民间文艺来自人们的生活，是人民大众集体创作的艺术，反映人民大众的思想感情和审美观念，是增强文化自信的重要力量，主要包括民间文学（多为口头文学）、民间艺术和民俗文化。在漫长的历史长河中，中国长期处于农业社会，乡村成为我们生活的根脉，更是中国五千多年文明传承的空间载体，因而乡村也成为民间文艺的沃土和源泉。2021年9月14日，习近平总书记在陕西省绥德县考察调研时指出："民间艺术是中华民族的宝贵财富，保护好、传承好、利用好老祖宗留下的这些宝贝，对延续历史文脉、建设社会主义文化强国具有重要意义。"他强调要坚持以社会主义核心价值观为引领，坚持创造性转化、创新性发展，找到传统文化和现代生活的连

接点,不断满足人民日益增长的美好生活需要。

二、江南文化及阳澄湖畔孕育出的民间文艺

苏州自古以来经济发达、人文荟萃,为民间文艺的创作奠定了物质基础和人文基础。苏州民间艺术,承载着江南地域的独特文化基因,源远流长。2014年,苏州荣获"全球手工艺与民间艺术之都"称号。民间工艺方面,苏州手工艺历史悠久、门类众多,是中国最重要的民间手工艺中心之一。在全国工艺美术11大类中,苏州就拥有10大类共3 000多个品种,拥有联合国教科文组织"人类非物质文化遗产代表作"6项,拥有国家级非物质文化遗产代表性名录项目29项,其中民间手工艺类有18项,列全国同类城市前茅。苏绣、宋锦、缂丝等诸多手工艺与民间艺术已被收录进国家级非物质文化遗产名录,在全国乃至世界享有盛誉。民间表演艺术方面,拥有苏州评弹、昆曲、吴歌、古琴等闻名全国的艺术形式,近年来山歌《五姑娘结识私情》,舞蹈《段龙舞》,民间歌舞《蔚洲狮韵》《莳秧歌》《十里河塘十里歌》《呕哎歌》获江苏文艺大奖·民间文艺奖·优秀民间艺术表演奖。民间文学方面,苏州名人轶事、历史典故、市井生活、吴地戏曲、宗教文化为民间文学提供了创作源泉,涌现出国家非遗吴歌、吴地宝卷,省级非遗河阳山歌、白茆山歌、芦墟山歌、同里宣卷等经典作品。近年来,《传说孙武》《守护行动》等获2019年第五届江苏民间文艺奖·优秀民间文学作品奖,《妻子的贺礼》《中考进行时》入围2017年第十三届中国民间文艺"山花奖"优秀民间文学作品。民俗文化方面,在2500年历史传承中,苏州形成了具有吴地特色的民俗文化,特别具有代表性的如苏州端午习俗、轧神仙庙会、圣堂庙会、甪直水乡妇女服饰等。

相城区位于长三角经济圈腹地和苏州市域地理中心,文化艺术底蕴深厚,既孕育了吴门画派代表人物沈周、通俗文学之父冯梦龙等历史名人,也是兵圣孙武的终老地、商圣范蠡的隐居地,更是诗文书画"四绝"全才文徵明的泛舟寄情之地。目前有非遗12大类57项,其中国家级非遗2项、省级非遗7项、市级非遗11项、区级非遗37项。

环阳澄湖地区,因渔耕文化发达,历史名人辈出,成为民间文化艺术高地。阳澄湖镇素有"姑苏娄门外第一镇"的美誉,是一个集名人文化、美食文化、红色文化、非遗文化、宗教文化、农耕文化六大文化于一体的繁华之地,2016被评为"全国历史文化名镇",2018年获评"中国民间艺术之乡"。元和街道因元和塘贯穿南北,见证了苏州农业、手工业的辉煌,孕育了御窑金砖、元和缂丝、陆慕蟋蟀盆等灿烂的非遗,还聚集了陈巧生、张小芹等民间文艺人才。太平街道素有"鱼米之乡"的美称,今有"太平盛世"之誉。民间文学方面,阳澄渔歌、名人典故、红色故事构成核心。阳澄渔

歌属于吴歌的重要组成部分，明代中后期逐渐兴盛起来，现搜集长、短歌1 000首之多，在册歌手（含山歌歌手）300多人，2015年被列入省级非遗名录。名人典故方面，古代有春秋时期孙武，南宋抗金名将王皋，明代吴门画派代表人物沈周、文徵明，明代永乐皇帝军师、太子少师、《永乐大典》监纂、高僧姚广孝，明代进士、礼部主客司郎中、太仆少卿、著名学者、游记作家都穆，当代有"评弹皇帝"之誉的严雪亭，开国将军周建平等。红色故事方面，阳澄湖地区作为江抗根据地，诞生了抗日烈士张晨曦、沈菊英、陆义，上百个红色故事深入人心。民间艺术方面，拥有国家级非遗御窑金砖、青铜失蜡铸造技艺、苏州砖雕、苏州缂丝织造技艺、陆慕蟋蟀盆、市级非遗水乡木船制作技艺，区级非遗龙舞、道教音乐、园作、苏州装裱技艺等。民俗文化方面，圣堂庙会入选国家级非遗代表性项目名录。

三、阳澄湖（消泾）国际手作村民间文艺助力乡村振兴发展实践

阳澄湖（消泾）国际手作村位于苏州市相城区度假区（阳澄湖镇）消泾村。项目总规划面积约1.5平方公里，以"国际匠心传承地·江南艺术新蟹乡"为定位，计划通过3—5年时间，打造成国际文化交流区、非遗（手作）创意设计集聚区、大闸蟹文化与产业标杆区，成为国际知名的集文化体验、非遗美食、亲子旅游为一体的乡村度假新锐。目前，已建成开放阳澄湖大闸蟹文化馆、阳澄湖国际艺术交流中心、阳澄渔谷、消泾·喜溪民宿、渡船桥、阳澄湖抗战碉堡群，1971大粮仓、阳澄湖地区江抗史迹陈列馆、中共苏州市县（工）委联络站——江抗驻消泾办事处旧址、美食休闲街区、河湾酒店等项目正在建设和规划中，未来将打造成为"红色胜地、舌尖福地、手作潮地"。景区先后获评中国文化管理协会艺术高校手工艺创作实践基地、中国文化管理协会传统手工艺专业委员会、文化和旅游部重点实验室苏州创新中心等。2022年7月以来，共接待游客量达7万人次，旅游总收入110万元，带动消泾村及周边乡村居民就业近60人。

在民间文艺助力乡村振兴发展方面，阳澄湖（消泾）国际手作村做了以下四方面探索：

（一）活化阳澄湖大闸蟹文化艺术，丰富农文旅项目载体

阳澄湖（消泾）国际手作村充分挖掘阳澄湖大闸蟹文化寓意和内涵，努力打造大闸蟹文化与产业标杆区。一是阳澄湖大闸蟹文化馆，精选古今咏蟹诗作、名人画作、传说故事、歇后语、阳澄渔歌，利用多媒体互动手法和数字文旅技术创新设置《好水好蟹》光影秀、《光影蟹笼》艺术装置秀、《星夜捕蟹》情景秀、《菊黄蟹肥》多媒体秀、"SHOW"舞台秀，打造沉浸式蟹文化主题体验空间，让游客全面了解大闸蟹知识及其文化艺术。

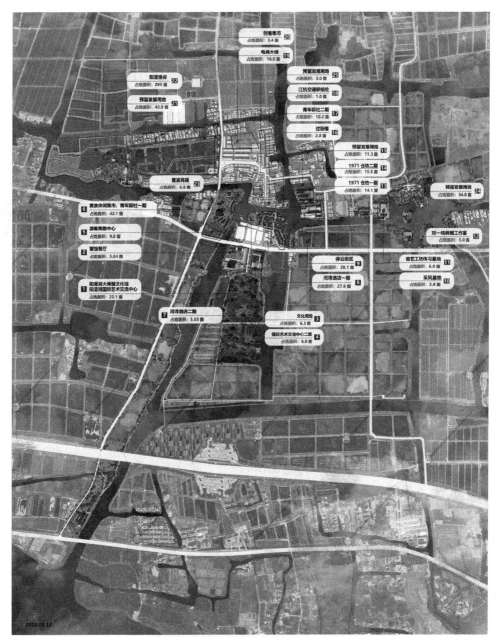

阳澄湖（消泾）国际手作村规划平面图

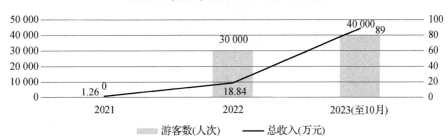

2021 年 7 月至 2023 年 10 月阳澄湖（消泾）国际手作村游客量及旅游营收

消泾村主要指标一览表

年份	2021	2022	2023（至10月）
游客数/人次	—	30 000	40 000
同比增长/%	—	—	33.33
总收入/万元	1.26	18.84	89
同比增长/%	—	1 395.24	372.40

阳澄湖大闸蟹文化馆

二是活化沈周《江村渔乐图》，打造阳澄渔谷。阳澄渔谷规划设计灵感来自明代吴门画派创始人沈周笔下所描绘的渔民生活场景《江村渔乐图》。项目以蟹塘、水生作物园和特色田园为生态基底，以古今捕鱼和农事体验为核心，集亲子休闲、乡村体验、户

阳澄渔谷

外拓展、科普教育于一体,打造浑水摸鱼、搬罾捕鱼、趣味钓虾(蟹)、油菜花海、卡丁车、觅野营地等 20 多个体验类项目。阳澄渔谷以乡村旅游为抓手,吸引工商资本下乡和乡村企业家共同投资参与,推动一、二、三产业融合发展,促进乡村振兴。

阳澄湖大闸蟹 IP 景观及衍生品开发

三是活化运用大闸蟹卡通形象及蟹塘景观，拓展衍生项目。阳澄湖（消泾）国际手作村通过对大闸蟹卡通形象申请版权注册，开发表情包、人偶形象，运用大闸蟹景观艺术营造乡村环境，打造大闸蟹主题民宿、蟹乐亲子园、苏州"玻璃田"项目，开设大闸蟹布艺香包、咏蟹诗句雕版拓印、绘蟹壳等手作体验活动，开发蟹蟹杯、蟹八件、大闸蟹泡芙、月饼、绿豆糕等主题文创产品，有效提升阳澄湖大闸蟹品牌的传播。

（二）举办中外手工艺展览、培训讲座和文化体验活动，提升精神文化生活

阳澄湖国际艺术交流中心以国际艺术品、苏州非遗、相城非遗展览，培训讲座和文化体验为主要功能，丰富人民的精神文化生活。非遗展览方面，设置相城廿八匠展区、国际艺术展示区、艺术临展区、艺术衍生品区，长期展出相城廿八匠、考夫曼当代陶艺作品、姚建萍苏绣作品、蔡云娣石雕作品等非遗手作，相继举办"相遇·匠心·传承"手工艺展、当代纤维艺术邀请展、苏州"桃花坞"偶遇京都"浮世绘"主题展、日本竹编花器展、王超鹰雅印艺术展、"时间与空间"法国当代绘画展、"梦回阳澄·'蟹'逅江南"书画展等众多专题展览；培训讲座方面，相继举办"相遇·匠心·传承"国际手工艺发展论坛、"非物质文化遗产的当代价值"论坛、中国工艺美术学会青年工作委员会会议等培训讲座，打造阳澄湖民间文艺学术高地，提升品牌知名度和影响力；文化体验方面，邀请非遗传承人定期举办布艺香包、草编、阳澄渔歌表演等活动，满足游客对非遗手作研学、体验需求。

阳澄湖国际艺术交流中心讲座及展览

（三）以1971大粮仓为核心，打造民间文艺产业集聚区

习近平总书记指出，产业振兴是乡村振兴的重中之重。为发挥手工艺产业集群优势和相关产业拉动效应，1971大粮仓以"匠心造物"为主题，招商引入吴元新蓝印花布、方清华鸟笼、曹超蟋蟀盆、姚建萍苏绣、姚建珍缂丝等具有江南文化特色的，代表性强、市场化程度高的非遗项目，集非遗展销、手作体验于一体。未来，还将植入艺术创意实验室、工艺书店、休闲餐饮店等多个业态，致力于打造青年手工艺人和青

年艺术家的孵化基地、文艺复合消费的灵感创意空间，吸引民间文艺产业及相关产业集聚，通过与非遗大师工作室、高校科研机构、艺术企业等的深度合作，积极推动民间文艺产业的高质量发展。

1971 大粮仓效果图

（四）挖掘江抗历史典故，赓续阳澄湖红色血脉

阳澄湖地区是苏南抗日根据地之一，消泾村诞生了苏州第一个共产党领导的政权——洋澄县人民政府。1939 年江抗东进抗日部队抵达阳澄湖地区，与阳澄湖百姓共同奋起抗日，留下诸多可歌可泣的革命故事。阳澄湖（消泾）国际手作村收集整理了 100

阳澄湖抗战碉堡

个阳澄湖地区抗战故事，改扩建阳澄湖地区江抗史迹陈列馆、中共苏州市县（工）委联络站——江抗驻消泾办事处旧址、阳澄湖抗战碉堡群、洋澄县人民政府旧址，新建渡船桥、烽火列车等项目，创新数字科技场景，开发红色旅游线路，努力打造融教育性、知识性、文化性、体验性于一体的红色旅游产品，让乡村居民和游客牢记历史，激发爱国主义精神，从而丰富乡村文化内涵，推动乡村振兴。

阳澄湖地区江抗史迹陈列馆

四、问题与难点

（一）传统民间文艺对年轻人吸引力较弱

阳澄湖（消泾）国际手作村自2022年7月建成开放以来，先后举办过民间文艺活动共19场，其中工艺美术展览18场，民俗表演1场。就单场民间文艺活动而言，游客接待量最多的活动是"时间与空间"法国当代绘画展，先后持续2个月，也仅吸引游客量上千人次，且游客多为走马观花观看，停留时长一般不超过10分钟。究其原因，一是民间文艺作为自下而上的文艺，其创作内容主要来自劳动或日常生活，由于城市化进程加快，乡村生产生活方式发生了较大改变。而部分民间文艺创作内容和表达方式相对单调，且创新不足，被贴上复古守旧的标签，或自顾自地高端化、神圣化，被贴上曲高和寡的标签，均不能引发年轻人共鸣。二是阳澄湖（消泾）国际手作村民间文艺导赏服务不足。很多大众游客无法深刻理解民间文艺背后的文化和艺术内涵，阳澄湖国际艺术交流中心工艺美术展览一般面向团队游客提供讲解服务，散客仅能通过展陈的简短文字了解其文化艺术内容，导致大部分游客难以深入理解。三是由于演唱会、音乐会、电影、电视节目等大众文艺的高质量供给，以及网络游戏、电子产品等娱乐生活方式的冲击，部分民间文艺吸引力和竞争力不强，人民群众文艺类型偏好发生了改变。

（二）民间文艺市场化运营艰难

第一，民间文艺产品价格偏高，产品销售不佳。民间文艺的部分工艺美术作品，原材料昂贵，工艺考究繁复，且需手工精工细作，近年来由于劳动力成本上升，导致产品价格偏高，难以销售。比如御窑金砖，一块砖的烧制需要经过二十九道工序，历时近两年的时间制作，沥浆金砖和扦泥金砖成品率仅有15%左右，乾隆年间标准的古法金砖成品率仅有5%左右，因此价格昂贵。而以御窑金砖为原料的九龙砖雕、金砖书写板、金砖书签等文创商品，再叠加雕刻技艺、艺术品溢价，价格更为昂贵。第二，部分民间文艺产品太过高端，或太过传统，导致市场受众狭小，难以获取规模效益。如元和缂丝、九龙砖雕、苏绣旗袍、明式家具等，高端文艺作品动辄数十万甚至数百万元，即使开发的文创商品也达数千元，非普通老百姓能承受；再比如阳澄渔歌、道教音乐、水乡服饰，内容、方式与当代文化差异较大，也非年轻人接受的艺术形式。第三，民间文艺尚未建立成熟的市场化产业链。近年来，民间文艺虽然得到政府、行业协会传承人补贴、宣传推广、展览展示等相关支持，但未建立市场化的产品研发、人才培养、产品销售产业链，自我造血功能偏弱。

（三）人才传承培养遇到瓶颈

民间文艺促进乡村振兴的关键在于社区居民的参与。其一，部分年轻人面临工作与生活双重压力，已出现不热衷社交和群体性活动的趋势，利益成为驱动社区居民参与民间文艺的重要因素。其二，民间文艺普遍存在传承人年龄偏大、后继乏人、技艺失传、动力不足等问题。民间文艺学习周期长，学习难度大，让一些年轻人望而却步。而由于民间文艺市场化运营艰难，所以民间文艺工作者的收入不高，就业机会偏少。在此背景下，年轻人很难去认真钻研和坚持一门艺术。其三，部分民间文艺传承方式欠缺。随着艺术培训班的兴起，民间文艺中民间音乐、民间舞蹈、民间戏曲等在青少年中得到了较好的传承。然而，对于成人而言，相城区基层乡镇既缺乏国有文艺院团等固定单位，也缺乏专业文艺创作和指导训练，民间文艺成就难以再提高。而对于工艺美术领域，仍以传统家族传承、师徒传承为主，导致很多年轻人苦于没有学习的途径。

五、计划与展望

（一）积极引导民间文艺活化创新

民间文艺想要较好的传承发展要从根上解决文艺内容吸引力问题，文艺内容与形式创新是促进优秀文化创造性转化、创新性发展的关键。习近平总书记指出，文艺的一切创新，归根到底都直接或间接来源于人民。为此，民间文艺要紧跟当今人民生活的变化，广泛吸收古今中外文艺发展成果，既要坚守文艺的审美理想、保持文艺的独立价值，又要满足当今社会民众的偏好，推出新时代文艺精品。一是开展艺术家驻村计划。鼓励艺术家深入人民群众生活，并结合乡村自然文化创作文艺精品，为乡村居民播下文艺的火种。阳澄湖（消泾）国际手作村将进一步完善餐饮、住宿配套项目，满足艺术家采风、创作、生活需求，同时营造乡土的、包容的、自由的氛围，打造艺术家心目中的"诗与远方"。二是"国潮＋跨界"成为民间文艺活化创新流行的方式。2020年，苏州评弹著名演员盛小云和摇滚乐队痛仰跨界合作《重临西湖》，评弹与摇滚的奇妙组合让不少网友直呼上头；"90后"苏州昆曲演员刘煜"牵手"说唱歌手GAI（周延），传统戏曲成为时代最潮音。适度引导阳澄湖地区民间文艺，如阳澄渔歌、龙舞、砖雕、御窑金砖在保留文艺特色的基础上，与国潮IP跨界合作，创作出符合年轻人品味的文艺精品和文创商品。

（二）加强民间文艺成果转化利用

一是加强民间文艺导赏，提升大众美育文化艺术品位。充分利用自助语音讲解器、宣传折页、人工讲解、专家讲座、专题图书等多种形式，充分挖掘和传播民间文艺内涵，激发游客兴趣。二是民间文艺兼具文化性、乡村性和艺术性，是营造乡村面貌和丰富乡村居民精神生活的重要源泉。阳澄湖（消泾）国际手作村已开展景观节点环境营造，红色文化、大闸蟹文化得到一定体现，乡村面貌初步换新。在乡村环境艺术领域、主题文化活动方面转化运用，进一步彰显"手作潮地"主题定位，也更能吸引艺术家入驻。三是借助数字文旅技术实现民间文艺转化。要顺应消费升级新趋势，积极探索虚拟现实、全息投影等文化产品新形式，开发一批体验式、沉浸式文旅融合应用场景，促进民间文艺传承和乡村振兴。随着阳澄湖（消泾）国际手作村文旅项目的完善和成熟，可适时推出大型旅游演艺产品，将沈周画作、阳澄渔歌、圣堂庙会、水乡服饰与数字文旅技术结合，引导乡村居民参与到旅游演艺发展过程中，既丰富乡村居民和游客精神文化生活，又带动乡村百姓致富。

（三）构建民间文艺现代化产业体系

产业振兴是乡村全面振兴的基础和关键。对于民间文艺而言，只有构建现代化产业体系，才能促进民间文艺可持续发展，从而带动乡村振兴。未来，阳澄湖（消泾）国际手作村将依托阳澄湖国际艺术交流中心和1971大粮仓，以非遗手作为特色产业，构建产品研发、人才培养、产业孵化、版权交易、产品销售、研学体验完整产业链。产品研发方面，与高等院校、科研机构、头部企业、非遗大师合作，充分发挥文旅部重点实验室苏州创新中心优势，通过建立实验室，举办系列赛事活动、讲座分享会，打造长三角地区非遗手作研发高地；人才培养方面，阳澄湖（消泾）国际手作村与上百所艺术院校、知名非遗大师联动，招引艺术学生和青年手工艺人入驻，通过对产品技艺、投融资、市场、创业管理再指导，解决青年手艺人从高校到社会实践脱节问题；产业孵化方面，建立产业孵化实训基地，配套餐饮、人才公寓、休闲娱乐项目，满足手工艺人生产、生活需要，降低创业成本，同时培育阳澄湖（消泾）国际手作村手作特色产业；版权方面，建立相城版权站，通过文创产品开发、品牌跨界合作、版权转让使用等方式，释放版权价值；产品销售方面，建立线上线下多渠道销售平台，加大与主流非遗手作大客户、销售平台合作。

民间文艺之乡赋能乡村振兴的思考与探究
——基于江苏省内中国民间文艺之乡的调研

李林青　江苏省民间文艺家协会驻会干部

伴随着工业化和城镇化建设,乡村衰落成为全球普遍性现象。城镇化的推进使得乡村空巢化、老龄化等社会问题日益突出,乡村传统文化日趋边缘化,乡村社会文化认同日渐式微。2017年党的十九大报告指出,农业农村农民问题是关系国计民生的根本性问题,必须始终把解决好"三农"问题作为全党工作的重中之重,实施乡村振兴战略。2018年9月,中共中央、国务院印发《乡村振兴战略规划(2018—2022年)》,要求各地区各部门结合实际认真贯彻落实。2021年,中央一号文件提出"全面推进乡村振兴"。文件指出,民族要复兴,乡村必振兴。乡村振兴战略从中华民族历史与文化的高度深刻阐释了乡村文化意义,对乡村文明传承、中华民族精神家园的回归都将产生长远而积极的意义。

乡村振兴是以乡村群众为中心的全面振兴,作为大多产生于乡村的优秀传统文化,非物质文化遗产的传承与发展成为乡村振兴的重要内容。民间文艺之乡是县(市、区)、乡(镇)依托当地民间文艺资源,由中国民间文艺家协会组织专家考察、认定的特色文艺品牌。民间文艺之乡在政府部门的管理指导下,充分发挥民众参与传承保护非物质文化遗产、发展弘扬民间文化的能动性,实现地域性文化空间整体保护。民间文艺之乡建设既是非物质文化遗产传承发展的重要举措,也是乡村振兴的重要组成部分。民间文艺之乡建设的过程也是乡村振兴的过程,二者相辅相成、互惠互利、融合发展。

一、民间文艺之乡类型

江苏共有43个中国民间文艺家协会命名的中国民间文艺之乡,按照内容可以分为民间工艺类、民间文学和艺术表演类、民俗类。

(1)民间工艺类。中国蓝印花布之乡、中国泥人之乡、中国秦淮灯彩之乡、中国竹编艺术之乡、中国南通板鹞艺术之乡、中国水晶雕刻艺术之乡、中国红木文化之乡、中国东台发绣之乡、中国红木雕刻艺术之乡、中国蓝印花布传承基地、中国御窑金砖文化研究基地、中国黄洋文化博览园、中国珍珠文化研究基地、中国民间文艺家协会宜兴紫砂艺术研究创作基地、中国水晶雕刻艺术传承保护基地、中国红木文化研究基地、中国刺绣艺术传承基地,共17个。

(2) 民间文学和艺术表演类：中国梁山伯祝英台之乡、中国宝卷文化传承之乡、中国宝卷之乡、中国七夕文化之乡、中国淮海琴书之乡、中国淮海锣鼓之乡、中国吴歌之乡、中国民歌之乡（扬州高邮）、中国民歌之乡（南京六合）、中国民间戏曲文化之乡，中国吴地山歌传承保护基地，共11个。

(3) 民俗类：中国荷文化之乡、中国孝爱文化之乡、中国河豚文化之乡、中国吉祥文化之乡、中国长寿饮食文化之乡、中国长寿饮食文化传承基地、中国孝爱文化传承基地、中国荷文化传承基地，共8个。

除此之外，还有7个命名为"中国民间文艺/艺术之乡"的综合类民间文艺之乡。

民间文化蕴含着丰富的生态智慧，倡导人与人、人与社会、人与自然的和谐相处，其蕴含的天人合一、道法自然的思想为推进生态文明建设提供了启示。融入乡村振兴的民间文艺之乡以新的发展理念即协调、绿色、开放、共享，解决发展不平衡问题、人与自然和谐问题、发展内外联动问题、社会公平正义问题，这与乡村振兴"产业兴旺、生态宜居、乡风文明、治理有效、生活富裕"的方针完全一致。因此，民间文艺之乡建设不但能够推动非物质文化遗产的传承与发展，而且能够激活乡村文化能量，提升乡村文化建设的质量。

二、民间文艺之乡在乡村振兴中的价值与作用

民间文艺之乡建设通过传承发展以非物质文化遗产为核心的优秀传统文化，发挥村民参与社会交流和社会发展的主体地位，赋予乡村生活以文化能量，建构适合乡村发展的乡村空间，实现民众对美好生活的期待。

江苏省民间文艺家协会按照中国民间文艺家协会民间文艺之乡清理整顿、规范管理的要求，对全省43个中国民间文艺之乡进行实地走访调研，重点关注了民间文艺发挥自身优势、助力乡村振兴的实践。民间文艺之乡建设在助力乡村振兴、丰富人民群众精神文化生活方面发挥了积极的作用。

（一）推动乡村产业发展，为乡村振兴提供物质基础

产业振兴是乡村振兴的基础。民间文艺之乡建设立足当地民间文艺资源，在政府的统筹规划下吸纳社会多方力量，协调区域内外各生产要素，激活文化发展的内动力，推动社会经济的发展。在调研中发现，各地党政领导将"民间文艺之乡"建设纳入当地经济社会发展规划，并给予稳固的政策支持、经费和人力保障，积极推动民间文艺＋传承人模式、民间文艺＋合作社模式、民间文艺＋企业模式的建立，鼓励资产入股、户企结对、项目带动、农文旅融合，推动了民间文艺尤其是民间工艺产业化发展，带动群众创新创业，实现共同富裕。苏州吴中区作为"中国民间文艺之乡"，积极建设工艺产业聚集区，推动文艺产业发展，目前已经形成光福镇中国工艺文化城、舟山核雕

村、临湖镇古典红木家具市场等，总经营面积 200 多万平方米，吸收就业人口 3 万余人，2022 年全区民间文艺产业产值 30 余亿元。中国（白蒲）长寿饮食文化传承基地充分利用当地长寿文化品牌，带动农产品产业发展。如皋广兴米业有限公司以如皋白蒲镇 8 个村及周边乡镇为基地，实施公司＋农户发展模式，目前已经带动 4 000 余户农户致富。常乐镇中国红木雕刻艺术之乡培育企业骨干，积极建立互联网＋模式，与多家电商平台合作，2022 年 20 多家红木企业网络零售额超过 20 万元。

（二）助力乡风文明建设，为乡村振兴提供精神力量

"乡村振兴，既要塑形，也要铸魂"。乡风文明作为乡村振兴的五项标准之一，是乡村振兴的重要推动力量和软件基础。民间文艺之乡建设与村落、社区组织，与民众生活、民间文化紧密相连。在民间文艺之乡建设中，政府部门以民众生活需求为基本导向，积极探索多样化且针对性强的文化惠民、利民措施，培育文明乡风、良好家风、淳朴民风。苏州相城区中国民间戏曲文化之乡，苏州张家港中国宝卷之乡，淮安涟水县中国淮海琴书艺术之乡、中国淮海锣鼓艺术之乡，鼓励传承人进社区、进校园，与节日主题活动相结合进行惠民演出，培养优秀民间文艺志愿团队送戏进社区、进村落，结合时代要求积极创作歌颂时代新风、宣传良好家风、增强使命担当等主题的作品。苏州梅李镇中国孝爱文化之乡以"孝爱"为核心，建设孝爱文化展厅、孝廉教育馆，打造孝爱书房，评选新乡贤、孝爱和谐家庭，开展家风宣讲，延伸出"孝和""孝廉""孝德""孝贤"四个子品牌，以点滴孝爱汇聚社会共识，让孝爱文化成为提升乡村治理水平、推动乡村文明建设的不竭精神动力。

（三）培育乡土人才，为乡村振兴提供智力支撑

在民间文艺之乡建设过程中，当地党委政府非常重视民间文艺人才的培养，并将其纳入政府宣传、人事工作范畴。民间文艺之乡建设使民间工艺、民间故事、民间小戏等乡村艺术受到重视，村民实现了家门口就业，乡村出现了人员返流现象。通过培育乡村文化骨干力量，扶持传承人，重视校园传播，培养了一批懂文化、懂技术、懂科技的新型乡村民间文艺人才。如南通中国蓝印花布之乡实施师徒、社会、院校"三位一体"的立体式传承方式，带出一批优秀的传统手工艺青年传承人；中国刺绣传承基地为培养创新型人才，制定了《苏州高新区促进苏绣传承创新发展的若干措施》，实施"人才阶梯式培养计划"，引进苏绣及相关产业高层次文化人才。在 8 400 多名刺绣从业人员中，大学及以上学历占比接近 10％，"80 后"占比 15.7％，"90 后"占比 7.3％。更多年轻人的加入为民间文艺之乡建设注入活力，为乡村振兴储备了人才。

（四）强化理论研究，为乡村振兴提供理论指引

学术立会是中国民间文艺家协会的优良传统，民间文艺之乡申请地必须具备的条件之一就是拥有学术、宣传、产业、教育等相关成果。理论研究的深入进一步挖掘了

民间文艺资源的内涵，有利于地方更好地打造精神文化标识，让民间文艺更好地回馈、反哺乡村。扬中中国河豚文化之乡成立河豚文化研究会，汇聚了一批河豚文化研究者，并出版多部河豚文化研究专著；中国蓝印花布传承基地以收藏研究、整理出版、院校教学为己任，形成了蓝印花布立档保护、艺术研究、传承、教学、创新的立体传承模式；金湖县荷文化研究会定期组织专家、会员开展研讨活动，深挖荷文化的深刻内涵和时代价值等。民间文艺之乡建设与学者、高校合作，通过跨区域学术团队关注、多学科理论团队研究，研究理清民间文化的历史渊源、发展脉络及基本走向，提升社会关注度，促进可持续创新发展，从而为乡村振兴提供理论指引。

三、民间文艺之乡建设存在的问题及举措

民间文艺之乡建设在推动乡村振兴方面发挥了重要作用。但从对江苏43个民间文艺之乡调研情况来看，还存在以下问题：（1）对民间文艺之乡建设重视程度不足。部分民间文艺之乡存在重挂牌、轻活动的现象。（2）民间文艺之乡建设同质化严重，缺乏设计元素。（3）非物质文化遗产活化利用率不高，政府投入不够。尤其民间文学作品、民间艺术表演、民俗资源停留在搜集整理阶段。（4）营销模式比较保守。为在新时代更好发挥民间文艺之乡在乡村振兴中的作用，提出以下对策：

（一）加强监督与整顿

为加强对民间文艺之乡的管理，中国文联制定了《关于"规范命名文艺之乡"和创建"文艺创作基地"暂行办法》，中国民间文艺家协会根据办法，对已经命名的民间文艺之乡每年开展审查、清理整顿、规范管理，并对工作不到位的文艺之乡进行警告。各省、自治区、直辖市、新疆生产建设兵团民协对辖区内民间文艺之乡负有管理、监督、指导的责任。江苏省民间文艺家协会积极发挥"两个优势"，把对民间文艺之乡的考核列入年度重点工作，在日常工作中对民间文艺之乡进行走访、调研，了解工作实况，并对需要改进的地方提出意见和建议，以带动民间文艺之乡建设活力。

（二）加大政府引导与支持

融入乡村振兴的民间文艺之乡建设，其空间动能很大程度上来自政府对民众和民众生活空间的赋权。因此，政府在民间文艺之乡建设中发挥着举足轻重的作用。要加大资金扶持，特别是针对发展势头比较弱的民间文学、民间艺术表演类、民俗类民间文艺之乡建设，为项目传承人提供更多培训、学习和展示机会，提高艺人和学员收入；制定政策，推动文旅深度融合，为民间文艺资源纳入旅游文化建设的合法性、正当性提供政策保障；与教育部门合作，支持并推荐民间艺人进校园；实施民间艺人职称评定、对代表性传承人发放专项津贴、试行政府出资为公众购买展演服务等多种措施，使传承人生活有保障、经济有效益，从而激发他们的主体意识，推动民间文学、民间

艺术表演、民俗等活化利用；整合资源，鼓励引入艺术机构，以市场化方式运营具有乡土特色的艺术展演等。

（三）创新民间文艺之乡营销方式

随着信息时代的到来，自媒体的发展打破了地理边界，为民间文艺的传承与发展开拓了更为广阔的空间。加强传统媒体与新媒体的深度融合，不断革新运营理念，创新优质内容，为融入乡村振兴的民间文艺之乡建设凝聚新动能。一是创建品牌，举办主题鲜明的大型活动或庆典营销活动。以品牌带动招商引资、产业发展，提升民间文艺之乡知名度、美誉度、影响力。二是采用线上线下联动方式进行推广。微博、抖音、快手等新媒体平台以其参与性强、表达丰富、潮流炫酷成为当下最受年轻人欢迎的传播平台。利用短视频平台，深入挖掘民间文艺资源，打造民间文艺之乡个性化IP。

（四）提升民间文艺之乡建设的艺术设计

全国政协委员、中国民协分党组成员邱运华在2024年全国两会期间谈到乡村振兴时说，当下旅游开发主体亟需提升旅游产品设计水平，否则旅游产品的附加值就无法充分体现，"人们购买的是文化产品和服务，而不是未经加工的原材料"。民间文艺之乡建设应积极挖掘当地特色文化资源，依照"一村一品""一县一品"的原则，培育乡村特色文化产业，走特色化、差异化发展之路；引进美术专业设计人才，公共文化空间、旅游配套设施不仅要体现地方特色，也要融入现代审美。通过艺术设计让民间文艺之乡建设具有艺术性，更能体现地方文化内涵。

四、结语

乡村振兴是国家战略，乡村振兴战略对乡村文化建设提出了更高要求。而民间文艺源于乡村、发展于乡村，是乡村精神创造的动力之源。民间文艺之乡发挥当地民间文艺资源，在政府的介入、引导下，充分尊重并发挥人民群众的主体地位，培育乡村文化情怀，在推动乡村产业发展、精神文明建设、人才培养等方面发挥了巨大的作用。在新时代，民间文艺之乡应进一步深挖地方特色资源，加强文旅融合，创新发展模式，从而更好地助力乡村振兴。

乡村振兴视角下东海县水晶雕刻人才培养初探

张守忠　连云港市民间文艺家协会副主席

党的十九届六中全会对全面推进乡村振兴作出了总体部署。党的二十大提出，要扎实推动乡村产业、人才、文化、生态、组织振兴，要深入实施人才强国战略，同时提出要"努力培养造就更多大师、大国工匠、高技能人才"。自1991年东海县举办第一届水晶节以来，特别是近几年，东海县委县政府立足本地水晶资源独特优势，始终重视水晶雕刻人才培养，广开就业渠道，促进农民增收致富，书写了新时期乡村振兴的美好答卷。

东海县是世界水晶原料集散地和水晶交易中心，东海水晶的质量、储量和产量均居全国之首，储量达30万吨，水晶含硅量高达99.99%，素有"东海水晶甲天下"之美誉。经过30多年的发展，东海县已形成"一镇一城两馆两园"的规模。"一镇"即东海水晶特色小镇，总投资超百亿元，规划面积3.07平方公里，建设用地1.4平方公里，入选江苏省首批特色小镇创建名单，获评全国50个最美特色小镇第2位。"一城"即总投资32亿元、建筑面积45万平方米的中国东海水晶城，入驻商户7 000多户，是全球面积最大、功能最全的水晶交易专业市场。"两馆"即中国东海水晶博物馆和东海水晶雕刻非遗馆。中国东海水晶博物馆总投资3亿元，建筑面积2.9万平方米，是全国规模最大、等级最高、唯一以水晶为主题的专题性博物馆，年接待游客达50万人次。2021年，东海水晶雕刻技艺入选国家级非物质文化遗产保护名录。东海水晶雕刻非遗馆于2023年9月应运而生，总投资6 000万元，展馆建筑面积0.45万平方米，非遗广场占地1.33万平方米。"两园"是中国水晶文化创意产业园和中捷水晶产业合作园。中国水晶文化创意产业园总投资6亿元，占地1 000亩，是集原料展销、产品加工、创意研发等"多位一体"的功能平台；中捷水晶产业合作园总投资10亿元，规划面积1 500亩，是东海与捷克合作的重要载体。水晶产业已成为东海县名副其实的地标产业、富民产业。截至2022年底，依托独特的水晶资源，全县拥有各类水晶加工企业3 400多家，从事水晶销售的企业有7 000多家，年产9 000万件水晶工艺品，年水晶产业交易额超340亿元，带动30余万人致富。东海水晶获评国家地理保护产品、国家证明商标，入选"江苏符号"、长三角地区最具影响力旅游地理标志。2016年9月，东海正式获评世界水晶之都。2023年9月，东海县成功举办了第十六届中国·东海国际水晶节。

一、东海县水晶雕刻人才现状

人才是支撑县域经济特色产业发展的重要力量。截至2022年底,东海水晶产业从业人数近25万。其中,农民占60%,城镇居民占35%,外来人员占5%。从行业内人才分布情况看,生产加工从业人数约3万人,其中本地人1.9万,有4 100多人从事水晶工艺品创作及雕刻;外来人员有2 800余人,主要从事水晶工艺品创作及雕刻;从事商品流通人员约15万人。近几年来,东海县委县政府高度重视水晶雕刻人才的培养,以县级层面制定出台《东海县水晶产业人才培养工作方案》《关于深化水晶产业人才队伍建设的十条措施》等人才培养招引政策,完善水晶人才开发培养"1+N"政策体系,单列2 000万元用于水晶产业人才预算经费,招引国家级、省级工艺美术大师曹志涛、吴建敏、张玉成等30余人,在东海设立大师工作室、水晶名人工作室。中国工艺美术协会水晶人才培养储备基地落户东海并举办高研班,每年培养各类水晶人才200余人。东海与江南大学、苏州工艺美术职业技术学院、常州工学院等高校合作,共建水晶人才培养基地。江苏海洋大学水晶产业学院在东海挂牌。同时建成水晶技能培训学校,在东海中等专业学校开设水晶雕刻专业,面向全国招生,每年培养水晶创意设计、市场营销等各类人才1 000余人。高规格举办中国天然水晶"晶华奖"评选、全国水晶雕刻大赛、中国水晶文化创意设计大赛、中国天然水晶工艺品"百花奖"和江苏省"晶城杯"水晶雕刻工艺品大奖赛等活动,培养水晶创意雕刻人才2 500余名。连续举办两届东海水晶雕刻大师"名师带高徒"拜师仪式,22名水晶雕刻大师共收徒83人,通过传帮带,提高本土水晶雕刻人才的创作水平。制定出台《水晶雕刻人才技能等级评定管理办法(试行)》,填补水晶雕刻行业人才评价标准空白,通过"以赛代评"评定人才级别,破除"唯论文、唯职称、唯学历、唯奖项"倾向,畅通水晶人才职业发展通道。印制《水晶雕刻人才A—D分级评定名录》,共收录A类水晶雕刻大师15名,B类水晶雕刻名师72名,C类水晶雕刻师102名,D类助理水晶雕刻师443名。开展电商人才培训工作,连续举办五届水晶电商创新创业大赛,培训电商营销人才3 000余名。截至2022年底,全县拥有国家级工艺美术大师4人,省级工艺美术大师7人,省工艺美术名人10人,市工艺美术大师14人,市高级工艺美术师7人、工艺美术师28人,助理工艺美术师及技术员达6 000人,专业电商营销人才3万余人。

二、东海县水晶雕刻人才培养面临的问题

人才是产业发展"第一资源",但从产业人才与产业规模匹配度看,东海县产业人才数量和技能层次明显落后于实际发展,亟须加快培养,现如今主要存在的问题有:

一是缺少本土水晶工艺品雕刻创作人才。据统计,全县有6 000多名从事水晶工艺

品创作及雕刻人员，其中有一半以上来自福建、河南、安徽、广东等地。在本土人才培育上东海县虽然做了大量工作，但是成效还不大。比如，传统师带徒模式和东海中等专业学校水晶雕刻班，在雕刻人才培育上发挥的作用不是太强；举办的各类水晶雕刻培训班，效果也不是很明显。主要还是水晶雕刻人才培育周期相对较长，少则1至2年，动辄3至5年，年轻人觉得来钱太慢，不愿意干，也不想学。

二是本土大师级产业领军人才稀缺。领军人才是决定产业兴旺与否的核心要素，目前东海县本土能够称得上水晶产业领军人才的不足10人，大多从事水晶雕刻艺术创作、水晶文化研究，像水晶创意设计人才更是少之又少，对比扬州玉雕、河南玉雕等方面的人才，在创作理念和雕刻技艺上存在很大差距。本土大师级领军人才的稀缺，势必影响未来水晶产业的发展。

三是从业人员学历层次普遍不高。从调研掌握的数据看，水晶产业链初端从业人员学历普遍不高，如生产加工环节，大专以上学历仅占3%，初中及以下学历占到65%；终端环节市场销售从业人员学历上，相对其他产业链环节较高些，大专以上学历也仅占22%左右，大部分人员还是高中以下学历。低学历加上视野狭窄，导致很难成就水晶雕刻工匠和大师。

四是人才招引政策后续落实不够有力。最近十年，东海县在人才引进助力产业发展方面，确实招引了一批大师入驻，但是从引进人才的数量和层次上看，实际效果与最初预想还是存在很大差距，主要是人才政策后续配套跟不上，如住房保障、医疗保险、小孩上学、交通补贴及装修补贴等方面，不能第一时间给予兑现，导致后期产业人才招引更加困难。同时，人才政策过于偏向高层次人才，惠及面不广，这方面可以借鉴佛山市顺德区《伦教街道珠宝首饰人才工作扶持办法》。该办法扶持对象覆盖辖区所有珠宝首饰生产加工、销售、设计的企业和在职员工，以及投身伦教创业就业的珠宝首饰类专业毕业生或高技能人才，并设立人才扶持和政校行企合作扶持标准，涉及珠宝首饰类毕业生、校企合作项目、建站等多个补贴范围，采用人才引进和个人申报，人社部门聘请第三方机构进行审核，用"真金白银"吸引人才、留住人才。

五是行业协会开展服务不足。东海县水晶产业现有官方和民间各类行业协会7家，但注册后开展活动偏少。特别是对产业发展有较大促进作用的人才标准制定、技能比赛、对外交流、人才培养、评选表彰等活动开展较少，本土人才之间也缺乏互动交流。

三、关于东海水晶雕刻人才培养的几点思考

加大人才建设，赋能产业发展升级。人才是创新发展的第一支撑，唯有厚植水晶产业人才这片"沃土"，才能有力推动东海水晶产业向更高层次迈进。

1. 加强高端人才引进。坚持科学人才观和"突出高端、急需实用、能力优先、注

重业绩"的原则，实行全职引进与柔性引进并举，重点引进工艺美术大师、创新人才、技术人才和经营性人才。参照《东海县加快引进高层次人才暂行办法》，在资金扶持、场地保障、科研奖励、生活补贴、项目申报、住房保障、配套服务等方面给予奖励扶持，打造优秀人才团队。制定水晶产业专项人才政策。要破除之前的笼统式人才引进办法，拿出比其他珠宝产业基地待遇更优、针对性更强的招引政策，如：根据县内水晶企业人才需求量，联合制定出台引进水晶创意雕刻高层次人才的政策，并由政府背书和企业践诺，采用政府单独引进或者政府和企业联合引进，政策兑现上要"见速度"，更要"可持续"。尤其是在人才落户、出入境手续办理、配偶就业、子女入学、职称评定、医疗保险和住房用房等方面，要提供"一站式"保障服务，并定期做好回访工作，及时了解诉求，确保人才留得住、发展好。

2. 改善人才发展环境。坚持人才工作年度会议制度，加大水晶产业优秀乡土人才表彰力度，激发乡土人才干事创业热情。拓展人才服务"金卡"制度，为持卡的水晶产业乡土人才提供更多服务。结合县情，制定水晶行业人才评价标准，探索乡土人才职称评定办法，促进全县乡土人才评价认证制度不断健全发展。强化金融支持留住人才。建议由县人才办牵头，协调银行、小额贷款公司、典当行、融资担保公司、保险公司等金融机构，共同研究制定支持水晶人才的金融政策，设立"人才贷"，如根据人才级别、个人贡献率、资产情况，进行金融服务，帮助外地水晶人才解决资金不足问题，让外地水晶人才安心留在东海创事业、创大业。

3. 优化人才资源配置。调整人才专业结构，大幅提高工艺美术大师、创新人才、技术人才的比例。引进捷克知名设计师，加强中捷水晶人才互动交流，带动本土人才设计理念更新。大力实施"晶凤还巢计划"，鼓励东海籍在外水晶产业人才回归创业、返乡就业。

4. 注重专业技能培训。打造产学研一体化公共服务平台，提升水晶产业人才学习和实践能力。发挥大师工作室育才功能，实施"传帮带"人才战略，培养一批水晶产业创意人才和高技能人才。推进中国工艺美术协会水晶人才培养储备基地建设，加强后备人才培养。通过外聘专家、高校学习、内部交流等方式，加强产业人才培训，提高整体技能水平。打造多元人才培养平台。加快筹建江苏省水晶工艺美术职业技术学院，培育水晶创意设计、水晶雕刻、市场营销、企业管理等各类专业人才。利用水晶行业协会资源，加强与中国轻工业联合会的联系，建立水晶雕刻人才培养基地，将天然水晶雕刻列入中国首饰玉器"百花奖"单项奖，提高东海水晶办赛规格和水晶雕刻人才创作水平。大力培育雕刻技能人才。充分利用现有的国家级、省级工艺美术大师，继续开展水晶雕刻大师"名师带高徒"拜师仪式，大力培养后继人才；举办水晶创意雕刻赛事活动，为本土水晶年轻人才搭建相互交流、相互促进的平台；组织水晶创意雕刻人才参与"玉星奖""华艺杯""艺博杯等"各类国家级、省级奖项评选活动及工艺大师评定等职称申报工作，提升水晶创意雕刻人才的荣誉感和获得感。

5. 做好产业人才职称评定。充分发挥行业协会作用，全力推进水晶雕刻人才分级评价体系改革，推广A—D分级标准，探索在设计、电商、销售等领域分类制定相应人才评价办法，加快完善水晶全产业链人才等级评价制度，并对具有职称的各类水晶人才进行分级补助。对在国家级、省级专业雕刻大赛中获奖的雕刻师，按获奖层次、种类给予奖励。

民间文学与乡村振兴

天目文化と日本の未来

试论神话资源助力乡村文化振兴

王宪昭　中国社会科学院民族文学研究所研究员

党的二十大报告中提出"全面推进乡村振兴",其中一项重要内容就是文化振兴,其主要目的就是通过推动乡村文化的复兴和繁荣,为乡村全面发展提供有效动力。"文化"是一个内容极其丰富的概念,其中就包含"中华传统文化"。在众多中华优秀传统文化的载体中,"神话"可以说是产生时间很早、流传时间很长、接受群体很广的重要载体。将"古老的神话"与"当今乡村文化振兴"放在一起,也许有人会觉得有些风马牛不相及,其实不然。这与神话是中华民族传统文化的重要载体有关,更取决于神话本身的民间文化性质和文化价值。世世代代口耳相传的神话一直与乡村文化存在着或多或少、或隐或显的联系,这些联系引发了关于神话资源在乡村文化振兴中的功能与运用的思考。

一、神话资源与乡村文化的建设发展存在密切关系

中国作为传统意义上的农业大国,乡村文化是民间文化的主体。民间文化内容丰富、形式多样,不乏优秀的非物质文化遗产,神话资源就是其中具有代表性的部分。神话最早出现在人类文明的史前时代,是人们通过想象或幻想加工过的自然界和社会生活。它源于生活又高于生活,是老百姓集体智慧的结晶,也是当今文化创造的重要源泉之一。它为人民群众喜闻乐见,在传承发展中又与其他许多民间文化现象紧密联系在一起,表现出旺盛的生命力和积极的文化价值。神话被看作人类早期生产生活的百科全书。这本百科全书具有不同的存在形态,有以文献形式保存下来的神话,有口耳相传的神话,有留存在建筑物、碑刻、壁画中的神话,还有在民俗活动中以多种形式存续的活态神话,以及当今人们借助于神话思维创作的"新神话"。无论哪一种类型的神话,都可以在民间文化活动中找到踪迹,并成为支持乡村文化发展的重要文化渊源。下面选取一些常见现象,考察神话与乡村文化的密切关系。

（一）神话资源与民间节日的自然融合

"节日是文化的节点,是民众精神生活的集中体现,是人们沟通、调节天人关系、人际关系,以及安抚、表达内在情感的时机。我们从岁时信仰、节日传说、节日娱乐中可以提炼出节日民俗的精神传统。我们从传统节日民俗中可以经常看到与神灵对话

的仪式。"① 乡村节日活动中的神话元素通常体现在显示节日的悠久历史、神圣意义，渲染节日的文化气氛，激励民众的广泛参与等方面。如节日文化中的乡村"过大年"，历来都是中华民族优秀文化传统的重要节点。东汉许慎《说文解字》中对于"年"的解释是"年，谷熟也"，但如果把"年"与神话联系起来，却不再是这种务实的解释。关于"年"的说法中，较为常见的神话解释是：年是一个凶猛的怪兽，每到冬末春初的时候，就会跑到村子里骚扰危害百姓，人们偶然用燃烧竹子或用点燃爆竹的声音把年吓跑了；人们听说年害怕红色和敲打的声音，于是每当年经过时，就张贴红色对联，挂出红色灯笼，众人聚集在一起点燃爆竹，敲锣打鼓，就形成了"过年"的传统。② 当然，"过年"是一个系列性的节日活动，许多地方的民俗活动中还有一个重要前奏是腊月二十三"过小年"，送灶王爷"上天言好事"。关于"除夕"来历的神话解释，许多地方也是大同小异，如把"夕"说成是一个害人的怪物，年三十晚上要到村子里掠夺美女与财物，最后人们齐心合力把夕打死，故名"除夕"，等等。这些颇具艺术创造的神话思维解释，不仅给民间节日增加了神秘色彩，也增强了节日的神圣性，进而提升了民众对节日的关注度和参与度，成为传统节日持续传承的重要文化支撑。

神话资源与节日的联系是多方面的，有时同一个节日可能会出现不同的神话解释。如端午节，除纪念屈原之外，其他说法也很多。流传于河南省方城县的汉族神话传说《药奶奶》③叙述，端午节源于嫦娥五月五日升天到月宫往下撒药；流传于河北省顺平县的汉族神话传说《五月端午包粽子的传说》④叙述，端午节源于人们模仿海瑞祭母；流传于河北省保定市新市区的汉族神话传说《端午节插艾的来历》⑤叙述，端午节源于纪念黄巢起义军胜利和一位贤惠、善良的妇女救了百姓；流传于河北省承德县的满族神话传说《满族端阳节的传说》⑥叙述，满族过端阳节源于解瘟疫的目的；流传于广西壮族自治区武宣县的壮族神话《达昊盘古庙》⑦叙述，端午节源于五月初五盘古的诞辰日，要举行集体祭祀；流传于云南省姚安县、大姚县等地的彝族神话《婚事和恋歌·说亲》⑧叙述，端午节源于五月初五药王菩萨的生日，等等。对于端午节的其他活动如吃粽子、插艾草、挂菖蒲、熏苍术、喝雄黄酒、赛龙舟、舞狮等，不同地区或民族往往都会有不同的神话解释。不同神话母题的广泛应用，进一步丰富发展了乡村文化，

---

① 萧放.传统节日：一宗重大的民族文化遗产[M]//文日焕,祁庆富.民族遗产(第一辑).北京:学苑出版社,2008:93.
② 陶阳,钟秀.中国神话(下)[M].北京:商务印书馆,2008:1499-1501.
③ 张振犁.中原神话通鉴(第三卷)[M].开封:河南大学出版社,2017:894.
④ 罗杨.中国民间故事丛书(河北·保定·顺平卷)[M].北京:知识产权出版社,2016:10-11.
⑤ 罗杨.中国民间故事丛书(河北·保定·新市区卷)[M].北京:知识产权出版社,2016:15.
⑥ 罗杨.中国民间故事丛书(河北·承德·承德县卷)[M].北京:知识产权出版社,2014:151.
⑦ 覃乃昌,覃彩銮,等.盘古国与盘古神话[M].北京:民族出版社,2007:81.
⑧ 云南省民族民间文学楚雄调查队.梅葛[M].昆明:云南人民出版社,2009:128.

让乡村文化的百花园繁花似锦。

(二)神话资源与民俗活动的密切关系

民俗作为特定的民间群体中约定俗成的社会现象,也是在一定时期内人们沿袭遵守的文化规则以及习惯性的行为方式。许多民俗活动与神话元素或神话叙事具有相互依存性。神话往往为民俗的产生与存续提供重要的母题,成为民俗内在精神与文化意义的重要支撑。诸如民俗活动中的婚丧嫁娶、庆典祭祀等,一般会有规范性仪式,从其中的许多仪式中都能找到神话叙事的依据。如文身,在人类发展史上原是一种民俗,只不过随着时间的推移,人们渐渐淡化了早期的神话叙事,甚至只重视其外在表象而忘掉其厚重的文化内涵。以文身中的动物为例,据史料记载,古代吴越一带生活在海边或河边的民族曾经流行身刺龙形以逃避水中龙、鱼之害的习俗。他们认为,在身上文出本族图腾物图案或者与水中害人动物相同的图案,就会得到这种动物的保护而不受伤害。有些民族认为祖先是龙,就在身上文出龙的形象,有时还把牙装饰成龙齿。由此可见,文身并非今天有些人认为的是表象的审美,而是一种强烈的民间信仰,具有重要的身份标示功能。再如,神话资源支撑下的与农事相关的民俗活动非常丰富,立春时节鞭春牛,二月初二"土地诞","四月八"祈求甘雨,稻谷熟后尝新米,收获季节祭五谷,还有为耕牛过生日、尊崇农具、择日子播种等民俗,都通过神话建构出人与土地、人与生产、人与牲畜之间的和谐关系。农耕知识、生产与节气的关系,以及与农事相关的表演性和娱乐性的娱神活动、祈愿禳灾、感恩酬神等,无不显示出神话与农业民俗的密切关系。

在婚丧嫁娶、人生礼仪等习俗中也可以找到古老神话叙事的印记。如许多地区民间长期流行的结婚时拜天地的习俗,源于古老的天地崇拜与天地人关系。新娘蒙上红盖头或者迎亲者往新郎脸上抹灰的习俗,在灾难后幸存的兄妹婚繁衍人类神话中有具体解释:兄妹为了繁衍人类不得不结婚,又违背道德伦理,所以就蒙上红盖头或涂抹面部,表示不再是血亲成婚,以骗过神灵问责或掩饰内心羞愧。葬礼中应用到的神话依据更多,如死者断气时的处理、报丧时的禁忌、吊唁时的礼仪、入殓时的服饰、入葬时的方式、灵牌的存放、送魂招魂仪式等,每个步骤与礼仪都与对神灵的态度有关。如贵州省黔西南布依族苗族自治州兴仁市布依族发丧礼仪,第一天为"开坛",第二天为"传客",第三天为"转场"。"转场"结束后,寨邻亲友就开始准备出丧。摩师和孝女在家,把大门关上。孝男在外,从大到小列成队伍,绕幡竿三圈,然后走到大门前用布依语叫"开门"。经过演绎与死者永别后,摩师放倒幡竿,帮着拆除客坛,寨中儿童收拾纸火,炮手添药,亲友齐心协力将灵柩捧出房,放于门外的板凳上,再用杠绑在棺材上,摩师诵完"送丧经",发丧令下:"起!"铜鼓声终止。锣声、鞭炮声、哭别声跟随棺材上山,死者儿子在前,扛着望山钱,烧着引路香,丢着买路钱,边退边走,逢险磕头,逢水搭桥,直到把抬棺人引到安葬处。这些民俗采集于20世纪末期,但从当今一些丧葬习俗中仍可以看到类似的影子,许多细节表现出的神话叙事与神话思维是不言而喻的。

衣食住行民俗中的神话阐释比比皆是。如与女娲神话有关的一些习俗中,流传于中原一带的神话《女娲捏泥造人畜》这样解释正月前几天的习俗:女娲第一天捏出鸡,第二天捏了狗,第三天捏了羊,第四天捏了猪,第五天捏了马,第六天捏了牛,第七天捏人时,泥人捏好后没晾干,天下了雪,女娲怕泥人冻坏,就用树叶包起来,所以,古时候的人穿树叶,现在则是穿衣裳。神话还对每一天的习俗作出了相应解释,如大年初一是晴天,人们就说今年要多喂鸡,这一年的鸡不会生病;初七这天是人的生日,家家户户都吃面条,称作"长寿面"。北方很多地方广泛流传着"冬至饺子夏至面"的民俗,就有神话解释说,女娲冬天抟土造人时,怕用黄土造的泥人耳朵被冻掉,就在黄土人耳朵上扎眼用细线拴住,线的一端放在黄土人口内,意思是让他咬住带线(馅)的耳朵,于是就有了冬至吃饺子可保护耳朵的习俗。① 神话与民俗的关联不仅让民俗变得生机盎然,而且进一步丰富了民俗活动的文化内涵,能够极大调动民众参与的积极性,增强民俗传承的持久性。

(三)神话资源与多种民间传统文化的互动

民间传统文化类型丰富,其中比较有代表性的有民间信仰、图腾崇拜、民间禁忌等。以民间信仰为例,许多民间信仰具有自发性、地域性、分散性和群体性等特点。有研究者认为,"民俗信仰又称民间信仰,是在长期的历史发展过程中,在民众中自发产生的一套神灵崇拜观念、行为习惯和相应的仪式制度"②。它既植根于乡土社会,又是传统文化的一部分,其主体是有关神灵、鬼魂、祖先、圣贤以及对某些动植物、自然现象的信仰,如玉帝、王母、三官大帝、土地神、火神、门神、财神、灶神、三皇五帝、注生娘娘、孔子、关帝爷信仰等,一些有名气的地方性历史人物以及某些文学作品中的神话人物如唐僧、孙悟空等,也可以进入信仰体系之中。

通过某些民间事象规范人的行为时,往往会借助于神话,使之上升到民间信仰的高度,如"十王地狱信仰在我国民间普及程度很高,仅次于观音菩萨信仰,佛道二者经千年冲突交融,异中求同,对生与死的看法各异,形成了不同的生死观。由于十王地狱之概念是配合中国本土道教与佛教的观念而成,加之中国民间神话故事认为地狱有十八层,共有十殿,这种思维及其伴生的信仰行为,被称为十王信仰"③。在我国多地流行的十王信仰及鬼神信仰起源于远古社会的自然崇拜、天地崇拜、神灵崇拜、祖先崇拜,以及阴阳生死等人们对生命的眷恋与对死亡的恐惧,通过地域神话巧妙地表

---

① 罗启荣,等.中国年节[M].北京:科学普及出版社,1983:57-58.
② 钟敬文.民俗学概论[M].上海:上海文艺出版社,1998:87.
③ 蔡元平.水陆画十王地狱图像的神话性[G].向宝云.神话研究集刊(第二集).成都:巴蜀书社,2020:232.

达出来。表达这些信念的同时又包含了许多劝人行善的行为规范，并通过一些典型案例规劝人们"善有善报，恶有恶报"。如南方地区一些十王水陆画注解文字中标明的"忠奸善良判断分明""岳飞永法为神""秦桧奸极永受地狱"等内容都融入了大量民间神话故事成分。

（四）神话资源与其他民间活动的密切关系

民间艺术丰富多彩，如绘画、剪纸、说唱、歌谣、舞蹈等艺术形式中往往会涉及大量神话元素，有的表现了神话主题，有的展现出神话意象，还有的需要用神话进行解释等。如年画系列中的门神画，不仅激发了丰富多彩的民间绘画和雕刻艺术创作，而且借助门神表达出追求平安吉祥的愿望，烘托出人神同乐喜气洋洋的节日气氛。广大乡村腊月二十三张贴的灶王像背后也有许多启迪生活的有趣神话故事，说是送灶神"上天言好事"时，还要放炮，炒麦芽糖，用麦芽糖祭灶神，让灶神甜嘴，上天多说这家人的好话。由此可以发现，无论是民间语言艺术，还是可视性图像，都可能成为一种呈现神话故事的艺术形式，这些形式通过形象生动的载体，多维度展现了神话的内涵，也为老百姓带来良好的艺术享受和文化体验。

值得一提的是，神话资源在民间的表现是极其丰富而又复杂的，有时同一种现象会有不同的神话阐释。如元宵节、中秋节、火把节等节日庆祝活动，就经常以神话故事为主题或缘由，人们通过神话叙事表达或寄托美好的愿望。以火把节为例，该节日在汉族、彝族、傈僳族、纳西族、傣族等民族中广泛流传，不同民族对火把节的解释会有所不同，有时同一个民族对火把节的神话解释也会因地而异或因时因事而异。如流传于四川省凉山彝族自治州金阳县的彝族神话传说《火把节的来历》①叙述，害虫成群结队地飞到田野吃庄稼，人们组织起来，点燃火把，排队在山前山后、田边地角把害虫烧死。那天是农历六月二十四日，就形成了六月二十四凉山彝族火把节。流传于云南省禄劝县的彝族神话传说《彝族火把节》②叙述，天王派灾神撒下许多害虫吃庄稼。农历六月二十四日人们举火把烧死害虫，遂形成火把节，纪念除害成功。流传于凉山彝族自治州美姑县的彝族神话传说《火把节的传说》则叙述，每年农历六月二十四日，每家每户都要杀牲口祭天，打火把向天神恩体古兹赔罪，以求免灾。流传于云南省大理白族自治州南涧彝族自治县的关于火把节的彝族神话传说则各具特色。如有的神话叙述，彝族六月二十五晚上火把节，庆祝用火烧死害人的妖魔喏吒王；有的神话叙述，彝族六月二十五晚上火把节，纪念观音老母帮助百姓解除痛苦；有的神话叙述，彝族六月二十四火把节，纪念为民除害的鲁班师傅；还有的神话叙述，彝族六月二

---

① 中国民间故事集成全国编辑委员会.中国民间故事集成（四川卷）[M].北京：中国ISBN中心，1998：828-830.

② 罗杨.中国民间故事丛书（云南·大理·南涧卷）[M].北京：知识产权出版社，2016：43-44.

十五火把节,纪念天上下凡的兄妹结婚繁衍人类。这类情形都说明了神话与民间文化联系的多样性与复杂性。可见民俗活动往往都是复杂文化现象的综合体,如节日中会包含祭祀,祭祀中会体现信仰,为表达信仰会讲述相应的神话传说故事,讲述神话也会成为节日活动的一部分,等等。

二、神话资源在乡村文化建设中的多种功能

中国是一个农业大国。千百年来,农业、农村和农民一直都在国家发展进程中占据突出位置。乡村民间是中华民族神话产生与传承的沃土,神话在其间,在世世代代不断传承中记录着历史,传递着生产生活经验,也伴随着民间文化的繁荣与发展,发挥着重要作用。

(一)神话资源在乡村文化建设中的教化功能

在民间通过神话资源对人的品格进行塑造,并不是严格意义上的一般性教育,更多的是通过神话进行直观案例式的感化。这个功能往往借助于特定的文化场景,对人们的日常行为做出潜移默化的影响。如在各地广泛流传的"二十四孝"叙事,有些是画图的形式,有些是讲唱的形式,有些是剪纸雕刻等艺术形式。每一种都利用神话思维,发挥对民众的教化作用。这一神话系列在教育人行孝道方面会有许多共性情节,并形成相对稳定的母题链,大致可归纳为:"孤儿寡母艰难度日→母亲辛苦抚养儿子长大成人→儿子对母亲不尊不孝(虐待、打骂等)→儿子受动物母子之爱的启发幡然悔悟→儿子以反常行为表达善待母亲→母亲误解儿子自杀→儿子雕刻母亲像→民间形成供奉父母像习俗"。如哈尼族神话《祭母》叙述,哀牢山上一个寡妇艰难地将儿子抚养长大,儿子经常打骂母亲。一天儿子在田间犁地,看到老麻雀给小麻雀喂食的情形,幡然醒悟,当老母亲送饭时,儿子上前迎接,母亲以为儿子又要打自己,投河自尽。儿子追悔莫及,把在河中打捞上来的一段木头当母亲遗体带回家供奉起来。上天看到了他的孝心,便不再降罪于他。寨子里的人也谅解了他,并将其母亲去世的农历二月第一个属牛日定为祭母的日子。① 这类母题链在各地大同小异,其核心是通过想象的神话思维,将人的生前死后放置在一个可以带给人反思的共存空间。这不单单是为不孝者提供了一个改过自新的机会,也通过夸张化的艺术情节冲突,实现了人与神之间的互动,如通过母亲雕像流泪、供奉考妣习俗的产生等,将现实生活与想象中的精神世界有机结合在一起。这种民间神话资源的运用表象上看只是一个情节跌宕的故事,事实上却蕴含着民间自我教育的智慧,让人耳边随时能响着"子欲孝而亲不在"的警钟,这也正是很多神话在民间千百年来口耳相传经久不息的原因之一。

---

① 刘辉豪,阿罗.哈尼族民间故事选[M].上海:上海文艺出版社,1989:164-165.

（二）神话资源在乡村文化建设中的民族文化精神培育功能

党的二十大提出，"全社会弘扬劳动精神、奋斗精神、奉献精神、创造精神、勤俭节约精神"。这些优秀精神一般都可以在古老的神话中找到原型，许多民间活动也正是利用这些神话资源，传承中华民族优秀文化精神和优秀品格。如民间广泛流传的大禹治水、愚公移山等神话传说，很好地诠释了劳动光荣、生命不息、奋斗不止的拼搏精神；女娲补天、神农尝草、阏伯盗火等神话传说，反映出热爱生命、为人免灾除难的奉献精神；有巢造屋、黄帝制衣、嫘祖养蚕、仓颉造字等神话传说，颂扬了勤于思考、敢为人先的创造精神；还有粮食种子因人浪费粮食而变小、腊八粥的来历等神话传说，倡导了爱惜粮食、反对浪费的勤俭节约精神。神话作为人们对自然界和人类社会各个方面的综合性反映，所孕育的传统文化精神是多元的。千百年来人们对其念念不忘，根本原因就是其中许多积极向上的内容会给人强大的精神鼓舞。正如习近平总书记在讲话中指出的，"盘古开天、女娲补天、伏羲画卦、神农尝草、夸父追日、精卫填海、愚公移山等我国古代神话深刻反映了中国人民勇于追求和实现梦想的执着精神"[①]。这种追梦精神成为激励人类文化进步的重要精神力量。神话资源在乡村文化建设中的作用也时时处处得以体现。如民间社火是中华民族传统文化的一种重要表现形式，具有丰富的文化内涵，我们能从中感受到中华民族的优秀文化精神，如劳动精神、团结精神、协作精神、创造精神、勇敢精神等。为了集体荣誉，不怕困难敢于斗争的斗志，鼓舞着一代代人，因此许多优秀的社火在为人们提供娱乐的同时也显示出教育意义。

神话中的民族文化精神也会表现在中华民族文化认同与民族文化的交流交往交融等方面。神话资源作为一个民族的历史、文化和精神的体现，在增强民族凝聚力方面会发挥应有作用。神话可以使人们对民族文化产生更深入的了解和认知，从而增强对民族文化的归属感和自豪感。闻一多谈神话时，认为它"是原始智慧的宝藏，原始生活经验的结晶，举凡与民族全体休戚相关，而足以加强他们团结意识的记忆，如人种起源、天灾经验，与夫民族仇恨，等等，都被象征式地糅合在这里。它的内容是复杂的，包含着多样性而错综的主题"[②]。这段话很好地概括了神话在增强民族文化认同中的重要作用。中国各民族大团结是中华民族伟大复兴的重要基础，许多民族的神话都生动具体地表达出中华民族命运共同体意识，这种共同体意识在许多人类再生型神话中都有非常生动形象的描述。如洪水型人类再生神话一般会描述大洪水后幸存的一对兄妹结婚或幸存的一个男子与天女、仙女等结婚，生育出以兄弟相称的许多不同民族。当然，也有神造人时同时造出多个民族，动植物生的子女成为不同民族，同一个母亲

---

① 习近平.在第十三届全国人民代表大会第一次会议上的讲话[EB/OL]. http://www.gov.cn/xinwen/2020-05/15/content_5511909.htm.

② 袁千正.闻一多古典文学论著选集[M].武汉：武汉大学出版社，1993：62.

感生特定物繁衍不同民族等多种说法。这类神话一般是以几个民族或若干民族支系的来历为叙述的核心,通过塑造多民族的产生来强调民族的共同文化根源,表达出"五十六族兄弟姐妹是一家"的中华民族共同体意识,成为中国各民族大团结历史渊源的最有力证明。众所周知,中国人又称"华夏儿女""炎黄子孙""龙的传人"等,这些名称背后也离不开神话的阐释功能。如《山海经》中记载的"黄帝",本来是一个神话人物,但后世人们将神话人物历史化,让神话在传统文化的传承发展中发挥出更有效的社会功能。春秋时期左丘明《国语》记载:"黄帝之子二十五人,其同生而异姓。"西汉司马迁《史记·三代世表》记载:"舜、禹、契、后稷,皆黄帝子孙也。"唐代房玄龄等《晋书·载记八》记载:"其先有熊氏之苗裔,世居北夷,邑于紫蒙之野,号曰东胡。"清代光绪本《土默特旗志》卷三记载:"夫土默特,内蒙古之一旗也。相传蒙古为黄帝远裔。"种种说法,把不同姓氏、古代民族与黄帝有机联系在一起,为中华民族的同源关系和文化认同作出诠释。

(三)神话资源在乡村文化建设中的文化审美与娱乐功能

人们难忘乡音乡情乡愁的一个重要原因就是乡村的文化美。乡村的文化之美,其根在于乡村审美情趣,其生成往往与传统文化的积淀有关,一般会表现为乡村艺术审美、心理审美、实用性审美等多个方面。淳朴而又具有文化内涵的乡村艺术审美包括很多艺术形式,如乡村音乐、地方戏、剪纸、民间雕塑、农民画等,其中就有很多与神话资源密切相关。如一些音乐的起源与祭祀有关,许多祭祀都建构在万物有灵的基础上;地方戏剧则往往是经历了从娱神到娱人的演化;民间雕塑、剪纸、农民画等民间艺术创作中对神话元素的应用更是给无数人带来文化记忆和审美愉悦,如年画中早期的门神神荼、郁垒一般是凶狠丑陋的面目,借以恐吓外来的妖风邪气,后来对门神的审美也逐渐变得艺术化,无论是秦叔宝、尉迟恭,还是关羽、赵云、福禄财神、金童玉女等,其形象变得或威武雄壮或和蔼可亲,增加了赏心悦目的审美情趣。神话的娱乐功能也非常明显。神话在生产力不太发达的时期,一般会带有明显的神圣性,随着社会生产方式的进步,神话传承与讲述的语境随之发生变化,一些原本神圣的神话形象会变得人性化和生活化,一些与神话有关的民俗事件也会成为民众娱乐的载体。

此外,神话资源在增强民众文化自信方面具有重要作用。每一个地区或民族的神话资源都会带有明显的乡土特色,也往往凝聚着民众的文化自豪与文化自信。这种文化自信反过来又会激励民众进一步传播弘扬,进而更深刻地了解和认识传统文化,提升对传统文化的认同感和归属感。这种文化自信也必然会成为民间文化发展中最基本、最深沉、最持久的力量,会通过具有中国特色的优秀神话激励人心,传递正能量,引导民众更好地融入乡村文化振兴的进程中。

三、借助神话资源推进乡村文化振兴的方法与措施

乡村文化振兴的方法与措施是多方面的,如各级管理部门的文化政策扶持、乡村基础文化设施建设、乡村文化产业发展、乡土文化教育开展等,最根本的方法是科学分析、因地制宜,做到在传承中创新。

首先,乡村文化振兴中要注重对神话资源的科学分析与因势利导。神话资源作为人类文明发展进程中积淀的文化遗产,只有在文化实践与实际应用中才能发挥出遗产的价值。这些文化遗产的产生具有特定的时代背景,其实用性与适用性会随着社会的发展变化而发生改变,这就像一个人继承了一座古老的房产,如果原封不动地拿来就用,会带来各种不适,因此需要认真考察、鉴别、分析,对金银珠宝可以毫不犹豫地拿来使用,对于发霉变质的诸物则应该果断抛弃,这样才能创造出美好生活。正如习近平总书记提出的,"传承中华文化,绝不是简单复古,也不是盲目排外,而是古为今用、洋为中用、辩证取舍、推陈出新,摒弃消极因素,继承积极思想,'以古人之规矩,开自己之生面',实现中华文化的创造性转化和创新性发展"[①]。一些乡村民众有时会对某些神话资源产生较为固定的接受习惯,对一些现象熟视无睹甚至不加思考或习以为常,这就需要我们找准问题,认真辨识,积极寻找其中蕴含的中华民族优秀传统文化的精华。如一些农村流行的结婚时闹新房习俗,如果从神话资源的历史记忆中寻找原因,就会发现这一习俗源于原始社会时期的"抢婚",如果其过度追求娱乐性与感官刺激,就会变成一种消极落后的陈规陋习,所以对神话资源的科学分析非常重要,也非常必要。在乡村文化振兴中,利用神话资源之前,需要地方管理部门、文化传承者、研究人员以及当地群众联动,做好神话资源的普查、强化分类与价值分析,根据国家文化发展战略因地制宜进行科学引导,并把乡村文化发展与乡村城镇化建设有机结合起来。正如有研究者考察民间祭祀活动时所提出的:"在中国社会从乡土社会向市民社会转型的过程中,官方举办的公祭活动正逐步地从传统的带有宗教色彩的政治典礼,转变成为以服务社会为主旨的现代化节日,担负着促进地方文化建设、培养当代市民精神、构建城市人文空间的重要功能。"[②] 这种关于城乡文化互动的综合考虑也不无道理。

其次,注重神话资源在乡村文化振兴中的内涵发掘与合理运用。神话的产生与流传会积淀相应的文化内涵。神话被称为"神话",其实并不完全是关于神的话语,而是人借助于"神"说的"人话",这些具有神圣色彩的话语体现出人们对自然界和社会现

[①] 习近平.在文艺工作座谈会上的讲话[EB/OL].http://www.xinhuanet.com/politics/2015-10/14/c_1116825558.htm.

[②] 王霄冰.公祭节日与当代城市人文空间的构建[J].文化遗产,2016(1).

象的理解和认识，其中包含了人类长期积累的生产生活经验，传递着人类集体智慧。神话之所以在民间流传不衰，是因为大多数神话的内容都蕴涵着中华民族优秀的价值观念和文化精神。如勤劳勇敢、集体主义、家国情怀、民族团结等，都是老百姓喜闻乐见和愿意接受的；如神话中对中华民族文化祖先的塑造，通过神话叙事把勤于建功立业、勇于拼搏斗争、敢于实现梦想的丰功伟绩附着于文化祖先身上，有利于提升文化自信，激发国家和民族的历史自豪感，也能激发后人继承祖先优秀精神而更加奋发有为。

在乡村文化振兴中对神话资源合理运用，则需要审时度势因地而异，不能为了片面追求地方经济利益盲目效仿"文化搭台，经济唱戏"模式，滥用或编造神话资源，要在科学考察分析自身传统神话资源的基础上，以丰富和满足人民群众的文化生活需求为目标，要着眼于客观实际和村落经济发展诉求，在文化振兴中巧借神话资源，让这些资源由原来的自发传承形态或零散无序状态变成一种文化自觉，充分发挥神话聚民心、育新人、兴文化、展形象的文化功能，多维度服务于乡村文化建设。

再次，注重神话资源在乡村文化振兴中的创造性转化与创新性发展。神话的价值需要与当今文化实践相结合。不同时代、不同语境、不同生产生活方式，都会不同程度地导致神话传承的选择性与发展变化。党的二十大报告针对新时代文化建设明确提出，"坚持创造性转化、创新性发展，以社会主义核心价值观为引领，发展社会主义先进文化，弘扬革命文化，传承中华优秀传统文化，满足人民日益增长的精神文化需求"。这段话指出了"传承中华优秀传统文化"的最终目的是"满足人民日益增长的精神文化需求"，而满足人民精神文化需求的具体方式是"创造性转化、创新性发展"，其具体实施保障是"以社会主义核心价值观为引领"。所以，只有按照这一科学逻辑，才能保证神话资源在乡村文化振兴中的正确应用。比如中华传统文化中的春节，许多环节与礼仪都有相应的神话叙事做支撑，以其中的"拜年"为例，如果仅仅将其看作敬神敬老、人性互动的个体行为，就会降低其社会意义。如果从神话叙事中寻找拜年的本意，则会发现，神话中的"拜年"源于众人齐心协力战胜凶恶的怪物"年"后，群体之间相互祝贺平安。从这一意义上看，拜年是可以打破个体、家庭这个狭隘界定的，所以有的地方春节期间组织开展群众性的拜年活动，政府部门向当地民众拜年，各乡镇村寨组织花车、表演队向政府及周边村寨拜年等。各种蕴含着神话资源的社火表演、民间文艺等通过拜年活动得以呈现，这种形式既是对传统文化的创新性发展，又是进一步激活民众创造力、推进传统文化传承的有效手段，为培育和谐的干群关系、村寨关系创设了良好条件。

神话资源在乡村文化振兴中的创造性转化与创新性发展也可以应用在神话景观建设与文化旅游方面。乡村旅游的一个重要特点是展示当地的历史、文化和传统，而神话资源可以作为一个重要的文化载体，向游客展示当地的悠久历史和传统文化。出于对古老神话资源的关注或文化认同,人们往往会对那些与神话有关的名胜古迹或风物景观产生兴趣,乐于关注神话背后的故事、人物以及隐含的文化信仰或文化精神,一些神话人物因其独特的视觉效果和文化寓意,成为乡村文化旅游中的观光亮点。目前通过神话资源开发乡村文化景观及文化旅游的成功案例很多,甚至有些城市在有限空间内,将神话资源的景观开发作为城市文化的点睛之笔。如位于武汉市汉阳晴川阁与武汉长江大桥之间的长江江滩大禹神话园雕塑群,有学者分析其意义时提出,"大禹神话雕塑的当代转化是激活地方记忆,以时间、空间、艺术等维度所建构的叙事伦理,创新发掘神话资源在空间规划中国家意志与民间英雄同构的公共表达能力"[1]。这对乡村神话资源的双创以及讲好中国故事不无启发。

此外,神话资源的平台建设也是助力乡村文化建设的一种方法。当今世界,信息新技术与大数据传播已成为人们捕捉文化热点的常态,许多文化现象借助于数据平台,抖音、快手等快捷的信息媒体,得到更全面系统和立体化的呈现,这有助于更多人更深入了解乡村传统文化,吸引更多人关注并参与乡村文化建设,进而有力推进乡村文化振兴。

---

[1] 孙正国.武汉大禹神话园群雕叙事伦理研究[J].长江大学学报(社会科学版),2020(6).

朝向乡村振兴的神话资源价值研究
——以"双重漫游者"新乡贤为视角

孙正国　华中师范大学文学院教授

一、问题的提出

中国社会的乡土特质经过近两百年的外部冲击与内部革新，整体面貌有了深刻变化。中共中央、国务院联合印发的《乡村振兴战略规划（2018—2022年）》明确指出，乡村振兴的重大意义在于："实施乡村振兴战略是传承中华优秀传统文化的有效途径。中华文明根植于农耕文化，乡村是中华文明的基本载体。乡村振兴，乡风文明是保障。实施乡村振兴战略，深入挖掘农耕文化蕴含的优秀思想观念、人文精神、道德规范，结合时代要求在保护传承的基础上创造性转化、创新性发展，有利于在新时代焕发出乡风文明的新气象，进一步丰富和传承中华优秀传统文化。"[①] 基于这一社会文化背景，从神话学视角出发，讨论乡村振兴的一个可行策略，即对家乡神话资源的景观再现、当代阐释和价值发掘。由此出发，以乡村振兴的现实需求来观照神话资源的当代转化，讨论新兴文化主体参与乡村振兴的价值认同路径。

针对这一问题，目前的研究主要有三个方面。

一是乡村振兴的文化主体研究。乡村振兴作为国家建设的重大战略与当代任务，就其实施主体而言，当然是党和国家。就受事主体与责任主体而言，则有多元化的主体因素。传统乡村社会的普通民众，现代转型乡村的地方精英，流动于城乡之间的亦农亦工亦自由职业的新兴主体，因为他们频繁游移于乡村与乡村之外的空间，也可称之为"漫游者"，与"城归"群体有一定的概念重叠关系。又因其具有身份流动的"蝙蝠效应"，这种"漫游"身份在多个空间中都被确认为"非固定人员"，从而与乡村之间显得格外有着某种"新"的主体关系。常住的直接参与乡村振兴的普通民众和地方精英利益最相关，相应的，他们所承继的文化传统观念也发挥着主要影响。"内生性秩序力在其中起到了非常重要的作用。首先，传统的孝道、家族和睦的伦理仍然是处理家庭关系的准则，稳定的家庭关系慰藉着村民的心灵。孝道驱使年轻世代以积极乐观的态度出谋划策，帮助在巨变面前手足无措的年老长辈适应变化的环境……'节约''知足''安分''克己'仍然是被推崇的美德……村庄约定俗成的法则仍然在维系着共

---

① 中共中央,国务院.乡村振兴战略规划(2018—2022年)[DB/OL].[2018-09-26].http://www.gov.cn/zhengce/2018-09-26/content5325534.htm.

同体关系。"① 而不同主体视角也形成了不同的乡村振兴模式：地方政府在政策供给、财力配置等资源支持下，形成政府主导的多元主体共治模式（政府主导模式）；旅游开发公司提供项目建设资金、项目规划设计资源，形成市场支持的多元主体共治模式（市场支持模式）。② 这两种模式的提炼是在微观村镇研究的基础上完成的，具有较强的实践意义。但是，对乡村振兴的文化主体未作个性化把握，未区分实施主体与受事主体、传统乡村主体与新兴乡村主体、乡村外主体与乡村内主体等多维关系，因此难以建立深度的乡村振兴主体模型，也难以精准评价乡村振兴的主体作用。哲学意义上的文化主体研究值得借鉴。"当精神主体处于自在阶段时，它的意识活动具有自发性；当精神主体达到自为阶段时，它的意识活动达到了自觉。"③ 文化主体作为精神主体的特性决定了其阶段性成长，正是这种成长和转变，使得文化主体具有了创造力和能动性。以此为理论基点，我们可以明确乡村的文化主体只有从自在走向自觉，其参与乡村振兴的积极实践意识和可持续发展能力才可能全面提升。利用流动治理来强调文化主体参与乡村振兴方面的积极思考，值得关注。"流动治理路径充分依靠新一代信息技术，将线下实体社区治理场域转换到网络虚拟社区治理场域，有助于处于流动状态的村民在身体'缺场'情形下实现参与乡村振兴的目标。流动治理打破了时空限制，可以将更多对乡村具有强烈情感且愿意服务于乡村振兴但囿于各因素影响暂时无法返回乡村的人员吸纳到乡村振兴中，扩大以行政村为圆心勾勒出的乡村振兴主体同心圆规模。"④ 流动治理的本质是对乡村流动人口的文化主体地位的重视，具有前瞻意义。

二是乡村振兴的乡风文明发展路径研究。《乡村振兴战略规划（2018—2022年）》指出，乡村振兴是一个综合目标的乡村发展战略，主要涉及五大领域——产业兴旺、生态宜居、乡风文明、治理有效和生活富裕。其发展路径研究也基于这五大领域展开，内容广泛，涉及学科极为庞杂。就乡风文明发展路径而言，其指标体系主要涵盖村级综合文化服务中心、县级文明村、村级义务教育师资本科学历和村民教育文化娱乐支出等四个方面。简而言之，即文化传承路径、文化服务路径和教育服务路径。"采取以乡村教育现代化建设与乡村教育本土化彰显的双轨道行进，以乡土文化传承与民族传统文化价值观彰显的双引领映照，以乡村教育革新与乡村教育优势彰显的双理路推进的实践路径。"⑤ 将文化传承、传统价值观培养和乡村教育革新融于一体的实践路径，显示了乡风文明路径的人文主义色彩，突出了以乡民为中心的服务理念。当然，乡风

---

① 应琛,赵春兰.内生性秩序力与现代乡村社会的国家建构：基于浙江"水村"现代化进程的观察与思考[J].浙江社会科学,2022(10).
② 陈纪.乡村旅游产业振兴的多元主体共治模式[J].西北民族研究,2022(4).
③ 冯契.智慧的探索[M].上海：华东师范大学出版社,1994.
④ 何阳,娄成武.乡村智治：乡村振兴主体的回归：与"城归"人口补位路径的比较[J].理论月刊,2021(8).
⑤ 马一先,邓旭.乡村教育助力乡村振兴的价值意蕴、目标指向与实践路径[J].现代教育管理,2022(10).

文明本质上也与乡村振兴的其他目标密切相关,"乡村更新的长远视角有助于农村的可持续性。相比之下,农村短期更新通常无益于增加农民收入、增强农村活力。此外,农村建设用地资源的属性影响其发挥乡村更新的可持续性。独特的土地资源禀赋,即区位优势和独特的景观,对可持续的乡村更新至关重要,特别是对小规模农村复兴"①。

三是神话资源转化研究。在国际神话学界,对神话资源的当代转化研究最有影响的,大约要数美国比较神话学家约瑟夫·坎贝尔及其系列著作如《神话的力量:在诸神与英雄的世界中发现自我》②等。坎贝尔从心理学的精神分析理论出发,深刻分析了神话原型如何反复在人类文化中出现及其出现的意义,其对神话内在结构和心理意义的别样解读,对西方文化产业形成了巨大影响。③ 神话的现代转化重述,"或为了文化认同,或为了地域形象,或为了教育与文化传承,或为了经济发展、旅游开发,甚至是具有以上全部动机和目的,都是非常重要的。没有语言叙事、仪式叙事、景观叙事或者数字多媒体叙事这些形式,神话的现代转化根本就没有办法实现。所以,我们讨论神话转化,首先要从这些叙事形式入手"④。著名史学家冯天瑜主持了武汉大禹神话园的策划、论证与指导,强调神话资源转化必须警惕两种倾向,一是对神话资源的过度阐释,一是否定神话资源当代阐释的可能性。⑤ 神话学家杨利慧主持的国家社会科学基金重大项目"中国神话资源的创造性转化与当代神话学的体系建构"立项,呈现出她的学术团队长期研究神话资源转化实践的重要贡献。为此,《长江大学学报(社会科学版)》与项目团队合作,在2018~2021年集中刊发国内外神话资源创造性转化领域的前沿成果,展示当代神话资源转化的探索面貌,突显杨利慧倡导的神话主义理论的拓展能力。总体而言,中西神话学界都积极参与了人类神话资源当代转化现象的研究,充分肯定了神话资源转化的时代价值与社会功能,尤其对转化形态和转化路径作了较为充分的讨论。杨利慧和张多联合撰文对中国神话资源转化研究的团队不足作了较全面的分析:"第一,由于研究者的精力被分散到遗产旅游和电子媒介两个部分,对此两个领域的探索都比较单薄,更无法呈现和涵括神话在当代社会诸多领域中存在的创造性转化现象,对于新媒介及其对神话传统的影响探讨不足;第二,较多流于对现象的描述,理论上的深度开掘阐释不够;第三,缺乏从公共民俗学立场对神话的创造性转化的经验和模式的提炼和总结;第四,对于这些转化为神话学学科的理论与方法带来

---

① Rongyu Wang, Klaus Eisenack and Rong Tan. Sustainable rural renewal in China: archetypical patterns[J]. Ecology and Society, 2019(3).
② (美)约瑟夫·坎贝尔,比尔·莫耶斯. 神话的力量:在诸神与英雄的世界中发现自我[M].朱侃如,译.杭州:浙江人民出版社,2013.
③ 杨利慧."神话主义"的再阐释:前因与后果[J].长江大学学报(社会科学版),2015(5).
④ 田兆元.神话的三种叙事形态与神话资源转化[J].长江大学学报(社会科学版),2019(1).
⑤ 孙正国.神话资源转化必须警惕两种倾向:冯天瑜先生访谈录[J].长江大学学报(社会科学版),2006(3).

的挑战尚缺乏有力的回应。"①

上述学术史的回顾有一个特别重要的实践问题被发现,即当代乡村振兴与神话资源转化的关系问题。具体而言,即当代中国农村社会的精神传统如何从神话资源转化中获取更多的营养?乡村振兴主体的变化对于神话资源转化又有怎样的要求和影响?当代中国的乡村振兴战略中神话资源转化可以形成怎样的推动作用?

二、新乡贤身份建构中的"双重漫游者"

新乡贤已成为中国乡村振兴战略中的重要力量,他们有着坚实的乡村文化认同与生产生活实践经验,不断地参与中国改革开放以来的多样性所有制形式,有的曾是国家体制人员,在上世纪 90 年代的"下海潮"中做了市场经济的"弄潮儿",有着不同身份的全新体验与社会实践,形成了新时代的乡贤主体。这个群体在后来的中国社会发展与中国乡村社会转型中发挥着巨大作用,我们称之为以乡村为根,流动于城乡之间的"双重漫游者"。这些新乡贤本质上有着神话英雄的文化气质,在继承与创新之间,担当"补天者"与"再创世者"角色,在巨大的社会变迁中呈现了中国文化生生不息、坚忍不拔的文化精英的豪情与力量。就新乡贤的文化个性而言,"一方面,新乡贤具有乡村地理属性,与乡村有着千丝万缕的联系,熟悉乡村事务,有一定的社会威望,与村民有着或多或少的共同生活场所。另一方面,新乡贤具备城市地理属性,熟悉城市经济、政治和文化状况,能够将乡村与城市有机连接起来,更好地推进乡村治理的现代化,促进城乡一体化建设。新乡贤除了具有城乡双重地理属性外,还兼具传统与现代双重文化属性,发挥着文化传承和创新作用"②。这一分析将地理属性与文化属性融合起来,超越了传统乡贤的历史性单向规定,强调社会发展的空间性变量对于乡贤品格的重新塑造,兼容传统文化与现代文化的双重属性,在文化传承中彰显出创新的时代特征。

新乡贤也具有乡村精英的社会功能:"乡村精英有助于重新构建基层的道德教化机制,加强德治作用;能够增强治理主体间的协调作用,培育乡村内源治理能力,完善基层治理体系。"③ 在新时代背景下,新乡贤有着完全不同于传统乡贤的身份属性与自我理解。最基础性的理解就是,新乡贤作为乡村精英,在重新构建基层的道德感、价值观和精神谱系方面,有着特别重要的作用。那些以传统社会关系为基石的传统乡贤因其价值理念和生产观念的"隔膜",很难再顺利进入乡村振兴的核心地带,更多的是道德引擎与村落认同的符号。当然,无论传统乡贤和新乡贤,他们都具有"神话英雄"

---

① 杨利慧,张多.神话资源创造性转化的探索之路[J].长江大学学报(社会科学版),2019(1).
② 李金哲.困境与路径:以新乡贤推进当代乡村治理[J].求实,2017(6).
③ 张陈一轩,任宗哲.精英回乡、体系重构与乡村振兴[J].人文杂志,2021(7).

的精英意识，在维护乡村荣誉，建构乡村良好的人文环境方面，都呈现了"精神导师"的乡村文化符号价值。

作为"双重漫游者"的新乡贤，携带着新时代全新的知识系统回到乡村，其引领身份是被当地政府和乡村社会所乐意接纳的。一方面，他们对乡村记忆有着坚定的信念，一方水土养一方人的根深蒂固的情感支撑着这种信念，也滋养着在外乡发展的游子们心中的乡愁。另一方面，这些新乡贤还有着异乡发展的新面貌，他们远离了自己的乡村，走进不一样的城镇文化空间，因强烈的改变身份、提升经济水平的愿望，他们很容易就以顽强的生命力融入异乡生活之中，并获得了良好的经济资源与生活资源。他们掌握了新的技能与实践工具，以远观者的视角注视自己的家乡，一种振兴家乡传统、开创新家乡的"精英意识""神性气质"被激活，比之传统乡贤，他们更强烈地感受到传统精神力量的重要性，开始寻找家乡神话资源来弥补社会变迁带来的精神弱化，借助信息时代的传播力量来规划乡村社会的神圣空间与精神世界，进而获得重建家乡文化传承的新力量。

还有一类新乡贤是乡村教师。"乡村振兴战略期待乡村教师积极担当新乡贤角色。乡村教师要践行这一文化责任，除了需要有知识、有能力、有威望外，还需具备新乡贤角色担当的主观意愿。乡村振兴战略中乡村教师应守望职业信念，厚植乡土情怀，振作公共精神，增强新乡贤角色担当的意愿，积极发挥新乡贤角色的示范引领作用。"[①]他们是知识阶层，也是乡村文化的代言人，他们虽然在创业务工的劳动空间上很少有漫游经历，但他们常常是生活空间中的漫游者，他们大多居住在城镇，精神上的"城乡漫游意识"特别显著。如果从他们的视角考察新乡贤的身份归属，自我乡贤意识也是比较浓厚的，因为他们以知识、才能与生活实践经验来思考新乡贤身份。这也是乡村振兴战略中可以拓展的新的文化主体。

三、乡村记忆的神话资源及其价值认同

中国神话资源蕴藏着丰富的乡村记忆，成为我们思考乡村振兴路径时的思想史依据。事实上，无论从经济还是文化分析乡村振兴的战略性目标，都不可否认地要从乡土记忆中寻找乡村根脉。这种根脉，既是土地之上农耕文明的经济之根，也是大地之中乡风文明的精神之根。乡村根脉也就是乡土中国的文明之根。"社会记忆是乡村存在与流变的历程记载，构成其文化的精神脉络和灵魂核心，是乡村在历史嬗变过程中，从村民的共同生活体验逐渐形成的价值观念与思想形态，由此形塑了支配村民行动的思维方式与价值取向，是乡村共同体的黏合剂与文化遗产。……社会记忆弥散在乡村

---

① 肖正德.乡村振兴战略中乡村教师新乡贤角色担当意愿的相关影响因素分析[J].华东师范大学学报(教育科学版),2021(7).

的各个领域，凝结成一种风气，社会记忆系统不是抽象化合物，而是凝结于信仰习俗、家庭宗族、礼俗人情、乡规村约等制度范畴，存在于乡村的各种仪式与身体实践中，通过影响村民思想观念和行为方式发挥维系乡村秩序结构的基础性规则作用。从结构角度看，乡村社会记忆是多面向的动态复合系统，渗透在经济、文化和制度等系统中；从功能角度看，乡村社会记忆具有塑造社会心态、文化规约、社会认同和行为规制等功能意义。"① 郑杭生对乡村社会记忆的深层次讨论，揭示了乡村记忆的文化史价值，"塑造社会心态、文化规约、社会认同和行为规制"，其丰富形态则"存在于乡村的各种仪式与身体实践中"。乡村仪式与身体实践很密切地联系着神话资源的当代传承、转化和应用，很多场景就是神话仪式的当代实践。这些仪式可能会发生变化，因为作为一种历史记忆的演变与传承，"是不同时期社会变迁的结果，依靠环境和时点，社会以不同方式再现它的过去"②。这些乡村的历史记忆，就是乡村社会的集体记忆。"集体记忆是活跃的过去，能够形成我们的认同。"③ 因此可以说，蕴藏乡村记忆的神话资源对于激活价值认同具有重要作用。费孝通在《乡土中国》中，以乡土中国作为中国整体社会的显著特点，认为其人文价值观念与"匮乏经济"有关："匮乏经济不但是生活程度低，而且没有发展的机会，物质基础被限制了……在匮乏经济中主要的态度是'知足'，知足是欲望的自限。"④"与社会关系形态的'差序格局'相应的是'维系着私人的道德'：与'团体格局'下道德的基本观念建立在超乎私人关系的团体和个人的关系之上不同，在'差序格局'下，道德是以自己为中心生发出来的，并不存在超乎私人关系的道德观念。"⑤ 这种"知足""私人的道德"的人文价值观念，深深地印刻在乡村记忆之中。马克思主义经济基础决定上层建筑的论断，在此可用来分析乡村记忆所铭刻的人文价值观、神话资源及其精神传统。以"知足"为内核的神话资源非常丰富，其代表文本是中国男耕女织主题的神话传说。被誉为中国四大传说之一的牛郎织女传说，因以天象神话和仙道信仰为核心母题，可以纳入整体中国的神话资源来认识。贫穷善良的牛郎早年成了孤儿，受到兄嫂的虐待和排挤，仅有一头老牛作为分家的资产。但善良的牛郎非常知足，与老牛相依为命，小日子虽然过得特别艰难，牛郎却也因老牛的陪伴而安心度日。后来在老牛的指引下，得以与织女相遇成婚，过上男耕女织的生活，并育得一双儿女。织女的天神父母派兵将其抓回，可怜的牛郎上天追寻织女时，王母娘娘划簪为河，将牛郎织女生生地隔开，断了夫妻相守的幸福。在两人和一双儿

---

① 郑杭生，张亚鹏.社会记忆与乡村的再发现[J].社会学评论，2015(1).
② (法)莫里斯·哈布瓦赫.论集体记忆[M].毕然，郭金华，译.上海：上海人民出版社，2002：289.
③ (美)杰弗瑞·奥利克，乔伊斯·罗宾斯.社会记忆研究：从"集体记忆"到记忆实践的历史社会学[J].周云水，编译.思想战线，2011(3).
④ 费孝通.乡土中国[M].上海：上海世纪出版集团，2007：243.
⑤ 王小章."乡土中国"及其终结：费孝通"乡土中国"理论再认识[J].山东社会科学，2013(5).

女的求情下,最终天神开恩,赐予天地分隔的一家人每年七月初七可以"鹊桥相会",以续俗世之情。中国人的知足价值观以其底层社会最弱势、最悲苦的孤儿为主体,其与老牛相伴而知足。这种价值观的获得,的确有费孝通所指出的"匮乏经济"的原因,但也有精神传统的影响,"神兽助力""天地交通""灵媒向善""仙道信仰"等古老的神话母题,连接在"兄弟分家""男耕女织"的乡土社会结构之中,成为中国传统社会最具文化象征的神话资源,它必然铭刻在中国社会最有影响的乡村记忆之中。

如果说牛郎织女传说作为一种神话资源进入中国整体社会的乡村记忆之中,那么,这个经典传说承载的精神传统则必然成为乡村记忆的情感动力,也是其价值所系。由上述分析可知,该传说表达的农耕文明智慧中的人与物、人与自然的协作生态关系,是中国乡村精神传统的本质关系。信任、爱护生产生活中的动物生产力,成为中国传统生产力的强大能量。基于这种价值观,形成了一种从自然立场出发的"兼爱"生命观。"墨子的'兼爱'思想是一种人类整体之爱、无差别之爱,具体表现为一种爱无差等的伦理精神,而这种爱无差等的伦理精神分别通过'爱人如己'的人际伦理原则和'非攻'的社会政治伦理原则得到鲜明表达。"[1] 推己及人,由人而物,因物而自然,生命形成与延续的内在规律也得以呈现出来,客观上也就实现了由真而善的朴素价值。

就乡村记忆和身份建构而言,它们都有着神话资源转化的显著影响。文化记忆理论强调文化主体对自我传统的潜意识记忆,通过对包括神话资源类非物质文化遗产在内的优秀传统文化的发掘与研究,探寻相关的认同机制,以利于乡村振兴对神话资源的价值认同。"只有在对话与交流的基础上,以人为本、以文化为核心,对遗产文化符号进行'神圣化''重复化'与'现时化'的阐释与展示,才能讲好中国传统文化故事,形成文化记忆,'活态化'传承与传播遗产文化,塑造民族文化自觉、文化自信与文化认同。"[2] 由此,神话资源的文化价值受到关注,它与乡土社会的传统融于一体,植根于特定文化空间的乡土记忆被还原式地打开,情感真挚、伦常温馨的神话叙事唤醒了以"神性、诗性、乡性"为中心的多维身份认同。文化乡土的归宿本质也从神话资源的发掘与转化中得以自明。

神话资源很容易被忽略,是乡村振兴的一个普遍现象,它影响了现实与传统的关系,也影响了乡村文化振兴的发展目标。神话资源被忽略有多种因素,经济的、社会的、文化的和意识形态的,还有传承主体的,等等。但其根本原因主要有两种。一是传承人的因素。曾经的神话资源讲述群体或仪式主体因为年龄或求职的原因,离开了家乡,丢弃了对神话资源的讲述职责。久而久之,了解和熟悉神话资源的人也就越来

---

[1] 李冬梅.墨子"兼爱"伦理观研究[J].东南大学学报(哲学社会科学版),2006(4).
[2] 潘君瑶.遗产的社会建构:话语、叙事与记忆:"百年未有之大变局"下的遗产传承与传播[J].民族学刊,2021(4).

越少,以至于人们不再了解家乡的神话资源,导致在乡村振兴的精神重建过程中缺位。二是观念的因素。经过科学主义和现代生活方式的普及教育,神话资源被消解和边缘化,不再作为神圣符号和乡村符号,而被人们遗忘。"系统深入地整理民间文化资源,建构文化资源谱系,有利于彰显乡村社会的内源性动力,走出一条本土化的中国特色乡村振兴之路。民间文化资源谱系主要涵盖民间文献资源、物质生产生活资源、民间组织资源、信仰庙会资源、民间文艺资源五个系列。"[1] 这些资源的发掘本质上是对其价值的发掘,对其文化传统的认同,对当代乡村振兴的一种内源性动力的承继与运用。由此,我们需要重申传承人在神话资源发掘中的独特价值。

"物是乡村传统的重要载体与典型标识,人是创造这些物质产品的智慧主体,地方知识的发明者与继承者,他们所凝聚的技艺能力才具有代表性,对非遗传承人的发掘与保护面对物的强调,需要充分意识到重'物'不重'人'的危机,让社会回到'传承人'的根本上来,使他们能够享有国家与地方的法规保护,使非遗保护与传承彰显'传承人'的本质,让全社会树立对非遗传承人的本质性的保护意识。非遗传承人的文化表达正是以上述方式呈现的实践过程,他们面对乡村文化传统,以表演、实践和集会的方式来承载乡村文化功能,突出意义象征。信息时代的乡村文化语境中,非遗传承人有着宽阔的文化视野,不拘泥于单一的表达形态,也不受制于传统乡村的空间格局,他们以日常生活的新感知为前提,既注重强化自己的传统身份,又探索建构时代的文化形象。"[2] 乡村振兴的神话资源发掘,还有一个深层次的逻辑诉求,那就是价值认同。应该说,我们在近两百年来的中国乡村社会的现代化转型探索中,最大的难题是传统价值的阐释与当代认同。近二十年来的中国非物质文化遗产保护,包括对乡村神话资源的保护与传承,其根本目标就是唤醒文化认同。今天所开展的乡村振兴在很大程度上是物质振兴与制度振兴,也激活了精神振兴和文化振兴,后者的关键则是寻找神话资源的现实转化和当代社会的深度关联。

四、结语

中国乡土社会的当代转型正在经历一个深化期,由改革致富、精准扶贫到乡村振兴,呈现出制度上的体系性、物质上的流通性、行为上的互动性和精神上的愉悦性,激活了社会多个阶层的乡土记忆和身份重构的人生想象。应该说,中国式现代化进程的重大课题就是中国乡土社会的现代转型问题。上世纪早期,就有很多先知先觉的中国知识分子在探索中国乡村的社会改革问题。直到新中国成立,中国乡村建设的现代

---

[1] 段友文.山陕豫民间文化资源谱系建构与乡村价值发现[J].山西大学学报(哲学社会科学版),2021(2).
[2] 孙正国,熊浚.乡贤文化视角下非遗传承人的多维谱系论[J].湖北民族学院学报(哲学社会科学版),2019(2).

化命题依然是最大的热点和难点问题。改革开放以来,在土地承包制和城乡农民工制度的激励下,中国乡村的劳动力资源被激活。勤劳刻苦的中国农民抱着坚定的奋斗精神,继承文化传统,一面是对乡土真挚深沉的热爱,一面是对城乡社会互动关系中的生产力输出有着极强的探索兴趣。他们带着泥土的纯朴做起了"流动的生产力",根在乡村,人在城乡之间流动,为中国整体社会的现代化、市场化注入了极其巨大的生产能量。而今,现代化进程中信息时代的到来,为乡村社会重新定位。中国信息基础设施发挥了关键作用,城乡二元的差序结构得以缓解,数字时代的新知识经济以开放、务实的网络媒介,将乡村空间的僻远属性完全改写,同步循环在高速运行的信息产业链上。在数字化的生活语境中,如何理解乡土记忆,参与身份重构,成为中国乡土社会基于乡村振兴制度的文化追求。以返归乡村、开展文化建设的"双重漫游者"的视角,发现当代社会中,"传统经验—现代知识—信息素养"三位一体地重构了"新人",传承了精神原乡情结的中华神话基因,这些有着城市身份而又执迷于乡村生活的"双重漫游者",寻访家乡情怀(乡愁乡愿)的神话之根,重拾乡村记忆,重建乡村文化建设主体身份,以既有开放眼界又有本土实践的新乡贤力量,担当起乡村振兴树魂立心的神圣使命。

手工艺与乡村振兴

中国布老虎艺术及乡村振兴

马知遥　天津大学教授

一、八年之间的变与不变

2010年，我曾经对山东、山西、河南三省的布老虎艺术进行了实地调查，走访了40多个村落，探访了一百多位民间艺人，最后写成了《布老虎寻踪》一书。8年前我对当时布老虎艺人的生存现状做了一些归类，对这项非遗的特点进行了概括："崇虎的民俗心理更多地表现在妇女生育方面，如祈虎赐子、配虎保婴等。孩子未生之前，人们求子似虎；既生之后，则给幼儿戴虎帽，穿虎鞋，以像虎子，保子健康。"[1] 在调查中我们得知，在河南、山东一带布老虎被用于端午节辟邪和新婚时对新郎新娘的祝福等多个民俗活动中，布老虎的使用范围在当代也在不断延展。

（一）布老虎艺人的境遇分析

我们在调查中发现，布老虎艺人中，有部分出于生计专业制作布老虎的，有的纯应企业需要，哪一年需要什么就进行哪方面的布艺缝制，大多数从事布老虎缝制的是出于业余爱好，她们大多是50岁到90岁之间的家庭妇女。有的是单位退休职工，有的是农村妇女，闲暇时间从事女红活动。这些女性每年做的布老虎不多，所做布老虎也不是用来卖的，仅为了打发时间。她们大多从长辈那里继承了女红传统，能够掌握布老虎缝制的技术，而且能说出很多关于布老虎背后的习俗故事。青岛的一个村落，我们当年采访的老太太李进花79岁，全村只有她一个人能做布老虎了。年轻人知道制作费功夫，赚不了钱也不来学。山东沂水的解祥芳当时刚退休，收过几个徒弟，可做一个布老虎需要半个月，费功夫，很快徒弟们就不干了。解祥芳的布老虎是当地的特色，非常精巧，我们后来在其他地方都没有看过重样的。8年后我了解到，解祥芳的手艺没有传人，当地人已经没有人再做布老虎。虽然我们在当地找到过类似形制的布老虎，但像解祥芳制作的这样精巧且用材讲究的布老虎没有碰到过。解祥芳出身在家境不错的人家，自小在家里跟姥姥学着做针线活。她做针线活尤其是布老虎比较有名，在生活艰苦的时期，很多人家来她这里讨要布老虎，留下一些点心和糖果作为答谢。当时她做布老虎获得的报酬比一个下地干活的男人来得多，也因此获得了家里人的认可和赞许。"当别人家没有粮食吃的时候，我给家里挣了一大屋子的点心和好吃的。"

---

[1] 汪玢玲. 中国虎文化[M]. 北京：中华书局，2007：180.

在山西潞城见到刘海兰的时候，她刚开了一个布老虎商店，在城里租了门面房，楼下卖布老虎，楼上做卧室和工作间。刘海兰有商业头脑，给自己的布老虎起名叫"潞王虎"，所做的布老虎在当地销售，谁家生了孩子来买一个，生意算不上好也算不上坏。8年后，我打电话邀请她来天津进行传承人培训，她带着两个徒弟一起来了。她自豪地告诉我们：目前开了3个工厂，她是董事长，带着几十个徒弟，主要做枕套，接受来自杭州商人的订货，每年纯盈利200万，同时还在继续做"潞王虎"，销售也不错。通过多种经营，她保住了布老虎手艺，培育了品牌，还带领村民致富了。在天津大学培训期间，她面对中央电视台的镜头说："我只上到小学三年级，做梦都没想到能到天津大学上学。"刘海兰的身世坎坷，中年时丈夫去世。为了抚养孩子，让他们上学，她凭借自己的手艺养家糊口。现在3个厂子已经交给儿子管理，她专心带徒弟，感到很满足。

这几个艺人8年的历程似乎都在告诉我们，村里的生活在发生变化，她们个人的生活也在随着时代的变化而变化。有的因为没有把手艺传下去的心思，年轻人又不喜欢，就没有了传承的热情；有的因为自己的产品产生了效益，于是开门收徒，不断扩大影响。还有的艺人们8年前就靠纯手工的技艺吸引了国内外客人，因为在边远山村，也没有走出大山的意愿，因此还是保持了纯手工家庭作坊式的劳作方式。

（二）布老虎艺人的优势与劣势

民间艺人的布老虎风格各异，即使是一个地方的，她们的作品也有不同的特点。这些民间艺人的优势在于：1. 她们大多是农村家庭主妇，住在偏远的乡村，这样反而保持了手艺没有受到太多外来文化的影响，保持了古朴的地方特色；2. 大多是纯手工制作，没有受到大机器生产的影响，她们长期从事布老虎制作，在当地小有名气；3. 受家传影响，她们对布老虎艺术背后的文化内涵比较了解，熟悉当地的风俗，布老虎制作有其独特的文化源头。

她们的劣势：1. 长期在农村生活，她们基本上不懂得市场规律，作品也大多是周围人因为习俗需要前来购买，价格不高，销量很少；2. 受到机器化大生产和粘贴卡通虎的影响，她们的作品受到很大冲击，创作积极性也受到很大打击；3. 由于制作时间长、耗费精力且价格不高，她们基本上找不到更多的继承者。

以上基本上概括了8年来我观察到的基本现象。艺人手工精湛，作品无法和已经兴起的机器化生产的布老虎争夺市场，本来就比较局限的生存空间被抢夺，艺人们的生计和技艺的传承受到严重影响。

（三）布老虎保护和发展的雏形

调查中我们发现，当时的布老虎保护和发展已经形成一定趋势。各地布老虎艺人开始有意识地申报传承人，以获得政府支持。一些艺人已经自觉地成立企业，自己生产自己销售，这样的方式应该是最早的保护和发展方式之一。当时山东沂水的赵娟芳，她的布玩具厂年生产布老虎 20 万个，忙不过来时就把订单分发到村民家里，让他们通过缝纫机加工制作，老虎身子里填的是比较传统的刨花废料。这样的布老虎不易保存，很容易发霉。而且她制作的布老虎基本上没有手工刺绣工艺，批发每个卖 3 元钱，市面上卖 5—10 元。当时销量很大，主要销往附近的农村集市，据说莒县一带不仅生孩子需要布老虎，结婚也需要买一对布老虎送给新人。赵娟芳的布老虎销售业绩那么好，就因为当地有虎文化崇拜和婚姻生育习俗。在山东潍坊，我们发现有两个地方布老虎销售也不错。一个是孙美兰母女俩的布老虎销售店，一个是王永胜的布艺销售店。母女俩的销售点接到一个订单，一次性要 40 万个布老虎，要求在两个月内完成并送货，听说是销往东南亚一带。母女俩凌晨三点就装车，把已经做好的布老虎样子分发到附近的乡村里，让他们加工完成，然后公司回收计件付费。完成一个完整的布老虎给村民手工费 15 元，市场销售 50—80 元不等。山西一个叫锦绣坊的公司，也是一家农户自己办的企业，经营者号称走遍中国，吸收了所有布老虎的精华，自己设计了锦绣虎。他的锦绣虎一年销售收入也在 70 万—80 万元，为了满足国内外越来越大的订货量，他新进了德国机器，老虎的头脸通过机器一次成形，基本上符合了大批量生产的需要。他声称自己开始了半手工生产布老虎的工作，因为纯手工的布老虎价格不高、量也少，满足不了市场需求。当问他这样做，是否有可能挤压了刚刚复兴起来的传统手工布老虎的生存空间时，他不置可否。他认为，通过机器大批量生产也是在宣传非遗，赚到的钱反哺到纯手工制作，这也是一种可行的思路。但实际上，机器化生产真正反哺到纯手工制作了吗？这一直是我疑惑的地方。前一阵做非遗传承人研培计划，我邀请了这个很早就开始机器化生产的民间企业家，想让他谈谈这些年来销售布老虎的经验。他谈到最多的是他的企业一直在发展，大家都想靠非遗来挣钱是不现实的，布老虎这些年产值是在提高，但发展太慢。他认为非遗不创新不可能发展。

我们认为创新是必要的，没有创新的非遗必然走向绝路。但在创新中首先应该尊重当地文化多样性，在继承布老虎传统风格的基础上适度进行，同时还要兼顾非遗手工制作的独一性。尽管"公司＋农户"的销售方式扩大了布老虎的销量，但真正的传承人，那些凭借手工生活的民间艺人的利益在机器化生产中显然受到了很大冲击，处于劣势。

二、布老虎的保护与发展

2018 年，文化和旅游部、教育部、人力资源和社会保障部联合出台《中国非物质文化遗产传承人群研修研习培训计划实施方案（2018—2020）》。该项计划要求 2018 年至 2020 年，在全国范围遴选约 100 家高校、科研机构和相关单位，每年组织开展约 200 期研修、研习和培训。2018 年在天津大学举办的中国非物质文化遗产传承人（布老虎技艺、葫芦雕刻技艺)培训班,是我对布老虎艺人8年后的再一次近距离接触和深入体验。

(一)和8年前一致的情况

和8年前比较一致的地方:首先,这些民间艺人大多没有离开自己原来居住的地方。手工作坊式的操作模式还是大多数艺人坚持的方式,布老虎艺术保持了最初的水准,地方特色明显,非遗需要保护的元素得到了很好的体现。其次,大多数艺人年龄偏大,超过70岁的艺人几乎已经不再动针线,因为眼神不好,做出的东西已经不如从前。和过去一样,他们会受邀参加一些大展,自己能参加制作的精品越来越少。展览上买的人少,拿的人多。再次,更多的艺人还继续在为自己的未来担心和发愁。因为他们的作品销售价格上不去。和市面上的卡通粘贴虎和机器生产的布老虎相比,他们的价格又偏高,销售受阻。最后,大多数艺人的生活状况并没有得到根本改变。

(二)和8年前不一样的地方

和8年前不一样的地方:首先,年轻的艺人们加入进来,民间艺人的队伍在壮大。这些新加入的艺人大多也是村中没有出去打工的媳妇们,她们留守在村里是为了照顾家中老人和孩子,平时挣点零花钱。其次,有些会电脑操作的年轻人开始关注网络,通过建立网店的方式销售布老虎。山西的苏丽丽就是通过网店展示作品,受到关注后,每年的订单都在20万个以上。由于个人生产能力有限,她需要扩大规模,吸引更多的同道一起经营。类似想法的年轻民间艺人急需像苏丽丽这样的人去帮助他们实现产品的销售。再次,一些艺人经过摸索找到了市场,通过和南方一些商人联系,他们出产品,南方一些经销商为他们谋划市场,逐渐打开了销路。典型的有山西潞城刘海兰女士的"潞王虎"系列手工作品。

8年间,有些艺人已经退出传承的队伍,也有些艺人增加了传承的勇气和信心,但他们的实际生存境况还是令人担忧。在2018年7月的非遗研培班里,来自河南灵宝的张红立是布老虎班里寥寥可数的男性民间艺人,手艺超群,做的灵宝布老虎以手工刺绣和渲染为主,完全继承了当地的布老虎特色。结业时,他提出自己面临的一个困难,他和师傅张月慈一起做成的3米长的布老虎,参加河南省里的展览时收获好评一片,却没有单位愿意收购,运回家至今,产生不了经济收益。目前家里经济紧张,他对自己的坚持开始动摇。

"乡村是具有自然、社会、经济特征的地域综合体,兼具生产生活、生态、文化等多重功能,与城镇互促互进,共生共存,共同构成人类生活的主要空间。"[①] 目前的非物质文化遗产主要集中在乡村,而乡村振兴离不开非物质文化遗产的发展。但仅仅注

---

① 中共中央,国务院. 乡村振兴战略规划(2018—2022年)[EB/OL]. [2018-09-26]. http://www.gov.cn/zhengce/2018-09/26/content_5325534.htm.

意到硬件环境的改变,不注意非遗传承人生活水平的提高,将会使很多非遗传承人失去传承的兴趣,转向别的行业。《乡村振兴战略规划(2018—2022年)》中指出:"基本原则之一为坚持农民主体地位。充分尊重农民意愿,切实发挥农民在乡村振兴中的主体作用,调动亿万农民的积极性、主动性、创造性,把维护农民群众根本利益、促进农民共同富裕作为出发点和落脚点,促进农民持续增收,不断提升农民的获得感、幸福感、安全感。"① 没有作为乡村主体人的积极参与,调动不起他们对自己手艺的自豪感,非遗的保护和发展可能反而会在乡村振兴中丧失。"主体性是一个与人的生存状态相关联的问题。通俗地说,一个能够把自己与周围世界区别开来,有意识地以自己的活动能动地满足自己生活需要的存在,他就一定是一个主体性存在。"② 雅斯贝斯认为:"要在交往中保持人的主体性和个性就要把彼此作为非对象化的存在来对待,即人与人之间交往中要把对方当作主体来对待。"③ 在非遗保护中,长期以来一些专家以高高在上的启蒙姿态来指导民间文化的保护和发展。在他们眼中,民间生产、精英挑选是非遗保护工作中需要坚持的可行方法。可是实践告诉我们,非遗传承人有自己的主张,他们根据时代和生活的需求会对自己的手艺进行调适性地改造和发展。他们应该有表达观点的权利,他们也应该有继续受教育深造的权利。从杨雅琴和刘海兰这两位自小在乡村长大并且靠乡土艺术成长的艺人那里,我们看到了传统女性的自强自立,同时她们也一直在寻求更多的渠道获得更大的自尊。她们希望自己的手艺被更多人认可和喜欢,她们的最大愿望是提高自己的水平,精益求精,能够上更大的舞台,把自己的东西推销出去。④ 她们表达了作为一名民间艺人最真实的想法。在一个发展的年代,如何把自己继承的传统发扬光大并且还能获得体面的生活,是她们最关心的事情。"自主生活是个体充分发挥自己主体性而表现出自觉、自强、自律、自为和自由相统一特征的个体生活,也是从积极的个体主体性的角度表现出来的个体生活状态。自主生活的个体主体性特征就是自觉、自强、自律、自为和自由的统一。"⑤

(三)发现的问题

目前,国家开始提高国家级传承人和省级传承人待遇,但大多数传承人并没有什么称号,他们得不到非遗保护带来的荣耀和经济收益。很多非遗项目,比如布老虎艺

---

① 中共中央,国务院. 乡村振兴战略规划(2018—2022年)[EB/OL]. [2018-09-26]. http://www.gov.cn/zhengce/2018-09/26/content_5325534.htm.
② 尹岩. 现代社会个体生活主体性批判[M]. 上海:上海人民出版社,2009:1.
③ 尹岩. 现代社会个体生活主体性批判[M]. 上海:上海人民出版社,2009:25.
④ 这段观点来自对2018年到天津大学布老虎刺绣技艺培训班培训的学员刘海兰和杨雅琴的访谈。在她们看来,她们的手艺用来挣钱养家糊口,过去是这样,现在也是这样。她们希望自己能做出更多大家喜欢的东西,所以需要经常到大城市来了解市场,和更多的学员交流。
⑤ 尹岩. 现代社会个体生活主体性批判[M]. 上海:上海人民出版社,2009:298.

术掌握在广大的农村巧手手中，她们中不乏技艺超群者，但能够成为国家级或省级传承人只是极少数人，大多数人得不到国家资金的支持，更不要说更多的机会和荣誉了。

调查中我们还发现，国家级和省级传承人的水平有时也值得怀疑。有些国家级传承人做出来的东西甚至不如一个没有称号的民间艺人的作品。这也让我们反思：是不是非物质文化传承人称号不能终身制，需要不断地根据作品传承情况来做调整？否则非但没有鼓励传承人积极性，反而会打击大多数传承人的积极性。

非物质文化遗产缺少推广和营销的有效手段。非遗经纪人队伍的培养和建设应成为当务之急。多数非遗传承人掌握着精湛的技艺，却不是经营能手，既能传承非遗又能经营的人少之又少。所以，帮助非遗传承人提高作品知名度，改善经营从而改善生活，恐怕需要专业的非遗经纪人来完成非遗产品从生产到销售的过程。同时，经过熟悉市场掌握市场营销策略的经纪人的帮助，非遗传承可以根据需要做一些创意产品，利用传统的技艺创新产品内容和品种，这是对非遗的发展而不是破坏，是对非遗的积极保护而不是消极等待。民间文化有自己的调适性变化和稳态性传承的特点。它们总是随着时代的变化在做着微调，寻求生存之道。我们不能一味要求非遗一成不变，不能要求非遗必须在地化保护而不求发展。非遗的保护应该以人为本，以提高民众的生活质量为目标，在生计得到保障和改善后积极保护和发展非遗，让非遗的成果在进入日常生活中获得民众认可和喜爱。没有使用的非遗是注定没有出路的。为非遗找出路，就需要让它们重新回到最初的起点：为生活，为百姓服务。基于这点共识，非遗传承人对自己的手艺开始产生更大的兴趣和信心。艺人们基本认可：需要将非遗重新融入日常生活中去，用手艺改善生活；提高手艺的同时，创作贴近生活并符合人们审美情趣的新作品。这一行为是思维的更新，也是当前非遗保护观念的革命。一句话，死保只能保死。十多年的非遗保护实践已经证明了这一点，没有创造、没有发展的非遗保护一定不是彻底的保护，因为其持续性得不到保障。为了维护大多数民间艺人的利益，激发更多艺人的积极性，目前的非遗代表性传承人制度似乎应有所修正。对于那些有广泛群众基础和影响力的集体项目，设立代表性传承人的意义已经不大。

三、小结

最后我们从国家乡村振兴战略的大局来看非遗在乡村振兴中的作用。在《乡村振兴战略规划（2018—2022年）》第二十三章"弘扬中华优秀传统文化"中指出："立足乡村文明，吸取城市文明及外来文化优秀成果，在保护传承的基础上，创造性转化、创新性发展，不断赋予时代内涵、丰富表现形式，为增强文化自信提供优质载体。"①

---

① 中共中央，国务院. 乡村振兴战略规划（2018—2022年）[EB/OL].［2018-09-26］. http://www.gov.cn/zhengce/2018/09/26/content_5325534.htm.

非物质文化遗产作为传统文化最为精粹的一部分，理应成为乡村振兴的中坚力量，理应顺应时代的发展，立足乡村文明，为增强文化自信提供优秀的成果。在我们当前的非遗保护工作中，有一种声音曾经影响了保护工作者和传承人，那就是：所有的非物质文化遗产都要保护，都要"原汁原味"地保护。这个持续了十多年的保护理念，在新的形势下，在人们实践活动的真实体验中终于显示出局限性。非物质文化遗产本身就是民间文化的一部分，它具有随着时代变化而发生调适性变化的特性。它拥有稳定不变的一面，同时也具有不断变化发展的一面。我们无法将目前看到并保留下来的非遗定义为"原汁原味"，原汁原味这个所谓的保护原则本来就是"伪命题"。最原始的、最原初的非遗究竟是什么，哪个朝代的才是"原汁或原味"？所有现代的非遗，相对于现在都是古老的，但不能确认它们就是最为古老不变的样式。"非物质文化遗产的动态性和活态性应始终受到尊重。本真性和排他性不应构成保护非遗的问题和障碍。"[①] 这是非遗的特性所决定的，它总要主动适应时代而生存，否则将会失去使用价值而很快就被淘汰，这不是哪一个人说了算的，时间和需要决定一切。

在实施乡村振兴战略的今天，我们明白一个道理，很多丰富的非遗都藏身于乡村，或者它们还存活在乡村生活中，被村里人使用。有一些已经开始消亡，是因为长期不再使用。一些民歌很好听，但没有歌唱的场合了，就会消失。乡村振兴不仅仅是让村民过上很好的物质生活，更要让村里的优秀传统文化发扬光大，让传统文化在乡村振兴中发挥作用。"传统的民间文化仍然主要是老百姓的日常生活中所崇尚和遵循的理念和准则。"[②] 非遗一开始就有凝聚人心、鼓舞士气的作用，能够带动一方百姓致富，能够让他们通过绝技绝活获得更大的声誉，从而带动旅游发展。在适应城市消费需要、大胆创意的基础上，将传统元素和现代时尚元素结合，走出一条雅俗共赏的路子，这些创新发展不是破坏非遗，相反是激发传承人的创造活力。在进行了近三年的传承人研修研培计划中，我们看到了传承人进入高校学习的积极性，看到了传承人并不是不想学习，而是过去没有机会，而艺人们一旦经过高校专业的学习，通过和大师们的交流，创作灵感会不断涌现。一些经过研培的学员将自己的刺绣成果和时尚设计师的产品结合在一起，产生了奇妙的结果，既能从设计师那里看到世界潮流性的追求，又能从细部看到民间艺术传承的魅力。从时尚女装到皮鞋、女包、首饰，非遗的工艺开始渗透到城市文化中。这是非遗创新的一个重要标志，同时也为乡村振兴提供了一个讯息：古老的作品有自己的魅力，但它们还需要在当代增添新的魅力，让更多的年轻人靠近并喜爱它，进而能够主动选择和传播它，这就需要有符合当代审美需要的作品。

---

① 保护非物质文化遗产的伦理原则[EB/OL]. [2016-10-31]. http://www.crihap.cn/2016-10/31/content_27228556.htm.

② 刘锡诚. 非物质文化遗产理论与实践[M]. 北京：学苑出版社，2009：64.

我们不是要剔除非遗本身，而是在不断保护和发展非遗的同时，通过对非遗资源的利用，大胆创新，为非遗提供自我造血能力，中国乡村的布老虎艺术也当如此。在此过程中，我们还是要清醒地认识到：哪些是非遗作品，哪些是创意产品。创意是为了保护和反哺非遗，非遗是创意的源泉，为创意提供思路和资源。两者只有在互补中发展才有出路，而在我们的乡村振兴中，非遗的作用一定会得到彰显。

乡村振兴背景下的妇女手工艺生产
——临夏州东乡县刺绣扶贫车间调查研究

高　莉　青海民族大学艺术学院副教授

王京鑫　西北民族大学硕士研究生

牛　乐　西北民族大学美术学院教授

甘肃省临夏回族自治州东乡族自治县（下文简称东乡县）位于甘肃省中部，全县共辖24个乡镇，229个行政村，总人口27.6万人，其中东乡族占84.19%。[1] 东乡县自然条件差，交通条件落后，经济基础薄弱，属于"三区三州"深度贫困地区，也是甘肃省乃至全国"脱贫攻坚"的重要战场。基于自然资源匮乏、农业发展受限、旅游资源匮乏、经济基础薄弱、产业结构落后以及男性劳动力外流、女性劳动力居家富余的现实情况，东乡县于2018年成立了第一家雨伞生产扶贫车间，开启了一条扶贫车间脱贫之路。截至2020年底，东乡县共建成各类扶贫车间60家，为脱贫攻坚工作做出了很大贡献。

乡村振兴是精准扶贫工作完成后中国农村工作的新起点，其应包括振兴乡村社会、振兴乡村产业、振兴乡村文化以及振奋乡村精神四个方面[2]。从实际情况看，扶贫车间的建立吸纳了大量剩余劳动力和外出务工的劳动力返乡就业，带动了东乡县农村经济结构的转型，有效缓解了东乡县农村空心化与人口老龄化现象。至2020年底，东乡县已在巩固脱贫攻坚成果的基础上稳步实施了乡村振兴战略。

一、东乡县扶贫车间

（一）扶贫车间设置及生产经营概况

东乡县的60家扶贫车间分布在24个乡镇，涉及食品加工、日常用品、金属制品、工艺品等产业。疫情过后，东乡县60家扶贫车间全部复工复产，复工返厂人员为3 229人，其中建档立卡户为1 751人。

东乡县扶贫车间可以分为以下几种类型：

1. 按照投资形式（资金来源）可分为"个人独资"型扶贫车间、"企业独资"型扶贫车间、"个人+企业合资"型扶贫车间三类。"个人独资"型扶贫车间成立的资金来

---

[1] 县情总览. [EB/OL]. http://www.dxzzzx.gov.cn/About.

[2] 张强,张怀超,刘占芳. 乡村振兴：从衰落走向复兴的战略选择[J]. 经济与管理,2018(1):6-11.

源全部为个人独资,"企业独资"型扶贫车间资金来源为外地或本地大型企业,"个人＋企业合资"型扶贫车间为个人与企业共同注资。

2. 按产品类型分为食品加工类、纺织工业类、日常生活用品类、金属制品类、工艺品类、药品类六大类。目前东乡县农副产品加工类的扶贫车间是17家,如卧龙山桃仁加工扶贫车间、土豆粉扶贫车间,平庄的八宝茶扶贫车间,达板镇的羊肉加工扶贫车间,陈河的薯片加工扶贫车间以及金银花加工扶贫车间等。金属制品类扶贫车间有达板镇的铝制品加工厂与钢材生产厂,因体力劳动性质全部为男性工人。工艺品类扶贫车间主要包括东乡刺绣扶贫车间与木雕扶贫车间,其中刺绣车间全部为女性工人。

3. 按员工的工作方式可分为"厂房式"扶贫车间、"居家式"扶贫车间、"厂房式＋居家式"扶贫车间三类。"厂房式"扶贫车间是车间的员工在厂房中按规定时间上班,东乡县的扶贫车间以此类车间居多,位于东乡县城的纺织厂和雨伞厂、达板镇的凤凰山纺织厂都属于此类。"居家式"扶贫车间是指可以将车间的产品带回家完成,位于达板镇舀水村以及大树乡南阳洼村的两家刺绣扶贫车间都为"居家式"扶贫车间。"厂房式＋居家式"扶贫车间是将前两种类型相结合,具有很大的灵活性,员工可选择在家或在车间中完成工作,位于布楞沟的刺绣扶贫车间属于此种类型。

（二）政府对扶贫车间的扶持政策

东乡县人力资源和社会保障局对扶贫车间的支持政策如下:

1. 对建成未满一年,吸纳就业人数30人以上,其中建档立卡户10人以上的扶贫车间,可以一次性领取5万元的岗前培训补助奖励,扶贫车间吸纳就业人数每提高一个百分点,一次性岗前补助提高10个百分点,每个扶贫车间享受岗前培训补助最高不超过30万元。

2. 扶贫车间建成以后,车间工作的工人连续工作半年以上,其工资在每月2 000元以上,奖励2万元。

3. 大学生回乡创业建立扶贫车间,一次性奖励5万元。

4. 退役士兵回乡创业奖励5万元。

目前,东乡县大学生回乡建立扶贫车间的有两位,一位是东乡刺绣扶贫车间负责人马潇潇,另一位是布楞沟油香（传统油炸食品）生产扶贫车间负责人,这两位都是东乡县女大学生,扶贫车间吸纳的员工也全部为东乡县女性。

据东乡县人力资源和社会保障局负责人介绍,人社局会主动了解车间的情况,包括车间的工资表、员工考勤表、员工签到表,以确定扶贫车间是否符合政策奖励的条件,如果符合奖励条件,政府的奖金会立即发放。据了解,这仅仅是东乡县人力资源和社会保障局对东乡县扶贫车间的奖励政策,东乡县工商局以及东乡县妇联等政府单位对扶贫车间另有相应的奖励与优惠政策。

东乡县人社局工作人员谈道:最早的一家扶贫车间是2018年9月份创办的雨伞

厂，最早是政府出培训费，企业进行培训。一开始最大的困难是劝说东乡女性进扶贫车间工作。因家庭和文化等各方面的因素造成东乡女性外出就业的阻力，现在情况已经好多了。刚开始，扶贫车间把她们的工资发到银行卡里面，但因为她们有的没有受过教育，不认识字，见不到钱（现金）不放心，还有的是银行卡在老公手里。后来我们就发现金。到现在，大多数扶贫车间的工资都是用现金发的。①

（三）大型企业对东乡县扶贫车间的投资情况

目前，在东乡县投资建设扶贫车间的大型企业有方大集团有限公司、宁夏夏进乳业有限公司以及碧桂园控股有限公司等，其中方大集团在东乡投资达到5亿多，对东乡的扶贫工作提供了较大的资金支持。方大集团在龙泉、河滩、达板等乡镇持续投资扶贫车间，主要涉及服装制作、食品生产、工艺品生产等。碧桂园集团在东乡县的扶贫产业主要是东乡刺绣、东乡土豆、东乡羊（表1）。

表1 大型企业对东乡县扶贫车间投资情况表

投资方	投资金额/万元	涉及产业
方大集团	56 000	服装生产、食品加工、刺绣等
碧桂园集团	8 000	刺绣、羊肉、土豆
夏进集团	5 000	乳制品、畜牧业

据了解，东乡县政府计划在2021年将全县60家扶贫车间转型升级为扶贫工厂或小微企业，以提高车间的活力与竞争力，挖掘出东乡县的区域优势，选好产业，激发出资本潜力，带动东乡地区经济发展。

（四）疫情对扶贫车间的影响

2020年新冠疫情对东乡县经济的影响很大，以东乡县城的方大集团纺织厂为例，产品主要做外贸出口，订单锐减，对扶贫车间的生产构成了很大影响。同时，疫情对东乡县男性劳动力的收入影响较大，东乡地区经济发展薄弱，男性劳动力大多到外地务工。从田野调查的情况看，东乡县的男性务工者自2020年1月底疫情暴发之后至2020年6月基本无任何收入，部分人至2020年10月才出门务工，使东乡县居民的家庭收入锐减。方大集团纺织厂厂长谈道：疫情对我们工厂的影响还是很大的，我们工厂的订单大多是出口到欧洲的，疫情期间订单减少了很多。前几天东乡下雪了，我们的一批订单直接运不进来，推迟了好几天，订单进不来，车间就没有活，工人们也就不能开工了。②

---

① 东乡族自治县人力资源和社会保障局工作人员；采访地点：东乡族自治县人力资源和社会保障局办公室；采访时间：2020年11月26日。

② 方大集团纺织厂厂长；采访地点：东乡族自治县方大集团纺织厂；采访时间：2020年11月27日。

二、刺绣扶贫车间与东乡族女性就业

（一）刺绣扶贫车间概况

东乡县的刺绣扶贫车间一共有3家，分别位于达板镇舀水村、布楞沟、大树乡南阳洼村。其中位于布楞沟的刺绣扶贫车间为方大集团与马潇潇共同投资，方大集团注资60%，马潇潇个人注资40%，是典型的"个人＋企业合资"型扶贫车间。位于东乡县城易地扶贫搬迁小区的方大纺织品扶贫车间为典型的"企业独资"型扶贫车间。2018年马潇潇在达板镇舀水村个人注资建成第一家刺绣扶贫车间，2019年马潇潇与方大集团在大树乡南阳洼村合资建成第二家刺绣扶贫车间，2020年第三家扶贫车间在布楞沟建成。其中，达板镇舀水村的车间与大树乡南阳洼村的车间为"居家式"扶贫车间，布楞沟的车间为"居家式＋厂房式"扶贫车间。据了解，截至2020年11月，东乡县扶贫车间累计吸纳1 000多名绣娘从事生产。目前，刺绣扶贫车间已经形成了一套较为完整的生产流程，先由专业的设计团队设计出产品并制作样品，确定最终产品后，将制作材料运送到各扶贫车间，再分发到绣娘手中进行产品生产，产品的销售有线下销售与线上销售两种。线下销售目前仍以订单生产为主。

（二）刺绣扶贫车间的产品

目前扶贫车间的产品大致可分为两类：一类是以荷包为主的传统刺绣产品；另一类是开发的生活用品及文创产品，包括刺绣抱枕、刺绣"U"形枕、丝巾、拖鞋、帆布包、笔记本等。

车间生产的刺绣产品继续沿用传统东乡刺绣的方法，包括平绣、掇绣、拱针等，图案设计主要来源于东乡族传统刺绣纹样，在传统的配色基础上进行了优化设计。如"土豆"帆布包将东乡县特色之一的土豆以掇绣的方式绣在帆布包上，这是扶贫车间比较成功的产品之一。另一个销路较好的产品是抱枕。据绣娘讲述，抱枕上鸟类图案的灵感来源于东乡族民居房梁上的鸟类纹饰及东乡山区的野禽。

刺绣扶贫车间的生产工艺可以分为机绣、手绣两大类。机绣产品生产标准统一、生产成本较低。手绣产品制作周期较长，生产成本较高，常因绣娘刺绣技艺水平不同导致产品质量不一，上文提到的抱枕与"土豆"帆布包均为手工掇绣产品。

（三）刺绣"扶贫车间"发展中遇到的问题

1. 地理条件和运输条件使产品的生产成本上升。困难主要包括两个方面：一是因绣娘分布地区较广且分散，交通不便导致材料分发与产品回收的时间成本增加。二是由于东乡县物资较为匮乏，刺绣生产的原材料只能异地采购，又因东乡县物流网络不发达，使材料运输周期较长，运输成本增加，制作成本也相应提高。

2. 因绣娘的受教育程度较低以及生活环境的影响，其规则意识薄弱。主要表现在两个方面：一是在进行制作订单过程中往往会因家中孩子生病、亲戚朋友结婚等原因无法在规定时间内完成订单，二是绣娘在制作过程中常会有意无意地改变订单设计和内容。

3. 相对于机绣产品，手工刺绣制作成本较高导致售价较高，同时因为绣娘的技术水平不统一，对刺绣产品的质量稳定性产生了影响。

4. 迄今仍未开发出可大批循环生产的产品，同时订单来源较为单一，使生产能力始终不能达到饱和。据碧桂园东乡刺绣负责人介绍，目前刺绣车间的订单主要来自碧桂园内部。刺绣扶贫车间覆盖范围及绣娘群体不断扩大，而市场需求量小，逐渐与绣娘群体的扩大不相适应，故如何扩大市场成为目前东乡刺绣车间面临的重要问题。

扶贫车间负责人马潇潇谈道：政府希望我们多覆盖一些贫困户，帮助他们脱贫。居家就业很符合东乡的现状，不是所有人都能到扶贫车间来上班的，因为很多人住的特别远，交通也不是很便利。产品设计好以后要把图案分发给绣娘，但是她们居住分散，每次分发设计图和材料都要开三四辆车，到每个村的村委会挨个发放，收货的时候也要到每个村去收，还必须有工作人员去每一个点，给绣娘们讲清楚怎么做，一个工作要重复做很多次。此外绣娘们还喜欢自由发挥，产品的规格也不太好控制。还有就是刺绣的市场问题，因为刺绣不是刚需，机绣的同类产品太多了，在淘宝上卖根本没有竞争力。此外由于东乡地理位置的原因，很多物料需要我们从外地采购，现在是材料要从外地发货到兰州，然后我们再到兰州把材料运输过来分发到绣娘的手上，制作完成后从绣娘手里收起来，运到兰州以后才能发物流运走，成本一下子就上去了。①

三、针对东乡族绣娘的调查

在东乡县刺绣扶贫车间工作的绣娘多为当地的东乡族妇女，故本次田野调查选取了达板镇达板村、达板镇红柳村、布楞沟村、果园镇楼子村4个村子20位居家生产的东乡族绣娘作为访谈样本。访谈内容预设了四组具有相关性的问题，一是绣娘的年龄、受教育水平，主要分析绣娘工作与年龄、教育水平之间的相关性；二是家庭一般状况、家庭成员、工作动机，主要分析家庭经济状况与从事绣娘工作的相关性；三是家庭年收入、主要收入来源、做绣娘的工作收入，主要分析家庭经济状况与从事绣娘工作的相关性；四是参与扶贫车间生产后自身的变化，用于评价扶贫车间对于妇女生活状况、思想观念以及情感状态的影响。

调研工作旨在对以上问题进行综合分析，获得各要素之间的相关性，借以评价扶贫车间设置以来对东乡族妇女生活状态和社会地位产生的诸多影响，根据访谈和信息

---

① 东乡刺绣扶贫车间负责人马潇潇；采访地点：东乡族自治县大树乡南洼山村；采访时间：2020年7月25日。

统计，将获得信息以及反映出的问题整合如下。

（一）绣娘的年龄段

绣娘以30~40岁的中青年女性为主，在4个村子的20个访谈样本中，31~40岁的样本为10个，占据全部样本的50%。21~30岁的样本为5个，41~50岁的样本为3个，51~60岁的样本为2个。绣娘年龄差异可能的原因如下：一是中青年女性的个人消费需求较大，同时，家庭养育子女开支较大，需要赚钱补贴家用。二是刺绣属于精细手工艺，需要一定体能支持，年纪较大的女性可能会因视力退化而不能完成生产任务。

（二）绣娘的受教育程度

东乡县农村女性受教育程度普遍较低，但这一情况近年已经得到了很大改善。访谈样本中绣娘的受教育程度以30岁为分界点，此状况应与我国政府在1986年4月颁布《中华人民共和国义务教育法》有关（表2）。

表2 东乡县绣娘受教育程度情况表

年龄	无	小学	初中	高中
21~30岁	0	2	3	0
31~40岁	8	0	0	0
41~50岁	3	0	0	0
51~60岁	2	0	0	0

从调研统计来看，21~30岁之间的绣娘多数具有小学及初中教育经历，没有继续深造主要基于自身和家庭两方面的原因。自身原因是部分女性因自身学习成绩不理想而放弃学习，家庭原因则主要是女孩子在上完小学后即开始承担一些家庭工作，父母不主张她们继续读书。

31~60岁的绣娘受教育程度相对较低，如果细分年龄段，其原因并不相同。41~50岁之间绣娘受教育程度低的主要原因是当时农村女性不读书的固有观念，31~40岁之间绣娘受教育程度低的原因则是客观条件的限制，主要包括家庭和学校的距离太远，或是因家中经济困难而辍学。

（三）绣娘的工作动机

东乡地区的大部分女性都会刺绣，有刺绣基础，能够很好地适应刺绣扶贫车间的工作，同时这项工作并不需要过高的学历与技能，不受年龄限制，也无语言交流要求（会讲普通话）。这符合东乡农村女性受教育程度普遍较低、缺乏技术技能以及社会交流能力的现状。

从自我决定理论①的视角来看，从业者的内部动机主要满足尊严、认可、欣赏、人际等心理需求，外部动机则为了获取物质报酬、改善生活条件。② 从访谈情况来看，大多数绣娘的工作动机为内部与外部共存。

以 21~40 岁之间的绣娘为例，她们的工作动机大多数为内部工作动机，主要因为她们受教育程度相对较高，社会活动相对丰富，具有独立意识和性别平等诉求，但因家中一般都有学龄子女，故亦存在一定的经济诉求。年龄在 41~60 岁之间绣娘因年龄较大，受教育程度相对较低，社会活动局限，工作动机主要为增加家庭收入、改善生活条件。

（四）绣娘收入

东乡刺绣车间的工资计算方式较为多样：位于达板镇舀水村以及大树乡南阳洼村的两间"居家式"扶贫车间的工资计算方式是计件制，即按照生产的产品数量计算工资。位于布楞沟的"厂房式＋居家式"扶贫车间的工资计算方式分为两类，居家生产的工资仍采取计件制，厂房生产则为"记件＋补贴"，即在计件基础上每天补贴 5 元钱。

居家生产的绣娘收入不稳定，为每天 30~60 元之间。其收益首先取决于绣娘自身投入的工时，如家中家务繁忙、农忙时节占据时间较多时，收入会随计件产量降低；其次取决于车间订单的数量，相对于车间生产，订单数量对于居家生产的收益影响更为显著。

（五）家庭成员对绣娘工作的支持度

调研中发现不同村镇对于妇女参与扶贫车间工作的支持率有较大差异，其主要取决于当地的经济发展和家庭经济条件。例如，达板镇红柳村因为居民普遍经济条件较好，故妇女参加工作的家庭阻力较大，家庭对绣娘工作的支持率低。相对而言，果园镇楼子村经济条件较差，妇女在家中兼职工作可以增加家庭收入，绣娘家庭的支持率较高。由此可见，扶贫车间生产仍旧居于典型的中观经济层面，具有分散性、差异性、灵活性，对于区域经济结构具有补充、调节和中介作用。

（六）参与扶贫车间生产后的变化

1. 生活独立意识与性别平等意识的建立

东乡县妇女参与扶贫车间生产的收益首先体现在个人可支配收入的增加，此前因传统观念的影响，女性不外出上班，亦无任何收入，个人日常开销需依赖自己的丈夫

---

① 由美国心理学家德西（Deci）和瑞恩（Ryan）等人在 20 世纪 80 年代提出，是关于人类自我决定行为的动机过程理论。

② 龙良富.经济发达地区农村妇女参与乡村旅游的动机研究：以中山市新伦村为例[J].旅游学刊,2012(2):39.

或公公、婆婆。在刺绣扶贫车间工作后，农村女性可以用自己的一技之长获取劳动报酬，开始拥有了可自己支配的收入，并由此开始产生了生活独立意识与性别平等意识。关于这种显著的变化，达板镇某位绣娘谈道：我今年25岁，初中毕业，那时候家里生了小弟弟，妈妈让我回家看弟弟，不让上学了。我17岁结婚，家里6口人，公公、婆婆，我跟老公，还有两个儿子。我做绣娘这个工作已经有3年了。家里的妈妈奶奶都会刺绣手艺，是老人们传下来的。前几年政府组织了一次培训，然后我就开始做绣娘了。一开始家里人是反对的，按照我们的习惯，（妇女）出来工作是不行的，第一是娃娃小，第二是不让女人在外面赚钱。但是后来说可以把货带回家做，也就允许了。我平时主要做家务、看孩子、做饭，除了这些就是去逛街买个衣服。我的老公在外面打工，挣3 000多块钱。我一天有时候挣三四十块钱，有时候四五十块钱，家里有农活的时候就挣得少一点。做绣娘前我们妇女都没有收入的，要花钱的时候跟老公要钱。我做绣娘之后转变特别大，以前给孩子买件衣服，或者给自己买件衣服也要跟家里要钱，现在都是花自己挣的钱，生活也有自信了，有个盼头了。①

2. 教育观和婚恋观的改变

与经济独立性提高对应的是，绣娘在参与扶贫车间生产后家庭地位也获得了很大提升，尤其表现在妇女参与家庭决策以及子女教育的活动，这些变化以妇女教育观和婚恋观的显著改变为心理表征。

首先，东乡县政府对于农村义务教育的实施做出了很大努力，为保证适龄儿童与青少年的受教育权利，每学期开学时县政府都会组织专人进行排查，保证学生返校学习。曾有文献认为，东乡地区受教育水平较低的原因之一在于农忙季节部分学生会被家长叫回家干农活、搞副业，学业因此被耽误导致成绩下降，继而导致厌学情节的出现。②东乡县在易地搬迁扶贫安置小区旁边建扶贫车间，吸纳小区里集中的大量劳动力，并在小区附近开办学校。以建在易地搬迁扶贫小区旁边的方大集团纺织厂为例，车间中众多员工的孩子都在小区附近的学校上学，工厂的员工也表示工厂上下班时间设置比较合理，有充足的时间接送孩子，也不会像以前一样因为家中的农活耽误孩子的功课。在此意义上，扶贫车间的成立在很大程度上整合了当地的经济结构和教育资源，优化了基础教育模式，促进了东乡县义务教育的实施。

其次，东乡县政府针对部分学生在读完初中后不再继续接受普通高中教育这一现象，在东乡县索南坝建立了东乡县职业技术学校，学校开设烹饪、维修技术等应用型专业。在采访中了解到，现在的家长还是优先考虑让子女读高中，在考不上普通高中的情况下，也愿意子女到职业技术学校学习一门专业技术。

---

① 东乡县达板镇红柳村某绣娘；采访地点：达板镇红柳村；采访时间：2020年11月27日。
② 张利洁.东乡族贫困与反贫困问题研究[M].北京：民族出版社，2007：153.

方大集团员工谈道:从农村易地搬迁后到新区就没有地方种地了,主要在安置小区旁边的扶贫车间里面打工,学校就在扶贫车间旁边。现在在这边上班是挺好的,离家近,三分钟就到了。早上送孩子去学校,学校给孩子们营养早餐,早饭我们都不用管,直接送过去在学校吃。中午我们下班去接孩子们,下午上班前送孩子们去学校,下午下班去接孩子放学,什么事情都不耽误,还能上着班赚钱。现在我还是支持孩子上学的,学习好的话就支持考大学,学习不好的话就让他们去学个技术,女孩也要去上学的。[1]

此外,访谈内容亦包括绣娘的婚姻信息及情感关系等问题,主要涉及两个方面,一是受访女性自身的婚龄及婚恋方式,二是对子女婚恋方式的期望。田野调查中受访者年龄在23~60岁之间,家庭包办婚姻在年龄较大的绣娘中仍旧占了较大比例,但是在年轻一代绣娘中占比较小。此外值得关注的是,曾经在当地普遍存在的早婚现象近年已经有很大的改善,年轻女性的婚龄正在不断提高。从访谈中得知,这些现象的出现仍然与妇女经济独立性的提高相关。此外,大多数绣娘表示自己对下一代的婚姻不会多加干预,希望自己的子女可以自由恋爱,并肯定了参与扶贫车间生产后自身婚姻观念的改变。

综合评价,参加扶贫车间生产对于东乡族妇女的个人经济状况、家庭地位以及教育观、婚恋观产生了显著的影响,各要素之间存在共变的因果关系,并具有连带效应。(图1)

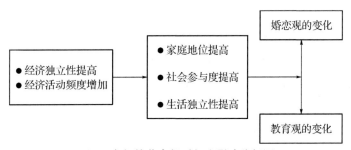

图1 参加扶贫车间对妇女影响分析图

四、结论与展望

(一)性别关系的重塑

性别在社会中承担的角色在社会文化中形成,也随着社会文化的变迁而变化。[2] 性别除对社会身份和职业选择产生显性影响之外,也是社会生产中一般分工和特殊分工形成的结构基础。在当前中国乡村的经济社会环境中,调适和重塑社会性别关系是从

---

[1] 方大集团纺织厂某员工;采访地点:东乡县方大集团纺织厂;采访时间:2020年11月22日。
[2] 庄孔韶.人类学概论[M]北京:中国人民大学出版社,2015:199.

矛盾内部调整社会生产结构的有效策略。

有学者认为，扶贫车间对农村妇女而言更具有性别含义，是农村妇女生产与家庭空间的整合。① 自广泛设置扶贫车间以来，东乡县留守妇女的就业比例有了明显提高。进入扶贫车间从事生产工作后，妇女日常的社会活动空间得到了拓展，参与经济活动的频度显著提升。从调研情况来看，扶贫车间对于劳动力性别比例的调适不仅对东乡县地域经济的发展起到了良性的影响，也在很大程度上促生了东乡族妇女的经济独立与性别平等意识，同时，更有望间接推动东乡族妇女受教育程度的提高，促进婚恋模式的现代转型。扶贫车间在东乡县农村的持续发展激活了性别与经济文化发展的内在关联，不仅有效地重塑了东乡族女性的社会身份，亦用生产参与者的性别释放了被压抑的精神诉求和社会活力，催化了民族地区社会以及家庭结构的当代转型。

（二）物质生产与精神生产的同步推进

有学者指出，男女不平等关系的产生及长期存在不仅取决于两性物质生产力的不同，更取决于两性精神生产力的差异。② 基于部分民族地区经济文化发展呈现的内卷化（Involution）趋势，物质文化和精神文明发展之间存在密切的相关性，亟需切实可行的解决途径，这一需求在东乡县扶贫工作中表现得尤为突出。

从精准扶贫工作的经验和内涵来看，物质生产解决的是生活资料，针对的是扶贫；精神生产解决的是更高层次的需求，解决的是扶志，两者的协同开展对于乡村振兴工作具有同样重要的实践意义。

扶贫车间的广泛设置既有其经济学价值，也暗含了一定的文化精神指向，无形中兼顾了物质生产与精神生产之间的相关性，代表了民族地区脱贫工作中物质生产与精神生产同步推进的现实图景，为防止因自然条件和生产形式、经济结构造成的返贫、致贫提供了新的实践途径。

（三）社会整合与连带效应

作为当前民族地区衔接精准扶贫和乡村振兴工作的有效尝试，"扶贫车间"作为具有中间形态的生产形式契合了当前民族地区的基层社会结构，促进了政策环境下民间资本的整合与流动，成为联结政策设计、横向帮扶和民间自主能动性的关键节点，形成了特殊的复合生产模式。由性别、文化、经济权利共同表征的潜藏的精神生产，超越了一般物质生产的效能，促进了民族地区劳动力就业、妇女权益、文化教育、文化传承、经济转型发展等一系列相关工作的开展。

---

① 陆继霞,吴丽娟,李小云.扶贫车间对农村妇女空间的再造:基于河南省的一个案例[J].妇女研究论丛,2020(1):43.

② 陆继霞,吴丽娟,李小云.扶贫车间对农村妇女空间的再造:基于河南省的一个案例[J].妇女研究论丛,2020(1):43.

从遗产到资源：传统手工艺类非遗的乡村角色研究
——以贵州省为例

王月月　山东工艺美术学院艺术人类学研究所讲师
段　勇　上海大学文学院教授

中国非物质文化遗产（以下简称"非遗"）传承历史悠久，类型丰富。据统计，中国73％以上的非遗项目保存在传统乡村[①]，其中有大量的传统手工艺类非遗。传统手工艺是由传承人口传心授而代代相传的，以手工制作为特点，制品兼具实用性和审美性的独特技艺。由于传统手工艺类非遗具有内在经济价值，其保护、利用有助于深度挖掘乡村的特色资源。像贵州乡村底蕴深厚的民间文化特色资源，曾在乡村脱贫攻坚进程中发挥过重要的助力作用，然而进入乡村振兴新阶段，传承地的"空心化"、产品的"同质化"等情况未得到显著改善，今后能否持续发力仍需进一步探讨。因此，笔者将从遗产保存到资源利用的角度，梳理并探讨传统手工艺的"前世"与"今生"，力图构建传统手工艺的遗产角色、资源角色、经济角色体系，形成传统手工艺类非遗助力乡村振兴的持续性内生造血机制，丰富非遗生产性保护的相关理论。

一、文化遗产角色：传统手工艺类非遗的遗产特征

遗产指"历史上遗留下来的精神财富或物质财富"[②]。传统手工艺类非遗之所以属于"遗产"，是因为在历代典籍记载、物质载体遗存、传承人活态传承等方面体现了其遗产属性。

（一）历代典籍记载见证其悠久历史

传统手工艺类非遗是历史时期流传下来的手工造物技艺，与人们的日常生活密切相关，在历代典籍中亦有记载。《考工记》《天工开物》《髹饰录》等是专门记载手工艺的文献，记录了主要的工艺种类及制作方法等内容。贵州传统手工艺品在明清以来的文献中有丰富的记载。如纺染织绣方面，明代《（嘉靖）贵州通志》中载，中曹司"腹下系五彩挑绣方幅，如绶"[③]，又清代《（道光）贵阳府志》载，"葛布，旧出贵定，甚

[①] 宋佳烜. 活态传承赋能乡村[N]. 中国文化报，2021-3-7(8).
[②] 辞海."遗产"词条.[EB/OL].[2022-04-16].https://www.ci-hai.com.cn/yuci/detail?docLibId=1107&docId=5746009&q=%E9%81%97%E4%BA%A7.
[③] 谢东山删正,张道编集,张祥光、林建曾、王尧礼点校.（嘉靖）贵州通志[M].贵阳:贵州人民出版社,2019:136,143.

粗。苗布、苗锦，俱出贵定"①，反映了明清时期贵州已有挑花绣技艺、织布技艺。文房四宝制作方面，清代《黔书续·黔书黔记黔语》载，"思州之架溪潭庐石，有金银点者可琢为砚，唐秀才源以一枚馈"，"石阡纸极光厚，可临帖"②，体现了清代贵州思州砚制作技艺、石阡纸制作技艺。食品制作技艺方面，《（嘉靖）贵州通志》载，独山州治近都匀，其地产茶，多以茶为货③；《（道光）贵阳府志》载，"醋，人家以法制成者色黄赤而味香，谓之米醋。又市中用酸酒作醋，谓之酒醋"④，反映了明清时期贵州制茶技艺、酿醋技艺。可见，贵州传统手工艺起源较早，包括纺染织绣技艺、服饰制作技艺、食品制作技艺、文房四宝制作技艺等与人们日常生活密切相关的手工艺类别，是特定历史发展阶段的重要见证。

（二）物质载体遗存作为文物静态展示

从文化形态来看，传统手工艺类非遗是看不见、摸不着的特殊文化形态。然而，传统手工艺品作为传统手工艺的物质载体是有形的，体现了历史时期手工艺的发达、精湛程度。目前国内可移动文物根据质地、功能、工艺等可综合划分为35个类别，如陶器、瓷器、金银器、漆器、雕塑、竹木雕、家具、织绣、乐器等⑤，基本上反映了不同历史时期民间的造物水平。传统手工艺品由于制作技艺精湛，是历史时期手工制造技艺水平的映射，通常作为可移动文物被不同级别、不同类别的博物馆收藏，静态展示其不同时期的高超手工艺水平。贵州省各级各类博物馆所收藏的传统手工艺类非遗物质载体，年代跨度从西汉至清末民初，涉及种类有服饰制作、编织扎制、雕刻塑造、漆器髹饰、金属加工、纺染织绣、陶瓷烧造、家具建筑、文房制作、器具制作等。如纺染织绣技艺遗存方面，现藏于黔南布依族苗族自治州民族博物馆的清代制品"苗族彩绣百鸟大花衣"是苗族传统节日服装——牯脏服，所用刺绣工艺为平绣，所用纹饰为鸟、蝴蝶、龙身鸟和八角花等图案；服饰制作技艺遗存方面，现藏于贵州民族婚俗博物馆的清代制品"布依族戏服"采用长衣右衽、高衩、鱼尾形下摆的款式，是布依族服饰的古老样式⑥。博物馆作为传统手工艺制品的静态展示者，保存了手工艺的古老样式、纹饰、材质等，既为传承人提供了具象化的技艺模板，也为研究人员提供了宝贵的民间文物资料。

---

① 周作楫修，萧琯等纂.中国地方志集成·贵阳府志辑12·道光贵阳府志（二）[M].成都：巴蜀书社，2006：64.

② 罗书勤、贾肇华、翁仲康、杨汉辉点校，黄永堂审校.黔书续·黔书黔记黔语[M].贵阳：贵州人民出版社1992：118，225.

③ 谢东山删正，张道编集，张祥光、林建曾、王尧礼点校.（嘉靖）贵州通志[M].贵阳：贵州人民出版社，2019：142.

④ 同①.

⑤ 段勇.当代中国博物馆[M].南京：译林出版社2017：60.

⑥ 贵州省地方志编纂委员会.贵州省志·文物志[M].贵阳：贵州人民出版社，2003：559-570.

（三）传承主体口传心授动态传承

除物质载体遗存的博物馆静态展示外，传统手工艺类非遗还依托传承人动态传承，体现鲜明的"活态性"。传统手工艺类非遗的遗产特征不仅通过历时久远性来评判，还需评判其核心技艺是否至今仍代代传承未曾中断，这也是判定非遗"真实性"的关键所在。传统手工艺赓续传承的关键在于传承人，传承人是实现原材料到工艺品转换的核心。例如，造纸业在我国传承历史悠久，据明代宋应星《天工开物》中对"造皮纸"的记载："凡皮纸，楮皮六十斤，仍入绝嫩竹麻四十斤，同塘漂浸，同用石灰浆涂，入釜煮糜。"① 贵州省皮纸制作技艺仍保留着古老的造纸工艺，其工序与《天工开物》中的记载相吻合，因此"皮纸制作技艺"（Ⅷ-67）入选第一批国家级非遗代表性项目名录，分布在贵阳市香纸沟、贞丰县小屯镇龙井村、丹寨县石桥村。正是因为传承人的世代传承，古老的工艺在当代社会中仍然能够大放异彩。

二、文化资源角色：乡村传统手工艺类非遗的利用现状

非遗作为一笔重要的文化战略资源，是引领中华民族伟大复兴、快速崛起的最为重要的"文化原动力"②。在国家政策的引导和扶持下，活化利用、生产性保护是传统手工艺类非遗当下常见的利用措施，既激活了其固有的经济属性，也长久地保存了优秀传统文化的根脉。

（一）传统手工艺类非遗的文化资源价值

美国商务部秘书长特别助理图伊瑟·W. 维纳（Louise W. Wiener）在其著作《文化资源：老资产—旅游新市场》(Cultural Resources：An old Asset-A New Market for Tourism) 中较早提出了"文化资源"一词。他认为文化资源指艺术、人文、历史保护领域的营利和非营利活动③，其观点体现了文化资源的营利性与公益性。事实上文化资源是与文化活动密切相关的隐形资产，它无法直接进入经济生产领域，而需要通过对文化元素的提取或对文化资源的有形转化才能进入经济领域。传统手工艺类非遗制品除满足手艺人自给自足外，也可通过传承人参与市场交易，从而转化为经济效益。传统手工艺的文化资源价值大致体现在以下两方面：一是手工艺品作为文化产品销售的直接收入。手工艺品大多依赖于旅游景区实现销售。贵州传统手工艺品具有鲜明的民族特色、地域特色，是特色村寨景区不可或缺的旅游纪念品，像刺绣、蜡染、扎染、民族服饰、银饰等产品广泛分布。二是蕴含手工技艺的餐饮业、住宿业等其他相关文

---

① 宋应星. 明本天工开物·二[M]. 北京：国家图书馆出版社，2019：89.
② 苑利，顾军. 非物质文化遗产学学科建设的若干问题[J]. 东南文化，2021(3).
③ Louise W. Wiener. Cultural Resources：An Old Asset-A New Market for Tourism. [J]. J Cult Econ，1980：1-7.

化服务业的收益。旅游是集吃、住、行、游、购等为一体的体验活动，吃和住是必不可少的环节。如饮食类非遗技艺主要满足"吃"的需求，其核心技艺一方面为平民百姓所掌握，代表着民众的饮食习惯；另一方面为饮食行业所掌握，随着商品经济的兴衰而兴衰，发挥其固有的经济价值。民宿则体现了游客对"住"的需求，很多村民将家中多余房屋改造成民宿，满足了游客体验当地文化的需求。

（二）传承人创建多种乡村经济组织形式

传承活动是非遗传承人通过口传心授，使非遗技艺世代传承至今的身体活动，正如法国社会学家皮埃尔·布尔迪厄（Pierre Bourdieu）文化资本理论中所提出的"身体化的状态"，是行动者身体和心智长期作用而内化于心的秉性和才能[①]。传承人通过口传心授习得核心技艺，并通过经验、悟性内化于心而掌握手工艺。他们作为传承主体积极响应政府政策号召，创建公司、合作社、工坊等多种乡村经济组织形式，带动当地乡村振兴。

1. "代表性传承人＋公司＋农户"模式

各级各类代表性传承人依托所传承的传统手工艺，创办了纺染织绣类、服饰制作类、银饰锻造技艺类、乐器制作类、造纸技艺类等各类手工艺公司。公司招聘的员工以周边掌握技艺者为主，既有代表性传承人，也有掌握类似技艺的普通传承人。随着政府振兴工艺政策的号召，公司招聘周边低收入农户进入公司培训，培训合格者可直接入职公司，或以计件、派单的形式允许他们将原材料带至家中完成订单，使他们实现"灵活就业"，以此带动周边村民增收。如国家级非遗项目"苗族银饰锻造技艺"州级代表性传承人潘仕学于2018年选择返村创业，创办了春富银饰工坊。2021年，他创建了贵州省潘仕学文化创意有限公司，经营范围有首饰加工及销售、银饰手工体验服务、首饰主题民俗体验服务等。目前他在本村村民中招收徒弟，直接传授30余人，其中常驻工坊的有3人，年龄在20岁左右。工坊制作的银饰产品既有传统手工艺产品，也有应用现代技艺创新制作的产品，如银餐具、银茶具等[②]。

2. "代表性传承人＋合作社＋农户"模式

合作社是村民自愿、自发组建的互帮互助、统购统销的集体经济组织，能够代表村集体与外界建立经济联系。很多技艺型村寨在代表性传承人的带领下建立技艺型合作社，整合全村的手工艺作坊，带动村民积极参与手工艺培训、订单派发，利用所掌握的手工艺带动农户增收。如贵州省丹寨县石桥黔山古法造纸专业合作社，由国家级代表性传承人王兴武于2009年带领村内造纸户共同设立，所依托的手工艺为"皮纸制

[①] 布尔迪厄. 文化资本与社会炼金术[M]. 包亚明, 译. 上海：上海人民出版社, 1997：192.
[②] 资料系笔者根据访谈资料整理所得。访谈对象：国家级非遗项目"苗族银饰锻造技艺"州级代表性传承人潘仕学。访谈地点：黔东南苗族侗族自治州雷山县西江镇麻料村春富非遗工坊。访谈时间：2021年5月20日。

作技艺"(Ⅷ-67)。合作社负责对社员生产加工古法手工纸、书画纸、图书馆和博物馆专用纸等纸品进行技术指导，并集中收购和统一销售。2020 年，合作社产值 589 万元，带动就业人员 185 人。王兴武为了留住古老的造纸技艺，在当地政府文化部门的支持下，一方面对老式皮纸的制作工序进行了改良，即通过改变纸浆配方比例，研制了新式手工白皮纸及古籍修复纸；另一方面，为迎合市场多样化的消费需求，将植物花草融入传统手工造纸技艺，研制出了花草纸，并以花草纸为原料制作文化创意产品，如花草纸灯笼、花草纸笔记本、花草纸相框等，深受消费者的喜爱①。

3."传承人＋工坊＋农户"模式

传承人以某项熟练掌握的传统手工艺为基础，在政府推动非遗工坊建设助力乡村振兴的政策支持下，建立非遗工坊，并吸纳周边村民就业。如贵州雷山郎德上寨蜡染技艺非遗扶贫就业工坊依托的技艺为"苗族蜡染技艺"(Ⅷ-25)，产品有蜡染包、蜡染挂画等。工坊负责人陈金才多次为朗德片区的 36 户妇女提供刺绣、植物染技艺培训，采取"非遗＋扶贫＋旅游""非遗＋旅游体验"的经营模式，辐射带动周边 21 户贫困户增收。2019 年工坊增收 29 万元，助力村民实现家门口就业②。郎德上寨非遗工坊将苗绣、蜡染等传统手工艺与现代审美相融合，制作出蜡染公文包、钱包等当代日常生活用品，扩大了产品市场。

（三）文化企业创新衍生品的设计与开发

布尔迪厄的文化资本论认为，客观化的状态是指物化或对象化的文化财产，以文化商品（如图片、书籍、辞典、工具、机器等）的形式存在，这些商品是理论留下的痕迹或具体体现，或是对理论及问题的批判③。其中提出的"文化商品"概念与国内文化经济学领域的"文化产品"概念类似。文化产品与普通产品的区别在于其蕴含的文化性。从这一视角来看，传统手工艺品及文化创意衍生品都属于文化产品的物质产品形式。传统手工艺的利用主体以文化创意公司为主，主要采用提取传统元素进行现代设计，生产出符合现代审美需求的文化创意产品。传统手工艺品与文化创意衍生品两种文化产品的物质载体在本质上存在较大差别。从耗时性来看，前者主要靠手工完成，耗时较长；后者主要靠机械制作完成，耗时短。从生产量来看，前者依靠手工完成多道工序，产量低；后者可以依托机器批量化生产，产量高。从成本来看，前者人工成本高；后者生产前期投入设计、设备的成本高，但一旦正式投产运营，批量化生产后的成本随之降低。贵州省文化创意公司已经形成了一定的规模，既有国有企业，也有

---

① 资料由笔者根据访谈资料整理所得。访谈对象:国家级非遗项目"皮纸制作技艺"国家级代表性传承人王兴武及家人,访谈地点:黔东南苗族侗族自治州丹寨县石桥村,访谈时间:2021 年 5 月 23 日。

② 资料来源:第六届中国非物质文化遗产博览会(济南)展板介绍。

③ 布尔迪厄.文化资本与社会炼金术[M].包亚明,译.上海:上海人民出版社,1997:192.

民办企业。如国有企业贵州榕江月亮故乡文化创意公司对竹编工艺、蓝染工艺、苗绣、苗族银饰锻制技艺等传统工艺进行创意设计，研发融入榕江民族文化元素的文化创意产品，带动周围村寨村民脱贫致富，使传统手工艺文创产品融入现代社会生活①。贵州文创公司以传统手工艺元素为基础创作衍生品，虽然有异于传统手工艺品，但有助于黔文化的对外传播。

（四）高校开展研学活动助力跨界创新

当前，服务社会经济成为高校的重要任务之一，产学研协同创新成为推动社会经济发展的强劲动力之一②。部分高校作为"中国非物质文化遗产传承人研修培训计划"的参与单位，培训代表性传承人群。上海大学传统工艺工作站近年来开办竹艺、苗族银饰锻造、木雕、染织绣等研修班，促进传承人与设计师、研究生的深入交流，帮助传承人找到传统手工艺与现代艺术的融合点，实现传统手工艺的跨界设计。通过培训，高校一方面为传承人讲授非遗的基本理论，提高其对传统手工艺文化内涵的认知，激发其传承活动的主动性、自觉性；另一方面，为传承人传达现代艺术设计理念，助力他们返乡后能够在传承核心技艺的基础上，对传统文化与现代审美的融合进行适度创新，推动传统手工艺走进寻常百姓家。

三、文化经济角色：乡村传统手工艺的转化困境及路径

布尔迪厄认为文化资本在一定条件下可以转化为经济资本③，初步探索了文化与经济的转化关系。文化资源需要在生产领域转化才能发挥其经济价值进入文化经济领域，而文化经济取得的效益也能为保护文化资源提供资金支持，从而达到资源保护与开发的良性互动。然而，传统手工艺类非遗资源在转化为经济的过程中面临一定的困境。

（一）传承地文化生态式微亟待保护

乡村是民族文化的根脉所在，保护传统村落也是保护民族文化的根脉。传统村落是传统手工艺的传承地，是文化创意持续发力的不竭源泉。因此，保护传统村落既有利于保护传统手工艺的传承地文化生态，又有利于保持传统村落的整体风貌，为塑造特色乡村奠定基础。然而，近年来传统村落受到了多方面的冲击。首先，传统建筑逐年消失，破坏了乡村的整体风貌。村民出于改善家庭生活条件的需求，普遍使用现代建筑材料建造房屋。因此，很多传统村落失去了原有的民族特色、建筑特色、文化特色，向"千村一面"的趋势发展。其次，中青年群体由于外出务工、求学等原因常年

---

① 榕江：文创设计助力非遗文化振兴[EB/OL].（2021-12-01）[2022-04-14]. https://www.sohu.com/a/435627327_120207004.
② 苗国厚.高校产学研协同创新的关键何在[J].人民论坛,2019(8).
③ 布尔迪厄.文化资本与社会炼金术[M].包亚明,译.上海：上海人民出版社,1997:192.

离开乡村,其中也有部分是迫于生计压力选择外出的传承人。传统习俗逐渐淡化,传统手工艺陷入濒危,导致乡村在外在人口密集度、内在技艺掌握度方面都呈现"空心化"的趋势。从塑造特色乡村需要内外兼修的角度来看,"千村一面"不利于乡村外在风貌的特色化,而"空心化"不利于乡村内在文化内涵的持久性。

政府作为保护主体,应当在政策方面对传统手工艺的传承地加以保护,以维护文化根脉。一是鼓励乡村维持整体风貌,细化并落实传统村落、少数民族特色村寨的评选及评估标准。在房屋营造技艺保护方面,鼓励整体保留或部分保留、加固原有的房屋,保存原有的建筑文化,并鼓励按照传统营造技艺建造新的建筑,使营造技艺在实践中得以保存。在内部陈设方面,为了提高生活质量,可以按照当代人们的生活习惯适当装修。二是出台相关政策促进乡村经济发展,吸引村民返乡。在贵州全省已经迈入"高铁时代""县县通高速"的背景下,基层政府应着重改善乡村的交通条件,打通通往乡村的"最后一公里"。交通设施的完善能够为资金、教育、产业等方面的引入奠定基础。

(二)产品同质化严重亟需设计人才

目前,传统手工艺品的设计群体以代表性传承人群为主。部分代表性传承人经过高校非遗传承人培训班的培训,逐渐掌握了现代设计技能而成为设计师。他们所设计、生产的产品部分为符合现代审美的手工艺品,部分为提取传统手工艺非遗元素的文化创意衍生品。然而,代表性传承人群中掌握设计技能的仍是少数,产品创意不足导致同质化严重。正因为现代的旅游工艺品市场上充斥着大量的机械化制品,所以各旅游村寨工艺品店内商品大同小异,缺乏独特风格,同质化严重。从游客消费视角,在不同景点所看到的特色商品在图案、纹样、造型等方面大多相似或一致,缺乏民族、村寨辨识度,在一处景点消费后就很少再在其他景点二次消费。所谓的"特色"商品亦不再具有竞争力,降低了不同景点的销售额。

传承人一方面应当坚守核心技艺,保持核心技艺的赓续传承;另一方面在传承、利用中要适度创新,融入当代的审美元素,吸引年轻群体主动传承技艺。传统手工艺的发展亟需传承设计复合型人才,高校作为培养后继人才的摇篮是重要的人才孵化器。具体而言,高校应在以下方面有所作为:完善民族非遗资源的知识体系,构建完整的教学体系,使学生熟悉并掌握非遗的传承历史及当代价值;加强与传承人的联系,聘请传承人教授实践课程,提高学生的手工技能,为培养后继人才做准备;继续开办传承人研修班,提升传承人的非遗理论水平、设计水平;建立与手工艺品企业的长期合作,邀请企业参与学生的联合培养,让学生以实习或毕业后入职的形式参与企业手工艺品的设计与生产,提高产品的孵化能力。

(三)产品供需矛盾加大需优化生产方式

传统手工艺品进入市场需要经过生产、制作等重要环节。目前,手工艺的生产方式主要有三种，三者各有利弊。一是纯手工生产的传统生产方式。该方式的生产主体是传承人，保持了核心技艺，然而由于耗时长、人工费用高导致售价高，使得很多消费者望而却步。二是半手工半机械的生产方式。传承人结合时代审美需求，适当创新手工艺，借助缝纫机等其他加工机械，提升传统手工艺品美观性。部分文创企业将传统手工艺品与现代物品相结合，生产出具有传统手工艺品元素的现代制品。三是全机械化的生产方式。该方式一方面适用于文创公司开发衍生品，即提取传统手工艺元素重新设计生产，满足消费者求新、求异的多样化需求；另一方面适用于传统手工艺品的仿制品，即带有传统元素（纹样、色彩等）采用机械化批量生产的产品，与传统手工艺品相比，样式相似，但缺少"手工"情感，在各大景区分布广泛。

三种生产方式的核心问题在于手工、机械制作之间的"度"如何平衡。笔者认为，相关主体应当因地制宜地选择生产方式，同时对传统手工艺品与文创衍生品加以区分。一是传承人坚守纯手工生产的技艺。代表性传承人应该以身作则，以保护和传承传统手工艺文化为己任，并带动村内的普通传承人共同参与生产，守护祖辈流传下来的优秀文化，同时也向消费者宣传传统手工艺中丰富的文化内涵，适合走高级定制的生产路线，满足个性化、多样化的消费需求。二是传承人手工辅以机械制作创新产品。非遗传承人所开设的公司由于销量大，不仅有部分纯手工制作的传统手工艺品，更多数是辅以现代机械制作的手工艺品。传承人在用材上仍旧应该使用传统材料，可以在制品的种类、形式、色彩、图案等方面进行创新，辅以机械制作生产出工整、精美的手工艺品，迎合市场的现代审美需求，实现传统与现代的相互融合。三是文创公司提取元素批量生产。文化产业的典型特征是机械化、批量化大生产，已经不属于"手工艺品"的范畴，而是文化创意衍生品。文创公司追求新、奇、特，以"内容为王"，优秀的传统手工艺便成为其注入文化内涵的源泉。

（四）缺乏优势品牌须完善营销方式

传统手工艺类非遗产品在其发展过程中，由于技艺的独特性、品质的稳定性为人们所熟知，部分技艺逐渐成为被人们信赖的"老字号"。老字号企业往往意味着高超的技艺水平、良好的经营信誉、卓越的品质保障。贵州省"中华老字号"企业有10家，"贵州老字号"企业有96家，且多数为城市中的饮食类企业，还有少数医药类企业。然而，贵州乡村尚未形成特色鲜明的品牌，尚无知名"技艺型"特色乡村，未能形成显著的品牌效应。

品牌是产品的无形资产，在潜移默化中影响消费者的消费选择，品牌的塑造方向主要包括产品的知名度、美誉度和消费者的忠诚度。利用主体今后应当着力构建传统手工艺品牌，深挖本土文化内涵，走差异化生产路线、营销推广路线。贵州非遗手工艺品企业需要深挖文化内涵，将"黔文化"的文化精髓植入手工艺品之中，增强其表现力的同时也要提升文化的渲染力、感染力。传承主体及利用主体应增加创意元素，提高产品的辨识度，细分消费人群及市场相应生产，拓宽宣传方式助力产品营销推广。另外，在乡村整体品牌的塑造方面，可借鉴云南大理新华村经验，先行塑造一批"技艺型乡村"，再打造更多的贵州技艺村，带动乡村经济发展，塑造传统工艺的乡土品牌。同时，贵州乡村在塑造核心技艺品牌时，要结合乡村的传统音乐、传统舞蹈、民俗等非遗类型，与旅游业、演艺业等相关文化产业相融合，从整体上促进文化产业赋能乡村振兴。

四、结语

传统手工艺类非遗是集体与社会记忆的重要体现，具有重要的文化价值、经济价值、科学价值与艺术价值。当前，人民群众的物质需求已经得到了一定满足，而文化需求远未得到满足。在此背景下，"让文物活起来"成为文化遗产领域的重要发展趋势，应积极探索文化遗产与日常生活的结合点。生产性保护是传统手工艺类非遗的合理利用方式，在保护核心技艺的基础上促进创新，生产出符合现代生活需求的兼具艺术性与科学性的产品。基于遗产保存、保护及资源利用、开发的视角，探索传统手工艺由遗产到资源的挖掘过程、资源到经济的转化过程，是探索精英独有文化到社会群体共享的文化传承需求，也是探索乡村非遗能否形成持续性内生动力的文化经济理论诉求，更是促进远去的手工艺重新回归日常生活的社会需求。

"遗产资源论"视域下的凤翔泥塑
——兼谈艺术介入乡村建设的多元

孟凡行　北京师范大学珠海校区教授

一、多元化的艺术乡村建设

这次会议所展示的所谓艺术介入乡村建设的例子，大多数是艺术家试图通过自己的艺术行动改变乡村景观和社会及经济状况，常用的切入点是复活原已废弃或半废弃的乡村院落。这当然是艺术，特别是艺术家介入乡村建设的一个能产生较大影响的类型，由此当地人和艺术家都能得利，也可能是效益比较好的一个类型。但中国地域辽阔、文化多样，即便是在艺术介入乡村建设这个主题下，不同的域情可能需要我们采取不同的方式去应对。粗略来看，有的乡村，比如西部地区的一些乡村资源禀赋比较差，经济发展滞后，青壮年多外出打工，乡村景观呈现出破败景象，适合使用艺术家进入乡村改造景观，建设艺术工作室，发展旅游以及延伸产业等物质性乡村建设手段。但中国经济发达的乡村也不少见，它们可能不怎么需要经济方面的支持，但绝非不需要艺术的介入和滋养。实际上，如今中国大多数的乡村都存在情感纽带松弛、文化衰败的问题，这在受市场经济影响较大、经济发达的东部乡村尤其严重。这些乡村也是天然富有情感的艺术能发挥作用的地方。中等发达程度的乡村所面临的问题可能不似前两者那么典型，但也各有需要。中国乡村类型多样，艺术介入乡村建设，需要针对不同乡村的需要而有的放矢。其中重要的是需要研究乡村的文化特点，找到其枢机，只有激活、升级当地的文化机制，才能多快好省地进行乡村建设，取得最大的效益。下面的这个例子就较好地体现了利用当地文化传统进行乡村建设的一种思路。

故事发生的地点是我做博士论文的田野点——陕西关中平原上一个有较长历史的村庄。我们关注的主人公是西安美术学院的国画家陈先生，他不像我们会议上的许多艺术家直接以艺术之力介入乡村，从景观入手去改造一个村庄，而是用了非常本土化的方法。这个村子有600多年的历史，以陈姓为主，祖先是陈贵。相传陈贵在明朝建立战争中对朱元璋有过救驾之功。事后太祖封赏，陈贵不愿进京为官，便获封现今周至县辖地，建有内城外郭的村庄。陈族有修谱和祭祖的传统。这一传统因政策环境有一段时间被迫中止，待政策放松，陈族便酝酿延续修谱和祭祖传统，以束紧日益疏松的家族纽带。其中，陈先生是发起活动的中心人物，他上下筹措、充分动员、广泛联系，带领族人续修600余年家谱，重修祖坟。2006年发起首次大祭祖，唱戏七天七夜，盛时参与者达到3万多人，各种民间手工艺品、娱乐活动也趁机登场，引起很大反响。陈氏家族的精神核心重新树立，很多年不联系甚至失散的陈氏族人重新联系起来了，共同体的凝聚力逐渐加强了，为村庄未来的发展打下了较好的基础。陈先生以本土化的方法，激活了尘封已久的陈族共同体，基于共同体自身内驱力的发展也是可持续的。可以说，陈先生以较小的"投资"，获得了较大的"回报"。

陈先生的作为促使我们思考：为什么现在有些乡村建设活动往往由艺术家，而不是更具有政治能力的官员或更具有经济能力的商人，抑或更具有技术能力的工程师发起？我想他们的区别不是谁有政治资源、谁有钱、谁有技术的问题，而是艺术家往往更有情怀。当然艺术家是要实现自己的艺术，还是帮助乡民过得更好，这个另当别论。不管是为了艺术还是为了乡民的生活，乡村建设应该是艺术家有情怀，乡村有需求，中间还得有撮合的人，促使两者相合、相生。

有人说人类学和社会学、历史学非常不一样的一点，在于人类学更倾向于从个案出发探究文化的个性，这是有一定道理的。但我比较喜欢找一些共性的东西。哲学家都热衷于建设自己的学术体系，但思想家不是这样的，他们的学问或者说思想是开放性的，因为一旦形成体系，就会封闭，之后就很难打开了。社会也是这样，社会慢慢走向成熟，也逐渐体制化，逐渐内卷，形成一个闭环，难以打开，很多问题就不好解决，更严重的根本就意识不到问题。前段时间，我国也提出了全球化的问题，预示着全球社会逐渐走向体制化。但上帝关上一扇门就打开一扇窗户。西方工业革命以来，全球进入追求发展、理性一元的快车道，被认为代表生产力的理工科及其思维占据了绝大部分空间。人或者人类社会发展需要理性，但人终究是情感丰富的动物，理性并不能涵盖人性。好在上帝为人类留下了一个比较特殊的群体，这就是艺术家（广义的），艺术家就是那扇打开的窗户。相比科学家和工程学家，艺术家相对来说有更丰富的情感，也因此更有想象力。与此同时，整个社会体制也给了艺术家群体相对宽松的意识形态环境。就是说艺术家一些前卫的想法和行为往往能被社会接受。在我下一个个案中，我将向大家展示乡村手工艺人的一些新的苗头或曰趋向。前段时间，方李莉老师发表在《民族艺术》上的一篇文章中，提出了一个名为"遗产资源论"的理论[1]，我也配合方老师的讨论做了一些工作。这个理论内涵很丰富，但主要意思是，原先被我们视为遗产的东西，现在被看成了资源。对于前者，我们只是继承和保护；对于后者，我们除了继承和保护，还可以做些适度的开发。我下面的一些看法，包括所提出的"社会终端"这样一个实验性质的概念，也是受到"遗产资源论"的启发而做的一些不成熟的思考。

---

[1] 方李莉,王永健,孟凡行.中国艺术人类学前沿话题三人谈:中国范式的艺术人类学理论建构之一:"遗产资源论"[J].民族艺术,2016(2).

二、凤翔泥塑：从遗产到资源

（一）民间艺术研究的理论范式转向

艺术研究如果有范式，我想大致可分为以下三个部分或曰三个阶段。第一，把艺术和艺术品看作是一个客观存在物，在这方面艺术家和艺术理论家做的工作最多，也最有成就，基本上是对艺术本体的研究，我称之为物质实体和传承研究。第二，把艺术视为一种文化，从而通过参与者的行为考察其思想，比如说群体的设想、价值观和行为模式，这些在人类学里面体现得比较多。第三，也是近些年新兴的，把艺术活动视为一种社会行动，探讨行动的价值和意义。粗略来看，第一种研究更倾向于结果描述，而后两者则更着重于过程分析。当然，时下学界并不刻意将三者截然分开，而是做一种综合的探讨。在这样的理念下，我们再来看凤翔泥塑这个个案。

（二）凤翔泥塑概述

陕西省凤翔区古称雍，位于关中平原西部的宝鸡市境内，距离宝鸡市区约50公里，距离西安市区约180公里，为周秦故地。凤翔流传着一句俗语："西凤酒，东湖柳，姑娘手。"大抵是说，凤翔最有名的三样东西，一是西凤美酒，二是由苏东坡亲手创建的东湖美景，三概指精巧的民间手工艺。这些手工艺包括剪纸、皮影、泥塑等等，其中以泥塑最有特色。

凤翔泥塑采本地黏土塑成，并施以线描或彩绘。大体有三大类产品，分别是摆件（如坐虎）、挂片（如虎头）和立人（主要是戏曲人物）。除了少数如戏曲人物需要捏塑以外，主打产品均采用模塑。以前产品多作民俗用途，故重功用，并不怎么讲究精细的艺术技法表现，现在民俗用途降低，旅游纪念和工艺摆设用途突出，便迎合客户的需要，追求比较精细的技法表现，这主要体现在勾线和赋色上。

改革开放初期，因可赚取外汇的缘故，国家支持手工艺发展，中国各类手工艺逐渐复苏。非物质文化遗产和文化产业运动兴起之后，民间手工艺更成了地方看中的文化资源。作为国家级"非遗"，凤翔泥塑自然得到了凤翔区和宝鸡市的关注。如果我们去凤翔，在县城里不难看到以彩绘的虎头挂片做装饰的凤翔泥塑名片，在凤翔文化和旅游中心东湖附近，也随处可见凤翔泥塑的身影。凤翔文化馆大楼，更是以整面墙绘制巨型凤翔泥塑虎头挂片形象。其气势，即便是隔壁文化街上的系列秦穆公雕塑也相形见绌了。

从东湖向东出城步行约4公里便可到达凤翔泥塑所在的城关镇六营村。得了凤翔泥塑名声的好处，六营村并不似西部经济欠发达地区农村般颓败，不管是作为主要基础设施的街道、排水渠，还是村容村貌，都彰显着村子的繁盛和活力。特别是为了给国家级"非遗"凤翔泥塑营造好的民俗氛围，村里重修村庙，街道的墙上也画满了充满民俗意味的以凤翔泥塑基本形象为主的图案。加上每家门口设立的神龛及神龛里的新鲜香灰，使我们仿佛进入了令人满意的民俗情景。

（三）遗产资源化过程中的微生态及问题

就这样的一个村庄，一个手工艺集聚区，当然存在乡村建设的问题。但与北京宋庄、河北北戴河不同的是，六营村并没有以乡村建设为目的的艺术家介入。北戴河的村庄，特别是艺术村，非常新，非常整齐，也很现代。但其实中国很多地区的村落是不尽如人意的，包括我考察的西北地区，很多村落呈现出一片破败景象。我们这些在大城市待久了的人，看到那样的景象，有时甚至会产生出它们是"被遗忘的世界"的感觉。但是凤翔六营村，基础设施完善，村容整洁，还做了不少公共民俗文化景观建设工作。如果没有民间艺术、没有泥塑在里面，是不太可能实现的，无论是房地产商还是政府都没有这个动力，当地人也没有这个"需要"。这是优秀艺术或者说优秀民间艺术作为文化资源调动经济、政治等其他资源的潜能。但是文化与科技不太一样，科学技术追求统一，而文化贵在多元、多样。虽然文化资源能够调动经济、政治和其他资源，但它也仅仅是需要外力帮它做好物质和政策等方面的基础建设，并不甘心被外力取代。它自有内驱力，有能动性，有自我发展的愿望和能力。比如凤翔泥塑村，地方政府帮助筑路、修渠，再顶多是给代表性手艺人的门口制作一个招牌。主要的工作还得手艺人、村民依照自己的传统习惯协调着去做。因此，文化不需要特别的规划，尤其是整齐划一的规划。一规划，从外面看起来似乎是整齐了、好看了，主要还是好管理了，但以前乡村参参差差，每家每户那种属于自家小个性的东西没有了，作为整个村庄空间的文化味道也就没有了。

北戴河的典型村，比如古城村，都是一栋栋的公寓小楼，建筑格局和外立面颜色都是统一的，整个是一个现代小城镇了，或者是大城市里的一个现代化小区了，很整齐，很漂亮，却总让人感觉少了农村的味道。这可能不是我们想要的艺术参与建设的乡村的模样。在文化深厚的关中腹地，每家门口都有神龛，敬天敬地，还有对联的内容，也多是"惠风和畅""宁静致远"等等。与东部很多地区的农村不一样，这是乡民自己的需要和实践，他们要过自己的日子，活在自己最舒服的精神世界里。晏阳初和梁漱溟的乡村建设为何失败，我想除了与当时的时局有关外，主要还是他们低估了乡民的能动性。晏阳初主观地认为中国农民是"愚贫弱私"，需要教育。梁漱溟认为乡村建设的目的是塑造新农民。他们的乡村建设基本上是自上而下的，说教式的。而我们从人类学的角度所谈的艺术介入乡村建设，首先需要尊重乡民的主体性和能动性，我们的任务可能是帮助他们协调资源，包括知识和信息资源，寻找其传统共同体沉睡的枢机，并设法激活。而真正的发展，还是要乡民自己去做，这样的发展才有深度和质量，才可持续。

凤翔泥塑的发展历程有几个重要节点。第一自然是起源问题。有人根据当地出土的周秦时期墓葬泥塑说凤翔泥塑起源于周秦,有人说凤翔泥塑技艺是由明代景德镇籍士兵传来。现在为了凤翔泥塑的整体利益也好,他们真正是这样认为也好,两派代表性人物达成共识,一致认为凤翔泥塑起源于周秦,但明朝景德镇籍士兵在提升泥塑技艺水平方面起了作用。这样一来,悠久历史和精湛技艺两个稀缺资源都被六营人收入囊中,进而整合进凤翔泥塑的文化资源中去。第二是1985年凤翔泥塑艺人胡先生作为"中国陕西民间艺术交流团"成员赴美参加"陕西月"活动,凤翔泥塑第一次出国展演。第三是2002年、2003年凤翔泥塑的泥塑马和泥塑羊先后登上国家生肖邮票。第四是2006年凤翔泥塑被认定为第一批国家级非物质文化遗产。这些事不管外界如何解读和宣传,但对于当地人来说,他们对泥塑艺人身份和地位的看法有了很大转变。因为在历史上,从事泥塑制作并不是什么让人骄傲的事,但凡有别的生路就不会做泥塑,当地有俗语"家有一担粮,不为泥塑忙"。因此,那些做泥塑的人家都是当地缺少土地、缺衣少穿的穷户。这些人甚至没有专门的称呼,但改革开放后的一系列事件,让当地人不得不重新审视泥塑,尤其是泥塑制作者。即便现在也没有几个人出过国的六营村,胡先生因为表演泥塑,1985年就能去美国。这说明外国人喜欢泥塑,泥塑一改其灰头土脸的形象,洋气起来了。泥塑还能登上国家生肖邮票,成为国家级非物质文化遗产,泥塑再也不是偏远的乡下、小地方的玩物了,与国家联系起来了,成为能够代表国家的东西了。泥塑和泥塑制作者的地位飙升,泥塑从什么也不是变成一门很有前途的手艺,泥塑制作者从穷苦的农民也变成匠人、手艺人,甚至是国家级、省市级非物质文化遗产传承人,为老百姓所敬仰。

在这个过程中有一点值得注意。在以前,无论怎么说怎么做,泥塑等传统的东西,基本上被视为祖宗的遗产,因此我们对它们的责任是传承和保护。但后来,人们的观念转变了,从将其视为遗产到将其看作资源。包括中央政府层面也提出了生产性保护的理念,也就是说,对于非物质文化遗产,我们不但要保护和传承,还要进行开发。但这些原本不知道属于谁,最多只能说属于集体的东西,一旦被视为资源,进行开发,就必然会产生争夺,争夺创新产权、争夺手艺人身份等。其实争夺原本也没有什么大问题,只要手艺人做自己的东西,让老百姓或者市场去自然识别、认定就好了。但政府在将其认定为国家级非物质文化遗产后,又配套推出了传承人制度,将不同的手艺人认定成国家级、省级、市级等等,也就是说,在很短的时间内以外部的力量将手艺人划分等级,这就带来了新的问题。凤翔泥塑这类手工艺并不像明式家具、宜兴紫砂壶或者景德镇大师瓷等奢侈艺术,需要手艺人有很高的技术和艺术造诣,甚至需要相当程度的传统文化修养。凤翔泥塑的技术和艺术水平相对不高,制作者也都是文化程度相差不大的农民。加上泥塑之前并非专门手艺品,所以手工艺人的技艺水平相差并不大。有擅长做坐虎的,有擅长做挂件的,有擅长做戏曲人物的;有擅长做坯的,有擅长勾线的,有擅长赋色的;等等。也就是说并没有一个人远远超越其他人,被公认为权威。如果说有权威，也是某一方面的权威，这是一个互补、互助的技艺和微权力生态。但非遗传承人认定制度以行政力量，将一位手艺人定为国家级，其余分别定为省级和市级，一下子打破了原先平衡的权力生态。多元权威成了一元权威。手艺人之间原先那种相借、相助、相生的和睦状态也全然没有了，变成了现在互不承认，互相拆台、诋毁的局面。

但国家的力量又难以改变，国家级传承人、得到国务院政府特殊津贴的手艺人拿到大量实惠，而泥塑的市场又相对不大，其余手艺人怎么办？凤翔泥塑的主打产品多是模制，模具样式也多是说不清道不明的祖制，让其他人很难打破以前的框架。再说翻模并不需要多少技术，普通人学习几个月就能做得不错，其他小权威没有大权威的标签优势，还面临普通手艺人的竞争。他们开始考虑创新，与一般手艺人相比，这些人具有一定的造型能力。他们开始创作雕塑作品，制作表现关中风情的东西。制作这类作品，需要比较强的造型能力，这就特别需要学院派艺术家的帮助，他们与到访的学院派艺术家探讨，甚至去美术学院学习雕塑技法。于是集体化制作时代没有的创作概念出现了，艺术家的称呼也出现了。现在手艺人公开声称，他们对自己的定位是艺术家，而不是手艺人和匠人。实际上国家级传承人即便是享有政策利好，也热衷于创作技法要求更高的雕塑作品，其对身份的追求也并非传统技艺传承人，而是艺术家。

在集体性制作阶段，大家并没有创新的需要和压力，所以并不需要吸收多少外面的信息。但在个人创作阶段就不同了，因为要创新，逼着大家接触新的信息，为了让自己的创新让大家知晓和认可，他们又必须宣传自己的想法。

（四）"社会终端"的变革

那么，我们何以就此谈到"社会终端"呢？"社会终端"这个词是什么意思？打个比方，比如现在已然成为我们"身体器官"的超级网络终端——手机，它既能接收信息，也能传播信息。相应地，我认为"社会终端"是一个既能接收信息，同时又能传播信息的社会单位。这个单位原先在乡村里面是集体性质的，一般不表现为个人，特别是普通乡民。比如村和村民小组，由村支书、村主任和村民小组长代表，在古代社会里则可能由族长等乡村领袖代表。这些代表也从来不会是手工艺人或民间艺术家。但现在我们通过凤翔泥塑这个案例看到，"社会终端"变成了个人，并且是手工艺人或者民间艺术家。按说这些传承人仅仅是泥塑这门手艺的专家，但很多人到这个村子采访，不再去找村支书、村主任，而是找那些传承人，尤其是国家级传承人。即便是村史、村庄文化等情况，他们也更相信这些传承人。传承人俨然变成了村庄的代言人或者权威。而与村支书和村主任不同的是，手艺人并不是一个村的法定代表人，他甚至都代表不了他从事的小小的行业，严格来说他只能代表他这个个体。由此，"社会终端"实现了由集体到个人的转变。而且由于艺术和文化的世界性，这个村庄不会像由村支书或村委会主任代表时那样局限在一个小地方，而是通过手艺人，将信息传向全国，甚至全世界。手艺人从村落以外的广大区域接收信息，又将其传向全世界，从而将所在村庄带入世界网络。这也是六营村打出"中国泥塑第一村"招牌的内在逻辑。

结语最后，我提出两个问题，作为继续讨论的起点，望方家指点。第一，从群体性制作到个人创作的过程有好的一面，也有不好的一面。群体性制作时期传承力强，但创新力不足，艺术品较为单一，不太适应现在的市场需要。个人创作阶段，创新力相对提高了，艺术品多样了，但由于缺乏共同理念的约束，传承又成问题了。两者如何兼顾，成为问题。

第二，如果我们从宏观着眼，在乡村社会中，"社会终端"开始了由村庄向个人转变的进程，这有可能是中国社会结构一次比较大的变化，如果继续演进会对乡村社会产生什么样的影响？当然，我只是根据对凤翔泥塑这个案例的观察提出了这一看法，是不是在其他行业、其他地区也存在，还需要考察和验证。

"后'非遗'"时代手艺新村建设的可持续性发展研究
——以潍坊杨家埠村为个案

荣树云　山东工艺美术学院人文艺术学院副教授

20世纪80年代初,市场经济体制在中国的实施,对村民的日常生活方式产生了直接影响,如村办工副业的出现、交通运输业的发达、民俗旅游的兴盛,使其建立在传统农业社会基础上的土地制度、生产关系、民俗风情、生活方式等均发生了改变。由此,作为"农民共同体"的土地要素与作为"集体表象"①的精神要素,都被全球化带来的"现代性"所改写。农民不再觉得他们祖辈流传下来的手工艺品是美的、不可或缺的日常生产生活用品。民间工艺美术中的热烈色彩与新居环境不再协调,其审美功能、民俗功能、使用方式在此语境中失效。孕育于20世纪80年代的"社会主义新农村建设"②成为此时村民与政府共同关注的话题。

随着社会主义新农村建设实践的深入,2014年,农业部给出了美丽乡村建设的十大模式③。在这些模式的建构过程中,国内各大高校的民俗学家、社会学家、人类学家以及艺术家们,以自己的专业特长为美丽乡村建设献计献策或亲自参与到其实践中,帮助村民挖掘他们的历史文化资源、重估传统的乡土价值。其中,一批民俗文化传统深厚、手工技艺活态传承力强、古村落景观样态丰富的村子,成为当地政府和文化学者重点关注的对象。这样一来,政府会提供相应的政策支持,比如,古村景观修复经费、乡村物流设施建设、互联网基地建设等,这不仅能唤醒当地老百姓的文化自觉意识,又能使当地民俗传统得以"活态"保留,还能使丧失了原生消费市场的传统手工艺得到有效的保护与传承,这成为新时代乡村文化振兴与经济发展的新途径。当地政府还会邀请高校相关专业的学者、民俗专家、知名企业家等,结合"非物质文化遗产"这个时代"热点",共同探讨"后'非遗'"时代④的"新农村建设运动"。

本文中"后'非遗'"时代,来源于方李莉教授对"非物质文化遗产保护"中国属性的解读,她认为"经过十几年'非遗'保护工作的开展,中国被冠以'非物质文化遗产'之名的'中国传统文化',无论是传统基础上的'创造性转变'还是'生产性

---

① 列维-布留尔.原始思维[M].丁由,译.北京:商务印书馆,2017:29.
② "社会主义新农村建设",是我国于20世纪80年代初,在十六届五中全会上基于"小康社会"的全新理念提出的一次农村综合变革的新目标。
③ 这十大模式分别为:产业发展型、生态保护型、城郊集约型、社会综合治理型、文化传承型、渔业开发型、草原牧场型、环境整治型、休闲旅游型、高效农业型。
④ 方李莉."后'非遗'"时代与生态中国之路的思考[M].北京:文化艺术出版社,2020:3.

保护',都在迅速地改变中国人的文化价值观"①,并从国家顶层设计的角度,将"非遗"变成"人文资源",继而使当地政府、学者、设计师、艺术家等都介入到了"'非遗'保护运动"的社会实践中。

所谓"新农村建设运动",既有历史性,又有未来性。从历史性来说,"新农村建设"意义沿革,实则源于梁漱溟先生所提倡的"所谓乡村建设,实非建设乡村,而意在整个中国社会之建设,或可云是一种建国运动"②。纳入国家战略层面的"新农村建设",无论就其广度还是深度而言,都是一种全国范围内的"乡村建设运动"。因为它不是某个村、某个镇所面临的发展问题,而是探寻后工业社会转型期,中国的乡村所要走的一条未来之路。方李莉将这条未来之路预想为"智能+生态+人文"的文化复兴之路,这条路是建立在中国的文化基因之上的。从未来性来说,"新农村建设"是中国人基于传统、立足当下、面向未来的举国之事业,是"在智能化、网络化等高科技手段基础上发掘乡村人文资源,在乡村中寻找中国文化之根、中国生态智慧之根,走出一条绿色的可持续发展的、有别于工业文明的人文生态之路"。③

要进行"后'非遗'"时代新农村建设的研究,原因在于自古以来中国作为一个农业大国,种地并不是农民的唯一职业,而"农工相辅"才是中国农村的社会属性。那么,在农村社会里,手工业所需要的不仅是技术,它还表现了一个人的性格、品质、荣誉等。因为在生产过程中,"一个工匠完成他认为一件有意义的工作,也因之对他的出品有期待,有满足"④。在这样的手工艺社会中,"手工业是成全人性的,迁就人性的,并加强了社会联系的力量"⑤,方李莉将其解释为这是"一种环保与生态的理念,同时也是高感情生活的一部分"⑥。自欧洲启蒙运动以来,"科技"作为每个时代的先进生产力代表,是社会发展不可阻挡的力量,如何将新时代的高科技与传统手工艺所蕴含的人文资源相结合,走出一条符合人性的、促进人类幸福的中国化的乡村建设之路,是"后'非遗'"时代乡村文化振兴语境下,非常值得探讨的话题。

本文借助人类学的田野调查法与研究范式,以山东潍坊杨家埠村为个案,来讨论手工艺类新村在现代化城乡连续体进程中可持续发展的路径与模式。

一、杨家埠村的"生命史"演化

杨家埠村,实为"西杨家埠村",以浞河为界,以东为"东杨家埠村",以西为

---

① 方李莉.后'非遗'时代与生态中国之路的思考[M].北京:文化艺术出版社,2020:3.
② 梁漱溟.乡村建设理论[M].北京:商务印书馆,2015.
③ 方李莉.高度人文化中的乡村振兴[N].人民政协报,2020-09-05(6).
④ 费孝通.人性和机器:中国手工业的前途[M].上海:生活书店,1946:28.
⑤ 费孝通.人性和机器:中国手工业的前途[M].上海:生活书店,1946:28.
⑥ 方李莉.高度人文化中的乡村振兴[N].人民政协报,2020-09-05(6).

"西杨家埠村"。这两个村庄最初为一个自然村,该村的第一世祖杨伯达于明洪武二年(1369)从四川成都梓潼县移民至潍州崇道乡寒亭社下下村(据《杨家埠村志》记载)。这个村北邻潍坊市寒亭区,城乡规划以后,现在属于城中村,距潍坊市大约15公里。与杨家埠村紧邻的齐家埠、东西三角埠村、赵家埠村也都在新村改建中,但从改建后的村落景观形态来看,西杨家埠最有代表性。

东、西杨家埠村的分化,源于明隆庆六年(1572),因浞河发生水患,下下村被淹,一部分杨家埠族人被迫迁至浞河以西,一部分迁到浞河以东的高地上,繁衍至今。关于东西杨家埠村的命名,有三个原因:一是方位,以浞河为界,河以西为西杨家埠村,河以东为东杨家埠村;二是姓氏,均为杨姓;三是地形地貌,"埠"在当地为"高地"的意思。据2015年村党支部统计的数据,该村大约有420户1 465人。除了清中后期,刘、贾、李、王四个外来户,其余全为杨氏后代。这些外姓基本是杨家埠的娘家外甥,因从事年画生产而定居杨家埠的,其中刘明杰就是清末杨家埠有名的年画艺人。

关于杨家埠手艺村的发展,地理位置的给力是不可或缺的。因为潍坊地区自秦汉以来就是京东古道的重要枢纽,到明清时期是国内著名的工业城市,民国时期是内陆通往胶东半岛胶济铁路线上的中转站,成为贯穿东部沿海地区有名的商埠、东西南北商贸往来的重要集散地。

据《杨家埠村志》记载,自明代建村以来,杨家埠的村民就以风筝、年画、拉扇布艺、剪纸等传统手工艺作为"副业"来贴补家用,更有"家家印年画,户户扎风筝"的生动描述。尤其是杨家埠的木版年画,凭借严格的行业组织规范、兴旺的民间市场以及精工细作的刻印标准,于清光绪年间达到了鼎盛期,地方文人自誉杨家埠年画"画店百家、画种上千、画版过万",成为与苏州桃花坞、天津杨柳青齐名的"全国三大年画产地"之一,其销售范围涵盖大半个中国。著名的同顺堂画店的年画向北远销到俄罗斯,南至越南、缅甸等周边国家。

据村委会的统计数据显示:1949年以前,杨家埠93%的农户以耕地为主,大部分农户除了农忙时节,利用闲暇时间从事风筝、年画、笸箩、拉扇等手工艺制作。这种农村生产方式被费孝通先生称为"农工相辅"[1]。20世纪50年代中期,国家提倡建立农业生产合作社,村内的生产组织形式由"单户"变为"大队",年画、风筝等家庭手工业变为村副业。此时的年画有传统年画与新年画两种形式。传统年画在20世纪60—80年代期间,一直被作为"四旧的""迷信的"物品,遭到灭绝性销毁。新年画在此时则成为国家意识形态的有力宣传工具。20世纪80年代中后期,杨家埠村率先形成村办工商业,有建筑业、交通运输业、印刷业、饮食业以及百货商店等。1979年,潍坊市

---

[1] 费孝通.乡土中国[M].济南:齐鲁书社,2020:1.

政府组织该市的工艺美术师成立了"潍县杨家埠木版年画研究所",对曾经受挫的传统年画进行挖掘、整理、保护,并成立绘、刻、印、裱四个部门,进行年画的创新发展。此时,传统年画成为政府保护的"民俗文化",家庭式年画作坊也开始复兴。1985年,村内近200户人家从事年画生产,这种红火景象持续到90年代中期,并带动了当地的民俗旅游热。1986年,杨家埠被潍坊市人民政府定为"潍坊市千里民俗旅游线"上的一个旅游点后,村内的民俗旅游业便越来越火,杨家埠村又被评为"山东省村镇建设明星村",领先国内的乡村旅游,一些农户被评为"农村小康建设文明示范户"。此外,借助潍坊国际风筝节的优势,杨家埠村被推到了国际游人的视野中。从此,西杨家埠村因为名声在外,被直接称为"杨家埠"。21世纪初,随着互联网社会的到来,传统旅游业、手工业均受到打击。至2003年,全村仅剩35户[1]生产传统木版年画,大部分青壮年靠外出打工来支撑家庭生活。

概言之,杨家埠作为一个"迁民而迁手艺"的村子,是当地有名的手艺村,可以说这个村子的人文景观几乎是随着手工业发展的命脉而变化的。杨家埠作为城镇化进程中的改建对象、传统手工业变迁的时代模型、"非遗"语境中的乡村振兴与文化产业创新的典型案例,因这三者碰撞而形成的"社会事件",为我们研究社会转型期当代传统手工艺村落在乡村振兴背景下的发展模式,提供了可观察的样本。

二、经验与再实践:"后'非遗'"时代手艺新村的旅游业生成

杨家埠的传统手工业经历了不同社会发展进程中的挫折、协调、发展后,2005年底,在当地政府的扶持下,木版年画、手工风筝被列入国家级非物质文化遗产保护名录。杨家埠村因拥有"双遗产"而重新被外界关注,成为最值得投资建设的新农村,其建设也获得当地政府政策、资金的大力支持。当地民众与管委会也抓住机遇将"民俗旅游"升级为"'非遗'旅游"。当地政府还聘请北京大地风景旅游景观规划院、山东大学旅游管理系等单位的相关专家,对整个社区进行总体性规划,并打造了一条年画风筝商业街,为该村"非遗"旅游业的发展铺平道路。2008年,该村接待游客60万人次,旅游收入达1 200万元。[2]

至2010年,杨家埠村"非遗"旅游业的发展,吸引了周边村庄如朱里、马宿、东院等村的村民来年画风筝一条街从事年画、风筝的加工、销售业。从笔者的调查数据得知,这条街上1/3的店铺由外村人经营,年收入在10万—20万之间,销售能力强的店铺甚至更多。无疑,杨家埠已经超越了"民俗村""手工艺村"的功能,成为政府、

---

[1] 此数据为笔者从杨家埠村委会办公室收集。
[2] 王素洁,李想.基于社会网络视角的可持续乡村旅游决策研究:以山东省潍坊市杨家埠村为例[J].中国农村经济,2011(3).

群众、知识分子、社会精英、媒体等共同建构的"遗产旅游村",并被政府评定为"国家级历史文化名村""文化创意产业示范村"。可见,"后'非遗'"时代,"'非遗'旅游"作为乡村文化振兴的发展模式,是政府与民众以文化自觉,实事求是地对乡村文化资源再利用的结果。

2011年,杨家埠村基本完成了"手艺新村"的改造。根据村落建设规划方案,改造后的杨家埠村落景观主要由六部分组成:杨家埠民俗大观园,仿古居民楼社区,年画风筝一条街,梦想("非遗")小镇,别墅区,美食街。从中国村落形成史来看,传统村落是血缘、地缘、业缘在有机互动中融合生成、绵延不息。其村落景观建设是在人与人、人与自然、人与生活相互补给中完成的。而新村改造后的景观样态处处透出地方性文化"被展演"的消费社会特质。可以说,"非遗"旅游语境中的乡村景观的形成是传统文化被建构的结果。

新村改造后,西杨家埠村民的耕地被寒亭区征收,用来建设商业街以及商业小区。村民从此不再从事农业生产,他们成为"城市打工者",但身份依然是农民。新村改造后,村民的生产、生活模式大致分为以下几种:(一)村民无论老少,每人每年大约有1 200元的土地补偿费,还有过节的福利——米、面、粮油等。另外大观园的盈利也会拿出一部分给村民分红。(二)年画风筝一条街是政府发展"非遗"旅游业的"核心产业"之地,村内大约10%的家庭在这条街上有自己的商铺,从事年画、风筝等潍坊"非遗"产品(文创产品)的生产、销售或代理销售。(三)青年人白天去临近的市区上班,晚上回家吃、住;老人在家负责照看小孩子或接送孩子上学;丧失劳动力的困难户主要依靠村里的"贫困补助金"生活。(四)本村60岁以下的村民可以通过一技之长进入民俗大观园谋得一份工作,还有的村民以一个月700元左右的工资成为村内的环卫工人以及周边服务业的临时工。

新村改造后,有的村民"名利双收",借助"非遗"成为"非遗"传承人、乡土文化的代言人、网红等,其社会身份由此发生改变;有的村民过得不如从前,曾经的老画店因不适应时代潮流已关门,店主不再从事手工制作,昔日依靠精湛的手艺取得的"辉煌成就",如今无人再提。存在于彼时农业生产、生活方式基础上的年画习俗,成为大观园里的"展演式"文化产品。每年正月十五,杨家埠大观园内由本村或周边村民组成的秧歌队、舞龙舞狮队,进行商业性展演,这些民俗文化也成为一种新时代的"符号化"商品。这些都是促成手艺新村旅游业发展的文化元素,是手艺新村建设的文化资本与"炼金术"。

三、本土化与现代性:"后'非遗'"时代手艺新村的文化重构

"本土化"与"现代性"是一对相生相克的概念,在"后'非遗'"时代,这些概

念在社会实践中,被人们"自觉"地进行重构,因而催生了一系列文化现象。比如,杨家埠村自从与"非物质文化遗产"建立关系后,"'非遗'村""文化创意产业村""手艺新村"等成为村庄的标签,而村庄也成为"传统"与"时尚"、"本土化"与"全球化"、"有机"与"被建构"的"社会剧场"①。年画风筝一条街,就是一个"剧场",它以"非遗"之名,汇聚了潍坊地区有代表性的民间手工艺品,如木版年画、传统手工风筝、现代风筝、皮影类剪纸、高密泥塑、潍坊红木嵌银等。这些手工艺品本来是基于老百姓生活之用的器物,现在成了杨家埠"'非遗'旅游文化产业"的主打产品,依附于这类产品上的文化属性,其价值与意义都被重构。比如,在"非遗""民俗""传统文化""工匠精神"等标签下,传统木版年画已经不是适用于年俗文化的"画样",而变成迎合旅游人群所需求的"旅游纪念品""民间工艺品"以及"大众文化产品"等。此时,年画的诸多属性发生了适应性变迁。

进而,"非遗"旅游业的发展带来乡村手工艺的改变,体现在以下方面:从生产组织看,其呈现出多元化样态,有隶属政府部门组建的创新性生产单位——杨家埠木版年画社(研究所)、年画爱好者组建的杨家埠木版年画研究院、集体性质的年画风筝传习所、当地传承人建立的年画风筝家庭作坊;从经营者的地缘来看,有本村的生产者与销售者,还有周边村民来本村租赁店铺进行加工销售的常住人口;从手工艺类型看,有单一的本村手工艺品,扩大到更大区域范围的相关"非遗"手工艺品;从生产者的社会身份来看,他们从种地的农民,成为被社会认可的民间工艺美术大师;从产品属性来看,其民间工艺品由功能性用品转为具有审美性的旅游纪念品。

由此可知,杨家埠村以手工技艺为符号,建构了该村的传统文化,而该村的传统文化也因传统手工艺的变迁而被重构。如方李莉教授所说:"即使未来的大众文化也不会属于大众,而是属于文化产业、属于商业化的符号经济。"②

四、国家在场与主体能动性:"后'非遗'"时代手艺新村的建构机制

基于乡村文化振兴语境下的手艺新村建设,"国家在场"与"主体能动性"成为其不可或缺的双重力量。没有"国家在场"的乡村建设,就会丧失社会主义文化精神的宏观指向,没有村民的"能动性"发挥,就会使乡村建设缺少生命力和文化活力。如果说20世纪80年代初产生的"民俗旅游热",保护了建立在农耕文明基础上的民俗、传统文化、传统手工艺等有形与无形的文化土壤的话,那么,"后'非遗'"时代,随着农村耕地的流转,农业社会的文化模式被消解,"'非遗'旅游"为乡村建设带来的

---

① 本概念源自维克多·特纳的"社会戏剧"和仪式理论。转引自:濮波.社会剧场化:全球化时代社会、空间、表演、人的状态[M].南京:东南大学出版社,2015.
② 方李莉.警惕潜在的文化殖民趋势:生态博物馆理念所面临的挑战[J].民族艺术,2005(3).

经济效应，促使乡村的社会结构、村落景观、生存模式、文化价值观等被重构。

其实，作为城乡连续体的乡村（城中村），在城镇化进程中，其自然景观与文化景观变迁的最大原因，看似是因"'非遗'旅游"带来的改变，其实更内在的原因是土地效能在当今社会的式微，并引起的生产方式的改变，建立在农耕文明基础上的一套生活方式和文化功能随之被解构。在这个解构的过程中，国家政策的"在场"与理性农民的主体能动性发挥，使得在手艺类新村建设过程中，"人"作为乡村的主体以及社会结构中最具灵动性的因素，显得尤为重要。他们的幸福感将成为新村建设的评判标准之一，如果新村建设不能让生活在其中的人们体会到"生"的希望，那么，这种改变注定是失败的。

如今的杨家埠已经是"城中村"，生活在这里的村民有种"优越感"，成为周边村民羡慕的对象，因为他们村被评为"文化产业示范基地""国家 AAAA 级旅游景区""全国乡村旅游重点村""全国 56 个最具民族风情旅游区"等。这些荣誉意味着他们生活的丰衣足食。然而，对于一个村落的可持续性发展来说，这些荣誉能起到多大作用？对于已经完全丧失土地的村民，他们赖以生存的村庄的文化生长点在哪里？

社会转型期，传统与现代、手工与机器、土地与效益等新时代带来的社会矛盾，成为横亘在政府、民众、知识精英等面前的社会问题。费孝通先生认为带来人类幸福的社会机构，"一定在人民生活的土壤中滋长出来"。① 笔者认为，在当今"新农村建设"中的"生活的土壤"不再是耕地，而是政府与民众共同打造的"生活新场域"。

以手工业为主业的村落，他们的乡村文化中包含了"手工业的成全性""迁就人性""社会联系性"等美好元素，面对这些群体的"传统文化"时，如何唤醒民众的"文化自觉"意识，使他们"自下而上"地积极主动地利用自己的文化资源去发展新产业，这并非一朝一夕、一呼百应的事情。面对政府的文化政策时，村民不是被动接受的角色，他们会发挥主观能动性。比如：面对 20 世纪 50 年代发起的新年画运动，生活在农耕文化中的村民们，一方面是传统信仰的维护者，一方面是国家政策的遵守者，当这两者发生冲突时，村民的应对行为是，明面上一套，暗地里一套。画店店主为了满足偏远山区老百姓对高价"神像"的需求，偷偷地制作传统神像年画。那么，当下正在进行的乡村建设中，当村民的生存境况发生大的变动时，依靠传统手工艺生活的手艺人，可能看不清未来的出路。甚至许多村民认为能外出打工，比从事经济收益日渐下降的手工制作，更有"出息"。因此，在这种价值观主导下，杨家埠的年画商家迅速从 20 世纪 90 年代中期的 100 多家，在 10 年内减少到不足 20 家，这也标识着杨家埠年画业的"终结"趋势。经历了 21 世纪初期的"非遗"传承人评选事件以后，杨家埠的村民第一次正视"老祖宗"留下的手艺在新时代具有的巨大能力，即"文化的力

---

① 费孝通，张子毅等.人性和机器：中国手工业的前途[M].上海：生活书店，1946：20.

量"。这唤醒了独具特色的"手艺共同体"重新在乡村建设中发挥作用,这不得不说是国家意识形态建构在新村建设中的互动同构功效。

五、自信与参与：手艺新村建设的可持续性发展策略

对于我国"非遗"类新村建设的发展模式来说,孙九霞教授认为,可以借鉴的成熟理论比较少,也不能完全复制西方的社区旅游发展模式,我们的乡村旅游发展模式还处于探索和弱参与的阶段。① 她提出,"国内的学者应在中国社区旅游发展实践研究的基础上,建构中国社区参与旅游发展的模式"②。

目前,从杨家埠村"非遗"旅游业的发展模式运行来看,它还处于民众参与度很低的状态。因为以"民俗"为旅游热点的时候,社区的生态环境是完整的,有农家乐、农民接待中心,游客看到的是正在劳作的、日常生活中的杨家埠村落样态。村民的日常生活就是民俗旅游的一部分。但是,以"非遗"为依托的民俗旅游乡村中,农民不再种地,90%的村民外出打工,做着与该村旅游业毫不相关的工作,他们与传统的村落文化已脱离关系——对于村内的年轻人来说,传统手工艺不再是他们津津乐道的"日常",而是支离破碎的"听老人说",其地方性、地方感成为前来旅游游客的"文化诉求"与旅游动机。

（一）提高村民的"文化自觉"与"主体自觉"意识

在手艺新村建设过程中,建立在农耕文明之上的一套文化知识体系与时令仪式已经难寻踪迹,只有在旅游景区内的某个景点可以看到其"表演性"的民俗仪式。而这种仅靠传统文化的"视觉符号"来激发"他者"的"异文化"想象,是很难吸引旅游者对当地文化的"反思"与本文化的"反观"。当今旅游者最想看到的是"非遗"项目的生产者是如何进行生产的,以及他们当下的"文化景观"是什么样子。只有生活在这个村落中的民众,才能对自己的历史文化有一种客观、全面的阐释,并明白该文化在当今多元化社会中的位置在哪里,才能自主、自信地使自己的文化成为解决现实生活的最佳方案——不至于像非西方土著人在欧洲殖民者进入他们家园时,被看作是没有历史的落后种族,本土文化因缺少"代理人"而被无视、被曲解。没有文化自觉的人民,往往会失去时间维度上的文化一致性。

在"非遗"参与乡村建设过程中,"文化自觉"是让"非遗"与乡村建设紧密联结的一个纽带。"文化自觉"概念虽然是费孝通先生针对中国文化与其他国家文化的共处关系而提出的,但它为中国的乡村振兴如何在以城镇化和市场化为主导的大环境中,寻求合适的发展道路有重要的启示意义。

---

① 孙九霞.社区参与旅游与族群文化保护:类型与逻辑关联[J].思想战线,2013(3).
② 孙九霞.社区参与旅游与族群文化保护:类型与逻辑关联[J].思想战线,2013(3).

（二）提高村民的社区建设参与度

"社区参与"概念是由墨菲（Murphy）于1985年在其著作《旅游：社区方法》一书中提出的。它于20世纪90年代中期，在全球旅游业发展研究中引起关注并得到广泛运用。这种社区参与分为非政府组织主导型、社区主导型、公司主导型三种类型。国外学者Klahiri-Dutt认为"社区参与的定义是不明确的、含糊的，但却有着积极的意味，它表示着公众成员、个体、群体和政府机构间的互动的过程，这一过程为市民提供了表达自己声音和参与决策的途径"[1]。普雷迪（Pretty）划分了社区参与的7种形式，包括象征式参与、被动式参与、咨询式参与、经济激励参与、功能性参与、交互式参与、自我及历史参与。[2] 杨家埠村的遗产旅游业的发展模式包括功能性参与、经济激励参与、自我及历史参与这三种类型。

从社区参与的程度来说，政府层面的强参与、过度参与，都会带来村民对地方性文化的"弱参与"。"弱参与"层次中的社区居民主要是指为旅游发展提供劳力、简单服务和少量物资的居民，例如提供特色歌舞表演、住房、餐饮和出售手工艺品等的居民，"弱参与"是社区居民参与的初级层次。目前，杨家埠村民参与社区建设的方式有：经营旅馆和特色饭店、出租房屋、参与乡村景区服务活动、出售旅游工艺品、提供民俗表演等。以这样的标准来看，杨家埠的居民还处于"弱参与"层次。

社区参与项目的发展过程时，要确保该项目符合社区成员的生活需求、符合民情以及项目本身的可持续性。[3] 以手工艺类乡村为基础的旅游业的发展，需要良好的项目设计和管理，这要充分调动社区居民的参与积极性，形成一套社区参与的旅游发展模式，才有利于社区发展的整体规划性、可持续性。

（三）建立多层次、多元化民众参与乡村旅游业的发展模式

传统农业社会，"土地"把在此劳作的民众束缚在某个固定的空间中，并形成独特的地方性知识与文化共同体。人们彼此之间是内在关联的，因这种关联使他们个人的身份得以凸显。全球化时代的到来，打破了这种关联性，产生了削弱传统社会关系模式的个人主义经济理论模式。如费孝通先生所说的，机械文明的弊端在于其隔离了人与工具之间的关系，这里的"工具"不仅代表匠人的手艺，还表现他的人格。因为，人与物是互联的，人在物里完成他的生活[4]，这是机器社会所不能给人类带来的"美好生活体验"。在物联网与智能化时代，机器与手工一样只是一种生产模式的选择而已，无关幸福。这在现代主义者看来，是人道主义的一种观念，但这更是一种"后现代生

---

[1] K Lahiri-Dutt. 'I Plan, You Participate': A Southern View of Community Participation in Urban Australia [J]. Community Development Journal, 2004.

[2] 黎洁, 赵西萍. 社区参与与旅游发展理论的若干经济学质疑[J]. 旅游学刊, 2001(4).

[3] 朱明若. 健康促进与社区参与（上）[J]. 健康教育与健康促进, 2006(2).

[4] 费孝通, 张子毅等. 人性和机器：中国手工业的前途[M]. 上海：生活书店, 1946：28.

态经济理论"①,这种经济的可持续发展,不是人类中心主义的,而是以一种超人类中心主义的健康的生活方式为原则,将"人性"纳入生态共同体的一部分,这样的社会文化多元化发展势态会在"各自传统形成的平行轨道上"② 并行前进。在乡村遗产旅游业的现代性构建过程中,传统文化是无法缺位的,问题在于本土文化在文化转型中自主性的高低与多少,参与者的单一与多元。

总之,乡村作为人类物质文化生活中的重要空间场所,是与城市相对的独特区域。乡村建设使城乡文化产生交流与融合,而在这种相互交流与融合的过程中,村民对自己身处的乡村文化的源头、历史过程、独特之处以及自身发展的趋向,应形成一种自觉的态度。只有这样,才能使乡村建设选择正确的发展道路,使乡村文化在城市文化或外来文化的影响中保持自身原有的乡土文化特色。

---

① 王治河.全球化与后现代性[M].桂林:广西师范大学出版社,2003:85.
② 贾欣梅.浅析民族手工艺发展现状与文化自觉关联[J].北方文学,2014(1).

千文万华，美在"漆"中

蒋　超　扬州漆器厂创新工作室主任

在器物表面用漆髹涂所制成的日常器物、工艺品或美术品等，一般通称为"漆器"。

髹涂所使用的生漆是从漆树上割取的天然液汁，其主要成分为漆酚、漆酶、树胶质和水。生漆作为涂料，具有很强的耐潮、耐高温、耐腐蚀等特殊功能。同时经过加工，又可以配制出不同的色漆，光彩照人、色彩明艳。

漆器是中国古代在工艺美术以及化学工艺方面的重要发明，漆的使用据考证研究距今有8 000多年的历史，目前中国发现最早的漆器在浙江余姚的井头山遗址，而河姆渡遗址作为华夏文明的重要代表，发现了7 000多年的朱漆大碗。

扬州是中国木胎漆器的重要发源地之一，漆器在时间上几乎与扬州城的建城史同步。同时在不同的历史阶段，扬州漆器也分别展现出不同的工艺特色与发展轨迹。

扬州博物馆藏有一件于1967年在扬州邗江西湖乡胡场村的战国墓葬中出土的漆器圆盘。该圆盘胎体为木胎，底色髹朱红色漆，用黑漆彩绘云水纹，十分能够体现当时的工艺制作水准。同时，此圆盘也充分体现出扬州漆器在战国时期就有一定的生产规模与较高的工艺制作水平，也是目前在扬州本土发现的最早的一件漆器作品。

扬州漆器源于战国，兴于汉唐，鼎盛于明清，其技艺精湛、工艺齐全、风格独特、驰名中外。扬州，在古代是我国重要的政治经济中心。扬州作为我国木胎漆器的发源地，也是漆器生产的重地。扬州漆器在秦汉时期有所发展，尤其在社会富庶的汉代发展趋盛，通过扬州近郊近百座汉墓中漆器的出土足以证明，其中著名的广陵王刘胥的墓葬中就发掘了近万件漆器。其中很多是A级和B级文物，历史价值非常丰厚，足以体现汉代扬州漆器的生产规模与技艺水平。扬州在唐代手工业发展尤为迅速，与日本交流频繁，扬州大明寺住持鉴真东渡日本，将扬州的漆器与玉器传至日本。扬州漆器中的雕漆和软螺钿工艺在宋元时期已出名，《髹饰录》中记载"壳片古者厚而今者日渐薄也"，由此可见当时软螺钿工艺的发达。明清则是扬州漆器的鼎盛时期，扬州城内就有十几条以漆器命名的巷名，成为当时全国漆器的制作中心。明代著名的漆艺大师江千里，其擅长软螺钿，曾有"杯盘处处江秋水，卷轴家家查二瞻"的诗句。清代则出现了众多见诸历史记述的漆器手工艺人，其中影响力最大的当数卢葵生。卢氏对扬州漆器的地位提升起到了至关重要的作用，当时就有"漆器自卢葵生后为扬州特产，销行甚广"的说法。而其中漆砂砚是卢葵生最著名的代表。

鸦片战争之后，扬州漆器逐步走向萧条。在民国初年，漆器作坊还有20余家，其中梁福盛的作坊生产规模最大。《续修江都县志》记载："岁入三万两，福盛居其半。"梁福盛与福建省著名的沈绍安齐名，更有"南沈北梁"之称。后期随着社会经济的逐年衰败，扬州漆器生产几乎停滞，面临着几乎是艺绝人亡的凄苦境地。

新中国成立后扬州漆器才受到国家重视，1955年在扬州组建了16人的漆器生产合作小组，逐渐恢复了漆器生产。经过60多年的发展，扬州漆器行业发展成为以国有扬州漆器厂为主导、多家私营漆器企业和手工作坊并存的局面，技艺种类、生产规模以及人才队伍等均居全国前列。2004年，扬州漆器被批准予以地理标志产品保护，1955成立扬州漆器厂后，扬州漆艺逐步复苏，不但多次为国家领导人出访提供国礼，还为众多场所提供陈列品。2006年5月20日，扬州漆器髹饰技艺经中华人民共和国国务院批准列入第一批国家级非物质文化遗产名录，扬州漆器厂同年还被授予"中华老字号"称号，先后被国家旅游局批准为全国工业旅游示范点和全国旅游商品定点生产企业。企业商标"漆花"于2002年被评定为江苏省著名商标、江苏省名牌产品等，2011年被认定为中国驰名商标。2012年领衔制定了《漆器通用技术要求》国家标准，并获得颁布及实施。2017年由扬州漆器厂负责申请了扬州漆器地理标志集体商标。

自建厂60多年以来，先后有50多位国家领导人来厂视察。而"漆花"牌漆器也成为我国对外友好交往的重要国礼，有数十件精品被党和国家主要领导人作为国礼赠予国外元首，并有多件精品陈列在中南海紫光阁、人民大会堂、外交部、钓鱼台国宾馆和香港、澳门特别行政公署等重要场所。

目前，企业在职职工300余人，其中包含2名中国工艺美术大师，1名中国工美行业艺术大师，6名省工艺美术大师及省名人，市级工艺美术大师30余人。技术工人占职工总数的80%，拥有省级技术中心和省级企业研究生工作站各1个。产品主要以"漆花"牌漆艺家具、酒店用品、室内装饰品、旅游纪念品、礼品和高档收藏品等为主，共3 000多个品种，在市场上享有很高的知名度和美誉度。

扬州漆器种类繁多，其产品主要有各类屏风、挂屏、桌椅几凳、橱柜、瓶盘、茶具、文房四宝、烟具、碗盒和旅游纪念品等。工艺髹饰技法种类有雕漆嵌玉、纯雕漆、骨石镶嵌、平磨螺钿、点螺、刻漆、彩绘、雕填、磨漆画、彩漆平嵌等十大类。

点螺工艺即软螺钿镶嵌工艺。其中的"螺"指的是贝类材料，主要包含自然色彩的夜光螺、石决明、珍珠贝等高档材料。首先将螺钿制成很薄的软螺钿，片去贝壳内的珠光层，使之薄如蝉翼显出五光十色的色彩。然后根据不同需要用特制的工具切割成各种图案，考究的将色泽分开并按照图稿嵌植在漆坯上，后经过多道髹漆打磨等工艺，逐渐显出图案，形成色彩熠熠、光滑绚丽的效果。

雕漆即剔红，是扬州高档的漆艺品种。该工艺是在漆胎上髹涂近百上千层大漆，再依据图稿雕刻各种图案或锦纹。而雕漆嵌玉则是在此雕刻的锦文之上，选取翡翠、白玉、珊瑚、象牙等几十种高档材料雕刻成立体造型进行镶嵌。其产品构成华丽奇巧的画面，金碧辉煌而又永不变色。

平磨螺钿具有浓厚的扬州地方特色，与点螺工艺的不同之处在于软硬薄厚之分。该工艺选用的是珍珠贝、云母、石决明等材料外壳，经过磨制而成，刻成人物、花鸟、几何图案或文字，根据画面需要而镶嵌在器物表面。其产品具有光亮如镜、高雅素洁、黑白分明的特色。

刻漆工艺又称款彩或刻灰，是扬州漆器工艺重要的品种之一。在漆胎上先做成灰板，干后磨平，根据画面在漆底上深刻凹陷的花纹，再进行填色、贴金箔、撒螺屑等装饰手法，产品具有线条流畅、色彩匀称、富丽堂皇的艺术美感，多用于装饰壁画的制作。

骨石镶嵌又称百宝嵌，是明代扬州人周柱所创传统漆艺品种。以牛角、砗磲、青田石、寿山石等为原料，并将浮雕、圆雕、镂空等制作技法相结合。此类产品具有色彩丰富、立体感强、久不变色、自然生动的特点。

彩绘工艺是我国古老的特色漆器工艺品种。该工艺主要以漆作为颜料，依照稿件及工艺需求绘制在髹涂好的漆面上，其制作的产品具有工笔重彩画的艺术特色，气韵生动、色彩内敛。

磨漆画是以漆为颜料，将漆器中的工艺技法综合运用，经过不断的描绘与研磨最终制作出来的漆器产品。它选用各种玉、石、贝、漆、蛋壳等材料，精制成各种图案纹样，多种色彩的漆粉、螺钿屑等，采用彩绘、点植、镶嵌、洒屑、涂刷、磨抛等工艺手法，经过精湛技艺的制作，将画面中主要景物表现得活灵活现。它可反映油画、国画、水彩画、艺术彩照和各种装饰画面的特殊艺术效果。

扬州漆器髹饰技艺是由扬州地区漆器从业者创作的，以美化生活环境为目的，在日常生活中应用并流行的一种民间工艺。从漆器的实用性出发，使漆器重新服务于社会生活。扬州漆器并非是一种单纯的艺术创造，其创造是以满足人们的生活需要为目的，在其满足实用功能的同时，又具有审美与意义的优秀产品。

从鸦片战争开始，西方新文化传入中国，扬州漆器作为传统民间美术逐渐在人们的视线里消失。在习近平总书记的文化自信方针指引下，我们对于扬州漆器髹饰技艺的传承、发展、创新、研究在当今社会对于中国文化有着更深层的意义。

中国民间文艺家协会主席潘鲁生说过，传统工艺服务乡村振兴是一个系统工程，涉及保护、传承、创新、衍生等内容，关联政府、企业、工匠、教育、文化等问题。基于"手艺农村"的结论和认识，科学构建传统工艺服务乡村振兴的策略具有积极的现实意义。

振兴乡村的前提是文化振兴，在文化振兴中不仅是文化，与文化相关的其他产业都发挥重要作用，是推进乡村振兴的重要引擎。为推动漆器行业高质量发展，制定轻工行业职业技能标准对人才培养具有十分重要的作用。2023年7月27日，《漆器制作工》国家职业技能标准初审会在扬州召开。《漆器制作工》编写组和评审组专家以规范性、专业性、实用性为原则，对标准初稿逐条审定并根据评审专家们的建议，进一步完善《漆器制作工》技能标准。扬州漆器厂作为中华老字号非物质文化遗产传承保护单位，同时作为《漆器制作工》国家职业技能标准第一起草单位，始终致力于树立漆器行业标杆，引领漆器行业向前迈步。此次《漆器制作工》标准的制定，将为漆器行业培养造就一批具有高超技艺、精湛技能和工匠精神的高素质人才，稳步扩大行业人才队伍的规模，进一步推动漆器行业整体的繁荣和发展。

扬州市各县区大大小小数百家漆器工艺制品厂依托国家级非遗代表性项目扬州漆器髹饰技艺，带动当地人口解决工作生活等问题。扬州市政府、行业协会等单位在推动扬州漆器髹饰技艺保护、传承和发展的过程中，开展了扬州漆器髹饰技艺传承人培训工作，广泛吸纳群众尤其是乡村人口参加技艺培训。培训的学员或到各漆器生产企业就业，或在家承接工序订单，为当地乡村振兴作出积极贡献。

扬州486非遗集聚区借助高校、企业、电商平台、行业协会等多元社会力量，不断丰富"非遗工坊＋"的模式，为非遗项目、非遗传承人搭建了一个融入现代生活、体现时代价值、富有发展活力的平台，以传承支撑产业，以产业拉动就业，以就业促进发展，以发展收获幸福，为各地群众生活带来实实在在的可喜变化。

推动乡村百姓由体力型劳动转向技能型劳动是扬州漆器髹饰技艺带动就业发展、助力乡村振兴的积极贡献。通过努力把扬州漆器逐渐发展为汲取特色文化元素，积极适应现代市场需求，培育富有地域民族特色的义化产业。

文旅融合也是扬州漆器髹饰技艺可持续发展的优选。扬州漆器厂有限责任公司作为"旅游工厂"，对漆器生产进行可视化、全流水、体验式的展示。厂区所在的高新区产业园成为当地园区旅游的热门目的地。扬州漆器厂有限责任公司开发研学体验课程，接待全国游客和各地学生，并通过文化交流，助力中华优秀传统文化走出国门。

现如今的扬州漆艺主要是将扬州地方文化作为旅游纪念品的创作素材，创新产品包含挂件、台屏、漆砂砚以及家居用品等。工艺与材料是漆艺最基础的语言，新型产品最基本的切入点在于改变其工艺和材料，现代创新设计不仅是将漆艺技法综合运用，更是采用现代科学技术进行辅助，从而缩短生产周期，减少人工耗费。例如电脑激光雕刻机的引入及使用，其刻出的花纹清晰、快速且精准。同时也在尝试使用非传统材料，将现代雕塑所用的玻璃钢材料运用到旅游纪念品胎骨制作中，可以大规模成批量生产，减少了大量的成本与工时。

随着漆艺的不断创新与发展，设计师将现代的设计理念和手法融入漆艺家具中，使其更加符合现代人的审美。简约风在各种艺术风格中极其流行，与此同时新中式也成为目前室内设计的新潮流、新趋势。在当前流行趋势下，具有古典韵味的漆器家具大受欢迎。但体现中国传统文化并非将纯粹的元素堆砌起来，而是要在对传统文化认知的基础上，将现代化元素与其相结合才能行得通，把古典艺术同现代审美综合考虑来进行设计创作。例如在扬州漆器的设计创作中将写意、抽象等现代艺术手法巧妙地融入其中，使其更加符合现代人的审美。这样的创作不仅有传统韵味更具有现代产品风格，将古典中的吉祥寓意，用现代审美的时尚潮流来展现。

扬州漆器是扬州的无上瑰宝，我们要继承前辈的技艺与品格，不断为扬州漆器培养新的人才，注入新的血液，为扬州漆器髹饰技艺的传承做出最大的努力。

民间艺术与乡村振兴

乡村振兴与文化传承
——以农民画与乡村教育为例

郭世杰　河北北方学院艺术学院讲师
刘　明　新疆师范大学美术学院教授（本文通讯作者）
刘　洋　新疆师范大学体育学院副院长、教授（本文通讯作者）

一、乡村振兴与文化教育传承背景

全面建设社会主义现代化国家，实现中华民族伟大复兴，最艰巨最繁重的任务在农村，最广泛最深厚的基础依然在农村。[①] 党的十八大以来，习近平总书记就农村发展问题发表了系列重要讲话、作出系列重要批示，并在党的十九大报告中提出实施乡村振兴战略。2018年《中共中央 国务院关于实施乡村振兴战略的意见》颁布，对乡村建设发展作出全面系统的制度设计与政策安排，并强调全面推进乡村振兴重要举措之一是推动教育与乡村人才振兴、文化振兴深度融合。党的二十大报告中指出，"要全面推进乡村振兴，坚持农村优先发展，扎实推进乡村产业、人才、文化、生态、组织振兴"，"坚持创造性转化、创新性发展，以社会主义核心价值观为引领，传承中华优秀传统文化，满足人民日益增长的精神文化需求"。[②]

教育是提升乡村人力资本积累和促进乡村文化兴盛的基础，可以促动农民全面发展，优化乡村人才储备，繁荣乡村文化，实现个体目标和社会目标同步发展。分析探索乡村文化教育传承之于乡村振兴功能价值、机遇挑战、机制成效、实践路径契合了我国乡村振兴战略实施，对回应乡村社会发展，满足乡村精神文化需求和建设社会主义现代化和谐乡村及推进乡村振兴战略大有裨益。[③]

学界从教育视角对乡村振兴与文化传承的讨论主要从两个方面展开。一是教育服

---

① 新华社.中共中央 国务院关于全面推进乡村振兴加快农业农村现代化的意见[EB/OL].(2021-02-21)[2022-06-30].http://www.xinhuanet.com/2021-02/21/c_1127122068.htm.
② 习近平.高举中国特色社会主义伟大旗帜 为全面建设社会主义现代化国家而团结奋斗：在中国共产党第二十次全国代表大会上的报告[N].人民日报,2022-10-26(1).
③ 袁利平,姜嘉伟.关于教育服务乡村振兴战略的思考[J].武汉大学学报(哲学社会科学版),2021,74(1):159-169.

务乡村振兴研究,如乡村振兴与乡村教育发展①、职业教育服务乡村振兴②、农村教育现代化③、民族地区教育扶贫④等;二是乡村振兴与乡村文化关系研究,如乡村振兴与乡土文化传承⑤、文化发展与乡村文明建设⑥、中华优秀传统艺术与乡村振兴⑦、文化治理与乡村文化振兴⑧、乡村文化与乡村产业振兴⑨等。但却忽略了一个重要事实,即不同乡村文化教育在促进乡村振兴的形式和程度上可能存在显著差异。我们不应该笼统地说乡村教育对推进乡村振兴所具有的积极意义而忽略乡村文化自身发展的特殊性和持续性问题。本研究以农民画乡村教育为例,试图探讨如下问题:作为乡村文化,农民画的演变发展有何特殊性,与乡村发展关系如何?农民画表达了农民对美好生活的呈现和向往,农民借此实现了从审美接受者到绘画创作者的身份转变,这些诉求变化与乡村振兴之间的逻辑关系是什么,如何体现?从传统与现代二分角度看,农民画教育并非学历教育或职业教育,呈现了地方文化的独特乡土性样态,当面临现代化、城镇化挑战时,如何审视其传统与现代的辩证关系?面对社会转型,农民画成为乡村农民经济创收的途径,必然经历小农经济向市场经济的转型从而呈现新的特征,因此可以从农民画教育的经济维度找出乡村振兴的文化新质,从而获得乡村文化传承的多元意义价值。

在上述背景下,本文希冀通过农民画教育机制研究,厘清文化传承之于乡村振兴的内生逻辑,分析乡村文化教育传承所面临的机遇挑战,创新乡村教育推动乡村振兴的发展路径,从而引发新的问题空间,拓宽乡村文化社会功能,促进乡村振兴优质发展。

二、农民画教育传承演变与乡村在场

农民画是地域文化与民俗艺术相结合的产物,创作场域以乡村为主,创作主体通常是农民,内容以传统民间故事和乡村喜闻乐见的民俗生活场景为主,反映了乡民独

---

① 杜尚荣,刘芳. 乡村振兴战略下的乡村教育:内涵、逻辑与路径[J]. 现代教育管理,2019(9):57-62.
② 曾欢,朱德全. 新时代民族地区职业教育服务乡村人才振兴的逻辑向度[J]. 民族教育研究,2021,32(1):74-81.
③ 秦玉友. 乡村振兴视域下农村教育现代化自信危机与重建[J]. 教育研究,2021,42(6):138-148.
④ 陈立鹏,马挺,羌洲. 我国民族地区教育扶贫的主要模式、存在问题与对策建议:以内蒙古、广西为例[J]. 民族教育研究,2017(6):35-41.
⑤ 曲延春,宋格. 乡村振兴战略下的乡土文化传承论析[J]. 理论导刊,2019(12):110-115.
⑥ 刘明,郭世杰. 文化润疆与乡村文明建设[J]. 实事求是,2022(1):94-103.
⑦ 王廷信,李制. 乡村振兴战略与中华优秀传统艺术体系建构[J]. 民族艺术,2018(5):13-18.
⑧ 吴理财,解胜利. 文化治理视角下的乡村文化振兴:价值耦合与体系建构[J]. 华中农业大学学报(社会科学版),2019(1):16-23,162-163.
⑨ 陆益龙. 乡村文化的再发现[J]. 中国人民大学学报,2020,34(4):91-99.

特的审美情趣和文化价值观念。农民画发展脉络清晰，文化属性明确，在不同时代背景下反映着不同的社会文化需求，体现着不同面向的价值功能，其参与主体、动机动力、艺术风格、发展路径与制度政策、社会环境密不可分，呈现出多元性和变迁性特征。

（一）混合原生：多元动力的文化传承

20世纪50年代，江苏邳州、河北束鹿等地进行的社会主义教育和农村改造运动将农民壁画推向全国。20世纪60年代，陕西鄠邑区"三史"（社史、村史、家史）农民画美术活动期间，许多专业院校美术教师和学生被派驻此地，组织辅导农民画创作。上述时期农民画发展主要受到政府主导的文化艺术政策所规制。20世纪70年代末80年代初，上海金山农民画积极改变艺术观念，形成独具特色的艺术面貌，对农民画发展贡献巨大。其后，全国范围内形成"民间文化热"，涌现出一大批农民画绘画群体，其中不乏现代专业美术人才，农民画形式处理上也更加注重专业性的艺术效果。1987年，文化部举办全国农民画展"中国现代民间绘画展览"，1988年命名56个"中国现代民间绘画画乡"，至此农民画进入"中国现代民间绘画"阶段。[1] 与此同时，农民画借助改革开放市场推力，逐渐演变为一种新型文化旅游商品，获得较好经济效应。进入21世纪，人们的文化观念发生翻天覆地的变化，农民画呈现出多元开放的文化面貌，加之艺术市场对农民画的审美定位与农民不断追求生活现代化的现实需求，农民画创作不再遵循乡土原生性文化意涵，大众多元成为新的发展趋势。[2] 为美丽乡村建设及乡村振兴营造良好的社会文化氛围，推动乡村全面发展，成为农民画新的社会功能。近年来，随着全国农民画展览对农民画形式和参加主体进一步开放，不同职业、不同层次的美术人才投入农民画创作中，农民画大众化普及程度大大提升。

从本质上看，农民画源于农民社会生活的现实需要，反映了农民内心自由个性表达的审美心理，体现出农民对理想生活的向往追求，是地方人与自然、人文、社会空间事实的文化建构，具有整体性、人文性、特殊性文化特征。[3] 农民画教育通常没有明确的教育者和受教育者，教育场所、教育目标、教育形式、教育过程呈现出随机性、潜在性、自发性等特点，这种自由的非正式教育在农民画教育实践中长期居于主导地位，也是乡村文化传承的重要媒介。然而，中国农民画70多年的发展并非仅仅是源于乡村原生的自在自为，更多的是在政治制度、社会转型、市场引导、文化自觉、审美规律等多元动力混合推动下产生的结果。相同的是，农民画参与主体一直以农民为主，

---

[1] 张伟."农民画"渊源初探：兼谈农民画发展历程[J].南京艺术学院学报（美术与设计），2015(4)：167-170.
[2] 胡绍宗.中国现代农民画的原生性悖论：以黄州民间绘画三十年的创作为例[J].装饰，2015(11)：116-118.
[3] 郭世杰，刘明.民间美术教育人类学研究：以蔚县剪纸为例[J].民族教育研究，2021,32(6)：137-145.

他们平时以农民身份务农,在业余时间进行农民画创作,具有审美接受者和绘画创作者的双重身份。随着时代发展,务农逐渐退居二线,专业农民画家成为其新的身份标签,农民画创作目标开始从单向精神追求到物质精神双向满足,参与主体及传承方式也时移势迁,从小众单一向大众多元转向。

(二)转型发展:多元形式的文化传承

现代化使社会急速转型,乡村社会生活日新月异,农民文化观念和现实需求也发生很大变化。如安东尼·吉登斯(Anthony Giddens)所说:"现代性从根本上改变了我们的日常生活,人们的文化观念越来越容易受到外界的干扰。"① 在此背景下,农民画传承呈现出新特征。

家庭代际教育是农民画传承的主要形式,一般限于血缘近亲子嗣。传承形式分为言传、身传和物传三种,既有创作中的直观模仿和手把手的实践教学,也有模仿农民画谱的自主学习,强调学习与生活相结合,注重寓教于乐。农民画原料采购、艺术创作、市场销售由家庭成员共同完成,创作分工没有明确要求。教育内容除了农民画制作技艺外,还有民间故事传诵和作品展销等方面知识。教育机制较为稳定,具有单一重复特征。简言之,农民画家庭教育是通过自我复制达到历史性延续的艺术教育,表现为生产生活知识技能和家庭文化观念的延续传承。

随着国家相继出台"社会主义新农村建设""非物质文化遗产保护""全面复兴传统文化""振兴传统工艺""精准扶贫"等政策,家庭教育传承无法满足社会文化供给需求,政府文化部门开始积极介入农民画教育,制度组织教育传承渐成主流。很多地区纷纷创办农民画艺术中心、农民画协会、农民画培训会、农民书画院等专业教育机构,对当地农民画传承发展起到重要作用。如新疆哈密多次举办农民画培训班,山东日照成立农民画协会并设立农民画开发研究中心,广东龙门定期举办农民画协会骨干培训班和寒暑假农民画公益培训班等。与以家庭为中心的非正式农民画教育相比,此一类型农民画教育往往依托政府支持,有计划、有组织、有目标、有固定教育场所、有稳定教育者和受教育者,具有条件可靠、目标明确、组织规范、内容系统、成效显著等优势。

学校教育具有集中、系统进行民族传统文化传承的优势功能,对提升民族个体对本民族文化传统认知具有决定作用。② 进入 21 世纪,学校教育逐渐成为农民画传承的积极力量。一是相关学术机构和学者积极参与农民画研究。如由陕西省文化厅、中国艺术研究院美术研究所主编《中国现代民间绘画(农民画)研究》,中国农民画馆著《中国农民画》,张力军等主编《中国农民艺术》,郑土有等主编《中国农民画考察》

---

① 安东尼·吉登斯.现代性的后果[M].田禾,译.南京:译林出版社,2011:4.
② 钟志勇.学校教育视野中的民族传统文化传承[J].民族教育研究,2008(1):109-112.

等，为农民画教育提供丰富翔实的课程资源。二是基础美术教育农民画教学快速发展。广东龙门、上海金山、贵州水城、广西三江、江西永丰、吉林东丰等地区积极开发本土农民画课程，培养学生传统文化意识，重拾乡村归属感，实现乡土文化传承。三是高等院校等研究单位对农民画进行了广泛深入研究。截至2022年10月20日，知网收录的与农民画相关的硕博论文共有321篇，其中博士论文17篇，硕士论文304篇；2015年由中国文学艺术界联合会和中国民间文艺家协会等单位联合主办的"'中国精神·中国梦'城镇化与农民画发展路径"全国学术研讨会，2016年由华东师大博物馆、社会发展学院等举办的"农民画与文化景观——农民画教研成果展""2018秀洲·中国农民画理论研讨会"等学术研究活动，为农民画传承提供了重要的学术支撑和丰富的实践方法。

此外，现代化快速发展促使不同类型的农民画展览成为日常。这些展览面向社会大众，汇聚不同地域、民族、类型、内容、风格的农民画作品，囊括了创作主题、技艺表现、工具材料等与农民画相关的知识信息，是人们了解学习农民画的重要窗口。农民画展览通常分为三个类别：地方级、国家级和国际性交流展览。如2014年哈密新疆农民画比赛、2019年庆城"甘肃首届农民画作品展览"等地域性展览，2000年日照"全国农民画精品展"、2010年"首届中国农民艺术节中国农民画精品展"、2015年吉林东丰"中国东丰·农民画艺术节暨全国农民画展览"、2019年江西万安"壮丽70年·阔步新时代"全国农民画创作展、2021年"幸福小康美好生活"全国农民画作品展等国家级展览。全球化语境下，中国农民画走出国门已成常态，东丰、鄠邑区、金山、日照、三江、秀洲、阿瓦提、麦盖提等地农民画纷纷走出国门，到世界其他国家或地区举办展览，参与国际相关文化活动，为促进农民画传播发展作出积极贡献。

（三）继承创新：多元挑战的文化传承

自20世纪80年代以来，因城市化进程而造成的乡村传统文化的衰落，是当代乡村危机的重要表征之一。[1] 乡村人口大量流出，乡村传统社会结构逐渐解体，文化传承出现断层，乡村教育失去了家庭、社会和乡村的支撑，乡村文化陷入传承困境。[2] 并且，现代社会文化观念的快速转变也导致传统农民画单一性、静态性、通俗性的教育模式很难适应现代社会的文化需求。迫于生存压力，一些地域农民画跟随市场经济艰难转型，积极开发文旅产业寻求出路。但是这条道路却充满挑战，内源与外源的文化脱嵌是其面临的主要问题。如农民画教育与乡村社会环境、制度政策、经济发展等方面的外源性"脱嵌"，表现为乡村治理体系不健全、基础设施不完善、产业配套不及时、人力资源不集中、农民画产品不丰富、市场开发层次低、文旅产品开发慢等问题。

---

[1] 张士闪.乡土传统与城镇化·主持人语[J].民俗研究,2014(1):5.
[2] 周兴国.乡村教育的现代化困境与出路[J].教育研究与实验,2018(4):1-6.

内源性问题体现在乡村文化教育自身的育人观念、内容设计、具体形式、主要方法、评价机制等要素间的"脱嵌",① 导致农民画教育观念、教育制度、教育举措、教育队伍等机制方面出现关联性问题。此外,传统村落文化生态破坏、传统地方文化元素缺失、过度商业化、创作观念落后等问题也有待解决。② 因此,农民画教育传承演变凸显出乡村与乡村、城镇、民族、国家、国际等之间的空间与情感互动关系,但农民画的发展根脉一直在乡村,当面临着来自多方面的生存挑战时,继承创新成为当前农民画发展的必然选择。可喜的是,随着乡村振兴战略深度推进,农民画教育在新时代又展现出新的生命活力。

三、农民画教育传承在乡村建设中的价值意义

党和国家高度重视文化对乡村发展的重要意义,强调文化传承是乡村建设的基础保障。因此,发展农民画教育既是对乡村文化发展相对滞后的积极应对,也是满足农民美好生活需求、实现城乡文化供给平衡的重要举措,更是推动乡村社会和谐稳定、全面发展的重要路径。

(一)优化乡村文化发展生态

党的十九大报告明确指出,我国社会主要矛盾是人民日益增长的美好生活需要和不平衡不充分的发展之间的矛盾。教育传承是乡村文化发展的生命机制,对改善乡村社会文化环境,优化乡村人力资源配置,增强乡民获得感、幸福感和安全感具有特殊意义,既可以有效破解乡村文化因现代化与城镇化发展导致分层化、差异化和碎片化的问题,又可以改善乡村文化功利性、滞后性和单一性的发展生态。

从教育功能看,农民画教育具有塑造思想观念、传递知识、提升素质的文化价值。一是实现教育与社会、传统与现代、人与人、人与自身关系的和谐互融,提升乡村社会文化发展的内在整体性。换言之,农民画教育在一定程度上可以缓解乡村文化传承的现代化压力,调适因社会转型发展产生的复杂化、边缘化乡村文化发展关系,进而为乡村现代化建设预留文化承压空间,保持传统乡土文化赓续发展。二是农民画源于乡民社会生活实践,蕴涵着人、自然和社会和谐共生的生存智慧,以及淳朴、真诚、厚道的文化品格,构成了乡土社会的心理状态和情感基础,可以强化人们的文化心理认同和凝聚力,成为构建和谐乡村、树立文明乡风、提升人民群众生活质量的重要路径。三是丰富乡村民众精神文化生活,满足乡民实现自我全面发展的文化需求,为乡村创建积极向上、与时代并行的价值观氛围,避免农民价值观陷入错位与迷失的文化困境。四是农民画艺术中心、农民书画院、农民画培训、农民画展等的建设可以有效缓解

---

① 赵艳龙.基于嵌入性理论的乡村农民精神文化教育研究[D].重庆:西南大学,2014.
② 潘鲁生,刘燕.城镇化进程中农民画的发展路径[J].美术研究,2016(5):123-128.

城乡文化资源供给失衡问题,完善乡村文化体系和基础设施建设,提升乡村文化发展水平。

（二）巩固拓展脱贫攻坚成果

当前,农民画作为乡村现代文化产业的一个分支而被广泛关注。虽然相对于主流艺术文化产业发展较晚,规模较小,但在市场经济不断深化、农民画大众化转型背景下,其社会经济价值仍然具有很大的开发潜力。从麦盖提、巨野、水城、鄠邑区、日照、万安、金山等地相关调研结果来看,农民画文化产业在当地政府大力支持推广下,规模逐步扩大,经验日渐成熟,成为当地农民画家的重要谋生手段。如新疆麦盖提县刀郎画乡的农民画家团队有300余人,绘画爱好者有800余人。一幅好的农民画,大概可以卖2000元左右,农民画家每年的收入大概在4万元到5万元。① 贵州水城县通过实施农民画扶贫政策达到年人均收入增长率26.6%,使扶贫项目覆盖的村民小组平均年脱贫率和累计脱贫率额外提高7.69%和13.82%。② 青州市农民画从业者有3万人,产业年销售额3亿元,农民画家个人增收效果显著。③

由上可知,农民画教育可以强化农民画与市场经济内在联系,通过扩大生产规模,提升作品质量,使农民画发展为特色产业,实现小农经济向市场经济的质性转变,在巩固乡村脱贫攻坚成果上贡献力量。现在,学习和从事农民画的人越来越多,如东丰农民画创作队伍已经达到5.2万余人。④ 嘉兴市秀洲区农民画创作实现了参与主体多元化,许多中小学美术教师、公务员、事业单位人员等参与其中,⑤ 为增强乡村内生发展动力,建构特色文化产业链打下坚实基础。

（三）推动农村现代转型发展

"全面推进乡村振兴,加快推进农村现代化,让老乡们生活越来越红火"⑥ 是习近平总书记2022年在陕西延安和河南安阳考察时重点强调的。农民画教育对更新乡民知识结构、培育新型职业农民、创造乡村现代文化氛围、推动乡村现代化转型具有积极意义。现在很多农民画乡开始借用现代信息技术手段打造农民画"互联网+"模式,开辟农民画新媒体阵地,推进农民画创作当代化、农民画产业信息化、农民画人才多元化,对开阔农民视野,加快个体知识、技术和素质更新发展,促进农民画教育现代化转型具有重要作用。乡村现代化是人的现代化,以农民画为桥梁,缩小城乡群众素

---

① 【文化润疆】刀郎农民画"画"出农民新生活[EB/OL].（2021-10-10）[2022-06-30]. http://www.mgt.gov.cn//mgtx/c107743/202110/18745a8af0564500b74026622aa52b8b.shtml.
② 李艳琼.贵州省水城县特色文化产业政策扶贫效果评估[D].武汉:华中师范大学,2019.
③ 张明芳,徐旭,姚建.一张画一亩田,农忙种地农闲挣钱[N].中国妇女报,2020-08-17(1).
④ 王皓.东丰农民画:艺术奇葩正芳菲[N].吉林日报,2021-08-17(5).
⑤ 翟群.乡村振兴路上农民画如何绽放异彩[N].中国文化报,2021-08-15(1).
⑥ 全面推进乡村振兴为实现农业农村现代化而不懈奋斗[N].人民日报,2022-10-29(1).

质教育差距，激发农民文化潜能优势，为积累乡村人力资本现代化转换，是农民画教育的特别价值。

农民画教育以中华优秀传统文化、党和国家的方针政策、社会主义核心价值观和乡村美好生活等为主要内容，利于实现中华优秀传统文化与中国特色社会主义先进文化体系有机融合，创造乡村现代文化氛围，引导农民了解党和国家发展方针政策，把农民团结起来、凝聚起来、组织起来、行动起来，使其与国家现代化发展步调保持一致，实现城乡文明一体发展。另外，还可以依托传统文化资源充分发挥现代文化产业优势，推动乡村文化创新驱动和产教一体，依靠特色文化经济带动乡村现代化转型。

（四）践行乡村传统文化自信

习近平总书记在党的二十大报告中重点强调，要传承中华优秀传统文化，推进文化自信自强。乡土文化是涵养乡民精神家园的本原。城镇化快速发展给传统乡村社会带来极大震动，导致乡村社会原有文化系统难以应对普遍的现代性危机，出现乡村生活外倾、文化传承断裂甚至消失的问题。所以，我们要坚定文化自信，特别是深刻体认乡土文化的传统价值与当代意义，推进乡土文化与政治、经济、社会、农民之间的紧密关系，调配好现代社会裂变造成的"文化失调"问题，从而建构出活态、完善、有机的乡土文化系统。

农民画是乡村社会保持乡土本色的文化媒介，承载着乡村生活的美好记忆，为人与自然、社会和谐相处及乡民自我身心健康发展提供价值引导和实践方法。农民画教育可以从精神情感方面留住村民，抑制乡村生活外倾，复活乡土文化，提升文化自信，为乡村社会全面发展提供文化支撑。① 故此，乡村振兴语境下的农民画教育不只是对知识技能的学习，更重要的是将乡村地方性知识与现代社会实践情境相融合，既能反映乡村生活地方特色与文化魅力，夯实乡村文化根基，又能提升现代性语境下乡土文化的社会性功能价值。例如在2022年北京冬季奥运会期间，全国各地农民画家积极进行冬奥会主题性美术创作，将地方传统体育文化与当代冬奥体育文化相联系，使中华文化与冰雪元素交相辉映，体现了自然之美、人文之美、运动之美，诠释了新时代中国可信、可爱、可敬的形象，在全球视野中展现中华文化自信，加强中华优秀传统文化传承。从这方面看，农民画在弘扬中华优秀传统文化、塑造国家形象、构建乡村美好生活上具有践行乡村教育文化自觉与文化自信的现实意义。

（五）创建城乡共有精神家园

艺术，是精神文化的创造行为，有助于文化事项和行动意义的理解。② 农民画可以激发现代人的乡土情怀和对世界本体的认知，赋予人以伦理价值和生命审美力量。对

---

① 索晓霞.乡村振兴战略下的乡土文化价值再认识[J].贵州社会科学,2018(1):4-10.
② 郭世杰.艺术人类学视角下的水彩创作探索[J].美术观察,2020(12):138-139.

广大农民而言，农民画教育意义在于将个体生命沉浸到乡土本原文化情境中，感受乡土文化的厚重历史、宽阔空间和饱满精神，从而塑造农民积极美好的价值观念和行为习惯，推动乡村精神家园构建。对于远离乡村的都市群体而言，生活普遍面临因现代城市快速发展而产生的巨大精神压力。农民画以乡愁为精神旨归的文化形式为都市人群生活理想和文化情怀的追寻提供情感抒发方式，成为他们精神回归的心灵承载。因此，农民画教育有利于创建以乡愁为核心的城乡共有精神家园。

乡村文化振兴，需要创造审美文化环境，农民只有充分发现乡村生活的美好一面，才能让乡村群众真正回归乡村、反哺乡村、发展乡村。一方面，快速流动的现代社会使人们很容易沉浸在与自然脱节、人际关系疏离的快餐式生活语境中，很难获得文化理想的心灵原乡。农民画描绘的乡村生活、田园景观及其所呈现的生活意义反映了乡民质朴醇厚、通达乐观、趣味无穷的生活态度，可以转化为文化记忆、身份认同和心理愿景的意义载体。另一方面，随着城乡互融，现代性社会对审美标准普遍提高，依托农民画借鉴吸收现代审美文化，促进审美观念的传统与现代融合对满足农民保持时代审美新鲜感，增强乡民获得感和幸福感，推动城乡精神文化和谐发展将起到促进作用。

四、农民画教育传承路径选择

乡土艺术参与乡村建设所面临的根本问题，是缝补因近代社会裂变造成的"文化失调"与其波及的社会整体性失能问题，即如何围绕传统价值观念和审美特性，实现城乡整体和谐。① 要充分发挥乡村振兴战略制度政策优势和乡村文化传承社会功能，加强制度保障、人才培育、市场推进，通过整合社会资源，推动城乡在文化理念、生活方式方面互动互融，消除城乡文化失衡，实现城乡统筹发展。

（一）加强制度保障，奠定持续发展基础

乡村组织是确保党和国家路线方针政策以及决策部署贯彻落实的重要抓手，是乡村振兴战略的重要组织者与实施者。② 随着政府积极介入，制度组织对农民画教育发展愈发重要。要不断优化领导机制、组织机制，加强基层党组织凝聚力和战斗力，促进公共资源向乡村倾斜，大力发展农民画教育。健全农民画职业技能培训制度，做好顶层制度设计，制定合理发展规划，提升乡村公共服务水平，分层分类破解乡村农民画传承发展难题；要加强基础设施建设，如文化产业园、农民画院、农民画展厅、农民画培训中心、农民画体验中心等，并借此举办农民画培训和农民画展，加强农民画交流学习，实现农民画教育持续发展。同时要创新教育模式，健全协同发展机制，引导

---

① 张颖.中国艺术乡建二十年：本土化问题与方法论困境[J].民族艺术,2021(5):15-25.
② 陈亮,陈章,沈军.组织振兴：职业教育的"应为"与"何为"[J].民族教育研究,2020,31(3):31-34.

多元主体参与，积极培育、发展社会性农民画组织，运用学校和社会美术培训资源，丰富农民画教育路径，将农民画教育作为社会共同参与的文化事项，实现政府引导、社会调节、农民自觉的有效发展体系。

要加大政策支持，以宣传引导、政策激励方式吸引城乡社会力量持续关注农民画教育。农民画也要充分利用自身优势，积极宣传政府相应制度政策，配合国家时政发展需求实现政府与农民画优势互补。此外，差异视角对研究教育具有重要作用，要尊重乡土文化的差异性，重视文化背后的社会条件，① 调动和强化乡村发展主体竞争意识，挖掘内生动力，提高质量与效率，鼓励勤劳致富，积极参与市场开发，不断提高农民画社会影响力。但也应避免过度开发，要遵循其生存、发展规律，避免过度依赖政府，要增强农民画教育发展主动性。一言以蔽之，要坚持政府组织推动引导、专业美术工作者精英力量参与辅导和农民画家自觉创造"三种力量"共同发展。②

（二）更新文化观念，优化人才培育机制

乡村振兴发展水平在于"人"的价值潜力实现程度。农民画教育实现了农民从审美接受者到绘画创作者的身份转变。所以，要将提高农民素质、实现人的全面发展作为根本出发点和落脚点，不断更新教育理念，学习先进技术，优化乡村教育方式，提高农民对农民画教育过程中新理念、新技术和新方法的学习能力和应用能力，打造现代化新型职业农民，推进学习型社会建设。

受传统思想文化观念偏差影响，大量乡村外出人才不愿返回家乡，而城市人才不愿进入乡村，形成乡村人才引不进、留不住的社会现象。所以，乡村教育既要扩大"增量"，也要盘活"存量"，坚持培育本土人才和引进外部人才相统一。③ 一是要更新人才培养理念、目标、方式和内容，完善人才培育体系、制度、机制和平台，扩大农民画群体社会文化资本，增强农民自我发展能力，实现人的综合发展。二是要不断整合社会资源，创造农民画教育发展良好环境，加大政策支持、加强资金保障、提升服务水平，吸引外部人才加入，实现人才"造血"与"输血"相统一。由于农民画是跨地区、跨民族的民间艺术，因此，要加强不同民族间文化的共享与互动，使乡村接触更为宽广的外部世界，在促进民族间交往交流交融的基础上，促进民族团结、铸牢中华民族共同体意识。④

（三）发展文化产业，加强教育就业保障

产业振兴是推动乡村文化振兴、人才振兴的枢纽和基石。农民画教育有利于将乡

---

① 巴战龙.学校教育文化选择研究的根本论题和基本视角[J].全球教育展望,2018,47(1):106-114.
② 郑土有.三种力量的互动：中国农民画艺术的生成机制[J].民间文化论坛,2014(1):80-88.
③ 林克松,袁德梽.人才振兴：职业教育"1+N"融合行动模式探索[J].民族教育研究,2020,31(3):16
④ 苏发祥,王亚涛.论甘肃藏区各民族间交往交流交融的现状及其特点[J].中国藏学,2020(2):17-27.

村地域特色文化资源转变为资产资本，发挥市场机制效应，释放经济潜力，加强乡民就业保障。受传统城乡二元经济结构及现代化与城镇化冲击影响，乡村社会经济供需矛盾无法有效解决，导致乡村发展动力不足。农民画教育推动产教从"脱嵌"走向"互嵌"，从浅层互动走向深度融合，促进产业振兴，实现教育与乡村社会共生共赢。①通过政府、企业、高校、农民整合联手，将农民画融入互联网、文创、文旅等行业，打造出"农民画＋"新兴业态，发展农民画特色文化产业，推动产业和就业帮扶，调动地区农民积极性，从而提升乡村群众就业水平，增加民生福祉，提高乡民生活品质。

尽管很多地区农民画文化产业发展势头良好，成为农民画家经济收入的主要来源，并能有效带动乡村经济发展。但从全国农民画产业发展状况来看，农民画文化产业普遍存在开发不足、产业链完整性与互补性欠缺、集群优势和规模效应有待加强等问题，能够实现较好发展的案例相对较少，而且与乡村其他产业相比，仍处于弱势地位。可见，农民画产业发展并非一帆风顺。有学者认为，将农民画作为公共艺术和新风俗画可能是其未来发展价值的意义所在，一是回应大时代期许，为所有人共享、为所有人服务；二是满足都市化进程中普通国民挥之不去的乡愁。② 如此可以最大限度地扩大农民画受众人群，带动农民画产业发展，进而提高乡民就业保障。

（四）释放文化潜力，促进文化创新发展

农民画教育离不开创新。要坚持制度创新、方法创新、技术创新、理念创新、内容创新、产业创新，在创新中成长，在创新中突破。一是结合不同地域、不同民族、不同形式进行针对性的规划创新，积极吸收利用新的创作理念，丰富创作内容，探索创作方法，深化创作主题，提升创作水平。二是创新教育模式，坚持政府主导、社会参与、农民自觉的培育模式，在政府主导下多渠道、多层次、多路径开展农民画教育培训，优化教育培育体系。三是要坚持传统与现代创新并重，既要回归自然、回归乡土、扎根生活，从传统文化中寻求发展突破点，又要呈现现代社会文化特征，加快农民画教育理念现代化转变，推进现代信息化融合，包括开发文化创意产品，实现互联网新媒体展示销售等，将现代创意元素融入乡村特色文化，实现传统文化传承弘扬与现代社会转型同步发展。四是要拓展文化意义空间，尤其是探索农民画作为视觉形象符号在讲好中国故事、传播中国声音、塑造国家形象、增强国家软实力方面的重要作用。如北京冬奥会期间，各地农民画家借用大众亲民的艺术形式，有效增强了冰雪文化的普及性和传播性，推动我国体育文化事业的发展，还为当前农民画发展提供了新的有益思考，从而为乡村振兴提供更多具有文化属性的理论框架与实践理论。

---

① 徐小容,李炯光,苟淋.产业振兴:职业教育与乡村产业的融合机理及旨归[J].民族教育研究,2020,31(3):11-15.
② 周星.中国农民画的发展趋向与新的可能性[J].东方论坛,2021(1):1-15,165.

五、乡村振兴与文化传承探索

作为乡村振兴战略的重要支点,文化传承价值体现在乡村人才振兴、文化振兴与乡村全面性、系统性发展的整体建构。通过对农民画教育讨论,将其置于社会发展情境,从时代背景、演变过程、形式特征、价值意义和实践路径等多个维度梳理审视乡村文化教育服务乡村振兴过程中存在的问题和呈现的特征,探究深层原因,解除发展局限与阻碍,强化乡村文化系统间的交互关系,并初步构建起文化传承促进乡村振兴的框架机制。可以说,文化教育传承是推进乡村发展的重要举措,在体现传统乡土文化外显的发展特点的同时,也呈现出现代化语境下的内在价值逻辑。问题在于如何才能有效地维护和促进乡村文化教育发展,从而保障乡村振兴发展的持续性和有效性。这个问题涉及诸多因素,其中特别需注重这样几个基础方面。

第一,把握文化传承传统与现代关系。文化生成与发展并非间断式,限于时代发展和社会转型需要,文化在社会演进中的动力机制、表现特征、功能价值也会发生变迁。作为乡村振兴的有效路径,乡村文化教育需要对传统与现代进行辩证思考,积极灵活转变文化观念,不断调试文化身份,既要保留和弘扬中华优秀传统文化,保持乡村文化原生性和乡土性,尊重自身传统和特质,也要紧跟时代发展步伐,融通城乡各自文化优势,因时而异、因事而异,实现传统与现代统筹发展。

第二,文化具有整体性特征,是由各要素、形态和关系构成的统一整体,加之乡村振兴的系统性和持续性,需要整体把握文化传承与乡村振兴的关联机制、结构需求、类型特征和模式路径,协调好个体与社会、乡村与城市、地方与国家、政治与经济的发展关系。把乡村教育蕴含的政治、经济、人力、技术、信息、思想、情感等资源优势进行集聚融合,确保文化系统各部分均衡发展,实现乡村全面、均衡、高质量、可持续发展。

第三,注重发展过程,创新研究路径。要以满足人民日益增长的美好生活需要为目标,重视乡村教育的实践过程。乡村振兴作为较为成熟的学术议题,自提出至今,被众多领域专家学者所热议。如何锻造新的学术议题,成为保持乡村振兴持久之功的基本要求。要坚持立足新发展阶段、贯彻新发展理念,结合不同地域、不同民族、不同文化特征,从不同角度对乡村振兴进行开放的学理讨论,揭发现代化语境下乡村振兴与文化传承内外各要素之间相互作用的功能机制,特别是依靠优秀传统文化实现提升全球化语境下的国家形象及文化软实力的文化效应,以此拓展传统文化更为丰富的意义空间,在乡村文化资源现代价值转化过程中寻找乡村振兴的新路径。

总之,我们只有深刻体认到乡村文化具有的价值优势与重要意义,厘清文化传承中错综复杂的关系链,不断完善系统耦合机制的构建,才会在乡村振兴战略实施过程中彰显乡村文化意义,同时促进乡村文化系统的优质发展。

礼俗仪式音乐在乡村振兴中的价值及意义
——以乌江流域仡佬族民间吹打乐为例

李 杰 贵州财经大学艺术学院副教授

乌江流域的礼俗仪式音乐类型多样，有吹打乐、板凳戏、高台舞狮、哭嫁歌、陪嫁歌、哭丧、吊孝、打道琴等。礼俗是每个民族都有的，礼俗是礼的实施。礼乐的积极方面至今仍在延续，这是音乐社会功用的体现。乡村振兴战略的实施、乡风文明的建设，离不开礼俗仪式音乐的参与。乌江流域的礼俗仪式音乐中，吹打乐在各种礼俗仪式活动中仍随处可见，是礼俗仪式音乐中运用最广的一类。文章以乌江流域仡佬族民间吹打乐为个案，探讨如何在乡村振兴战略下，既能发挥其在乡村振兴战略中的功能与意义，同时又为自身的保护与传承找寻路径。

一、作为乌江流域礼俗仪式音乐代表的仡佬族吹打乐

随着非物质文化遗产保护政策在各地的实施，仡佬族吹打乐队的身份认同也悄然在转变。2013年2月15日，在务川仡佬族苗族自治县举办了首届民间吹打比赛，来自全县各乡镇的15支表演队在以"美丽务川·幸福仡佬"为主题的活动中展开角逐，其中泥高乡吹打队以一曲《满堂红》摘得了本次比赛的特等奖。泥高吹打乐队的琴师申修栋、镇南镇的谢启坤、红丝乡的高明和涐水镇的冯昌军获得"优秀艺人"荣誉称号。2013年4月5日，借第二届遵义旅游大会的东风，在务川龙潭仡佬族民族村举行了中国·贵州（务川）仡佬族吹打乐大赛。比赛由务川的4支代表队、道真2支代表队，还有来自德江、正安、金沙、遵义、石阡、沿河、仁怀和重庆彭水等各县的共14支代表队参加，还特邀广西隆林八音坐唱队助演。参赛乐队几乎囊括了仡佬族地区最优秀的队伍。此次的评委由从事专业音乐创作的音乐家和地方文化部门的工作人员组成，评比既具专业水准也符合民间评判标准，泥高吹打乐队在更高的舞台上一举夺魁。此次举办的迄今唯一的仡佬族吹打乐比赛，是仡佬族吹打乐作为乡村特色文化的呈现，是对其存在价值的肯定，亦能窥见仡佬族吹打乐在乌江流域的受众度。

从下表各代表队的乐器组成可以看出，最具代表性的仡佬族吹打乐属器乐合奏，在一些场合加上戏曲和说唱、吟诵的综合表演，乐队有唢呐和打击乐器大锣、钩锣、马锣、鼓、钹、铰等，辅以自制的号等乐器组成。仡佬族人根据乐曲的演奏方式称仡佬族吹打乐为"吹打"。一支吹打乐队常由5—8人演奏，最常见是8人演奏，但可以根据需要适当增减演奏人数。按照演奏方式，仡佬族吹打乐有"坐乐"和"行乐"两

种。按照应用场合，仡佬族吹打乐有民俗吹打和宗教吹打两类。按照唢呐大小的不同，又可将吹打乐分为三种：第一种名为一大一小或一大一细，由一支高音唢呐（小）和一支低音唢呐（大）组成；第二种称为二堂，由两支低音唢呐（大）组成；第三种称三堂，由两支中音唢呐组成。在这三种吹打乐中，最具代表性的是一大一小，也是仡佬族地区流传最广的一类。

仡佬族吹打乐队情况表

代表队	表演形式	乐队人数	乐器、道具
沿河土家族代表队	吹打	6	唢呐一大一小、木盆鼓、钹、马锣、钩锣
德江代表队	傩戏	7	唢呐2支；鼓、大锣、钹各1件；另2人头戴傩面具手持道具
务川砚山代表队	吹打	6	唢呐一大一小、鼓、大锣、马锣、钹
务川都濡镇代表队	吹打	6	大锣、鼓、钹、苏铰、钩锣、马锣、无唢呐
务川镇南代表队	吹打	10	唢呐一大一小各2支、大锣、鼓、钹、苏铰、钩锣、马锣
务川泥高代表队	吹打（唱、奏、演）	16	大号（自制）2支，唢呐一大一小各2支，大锣、大鼓、鼓、钹、唢呐各1，钩锣、马锣、苏铰各2
石阡仡佬族代表队	傩戏	12	4支高音唢呐，2支长号，鼓、苏铰各1
道真仡佬族苗族代表队	打闹歌（唱奏）	6	鼓、大锣、钹各2，铙、钩锣、马锣由1人分别演奏
道真旧城代表队	吹打	6	唢呐一大一小、脚盆鼓、大锣、钹、马锣
正安仡佬族代表队	吹打	7	三堂2支，大锣、鼓、钹、苏铰、钩锣各1
遵义平正仡佬族代表队	吹打	5	小唢呐2支，大鼓、锣、钹
彭水县仡佬族代表队	吹打（说唱、奏）	5	小唢呐2支，小号1支，加入1头牛即兴表演，极为滑稽
仁怀市代表队	吹打	7	3支唢呐，芦笙，钹、锣、鼓1人，马锣、钩锣
金沙代表队	婚嫁习俗表演	11	乐器表演4人：2支唢呐，1鼓、1钹；另7人情景表演

仡佬族吹打乐的节奏节拍是以四拍子为节奏动力，打击乐器组的六件乐器，并没有严格的节奏型要求，是在四拍子的节奏动力中采用如以四分音符为一拍的附点、切分、前八后十六、前十六后八、四十六分音符、二八音符、强拍休止、弱拍休止等节

奏型和乐师根据个人技巧展示的不规则节奏型即兴配合，变化多样，节奏的错位造成多声层音效，同时与唢呐的旋律声部层紧密结合，产生出极具地域、民族特色的音响面貌。钩锣、铰、钹乐器常为一拍一打，鼓、马锣、锣的节奏相对较丰富。在曲式结构上以单乐段为主，每一个曲牌的演奏常反复三次。

具有仡佬族特性的一大一小编制，两支唢呐中大唢呐是bE调，调式音级从低到高依次是bb、c1、d1、be1、f1、g1、ba1、bb1。小唢呐是bA调，调式音级从低到高依次是be1、f1、g1、ba1、bb1、c2、bd2、be2。两支唢呐的音高均可高八度演奏，主音音高形成纯四度，正好是调式中主与属或主与下属的近关系调，两支唢呐的音级中就只有一个音有区别，这就是仡佬族乐师常说的"吹6个音还是5个音"的问题。从两支唢呐的音高、调性关系可以得知，仡佬族民间吹打乐的正字曲牌以五声调式和六声调式为主。

据不完全统计，仡佬族吹打乐的传统曲牌有500余个，因演奏的方式和演奏的技术难度不同，仡佬族乐师们将吹打乐曲牌分成了正字、黄字、繁字（撇字）三类，每一类曲牌又有反字曲牌相配。正字和反字的关系是因调性的不同而产生的，如以小唢呐为正字吹奏某一曲牌，换成大唢呐吹奏同一曲牌时，在指法和调高上均发生了变化，所以大唢呐演奏的曲牌就称为反字。正字、反字演奏时吹六个孔，黄字、繁字演奏时吹七个孔。每个曲牌演奏中，两支唢呐你主我次、我主你次，互换声调，变换指法，相得益彰。在正字和反字曲牌中，两支唢呐演奏的是同度或八度音的重奏。黄字曲牌或繁字曲牌则是以任意一种唢呐主奏，另一种唢呐即兴跟奏，形成支声性的两个声部，仡佬族人称为"kang"，音响是否动听，就看乐师会不会"kang"。

仡佬族吹打乐没有被人熟知的记谱法，但以"嘀""啰""咚""啷"（根据方言音译）四个字的发音唱曲牌的音高，配合对应的指法传授吹打乐的正字和反字曲牌的方式，在多年的传承中也较为实用，一些不识字的乐师则只能凭记忆口头传授。而对于黄字曲牌和繁字曲牌，学徒在唱会唱字的同时，模仿乐师的演奏，并感悟音响的韵味，特有的风格特征不能用准确的音高进行表达。

乌江流域仡佬族吹打乐主要依附于贺寿、结婚、葬礼、乔迁、建房等礼俗活动，在节庆、祭祀礼仪中也有应用。在仡佬族地区，礼俗活动频繁，不同的礼俗活动对吹打乐队的需求也不一样。婚嫁中只能新郎一方邀请吹打乐队，而且只有一支。在其他的礼俗活动中的吹打乐队数量，是根据亲朋好友和子女多少而定的，但葬礼仪式中的吹打乐队通常由逝者的女性后辈邀请。吹打乐队数量的多少，也是设宴主人家财富、权势、人丁兴旺的象征，是"面子"的体现。可见，礼俗活动多少决定了吹打乐的生存状态。

二、乌江流域仡佬族吹打乐的当下困境及成因

1. 无统一的传谱：仡佬族吹打乐的传承方式较为特殊，唢呐是以"嘟""咚""嘀""啰"四个字加上"哎"字作为衬腔的"阿口"念唱曲调，打击乐器组用"呛""才""咚"三个字代表不同的乐器念唱节奏。不难看出，仡佬族吹打乐传承所念唱的字是拟声字，是模仿乐器的音色而得。在传承过程中，仡佬族各吹打乐队并没有统一念唱字谱，老一代的乐师大多数不识字，都是凭记忆念唱曲牌传授弟子。两支进入县级非物质文化遗产保护名录的乐队都没有乐谱，几位传承人掌握的曲牌完全靠背奏。虽然自成体系的传承方式在仡佬族吹打乐的传承中较为实用，但弊端也很突出，即兴性和随意性很难保证曲牌的准确，造成仡佬族地区同一名称的曲牌有不同的版本，很难认定哪一个版本才是"正宗"。少数识字的乐师为了学习方便，用音译的几个字记下文本口诀，可并没有广泛传播。没有传谱，正字曲牌的学习比较单一，容易掌握，但黄字曲牌和繁字曲牌的学习，需要学徒会念唱字的同时，模仿乐师的演奏完成润腔的学习，感悟音响的韵味，把握风格特征。这往往导致多数学徒因无法掌握念唱传谱中的"固变性"文化特征而知难而退，放弃学艺。

2. 缺乏曲牌收集：对仡佬族吹打乐曲牌的收集与整理，仅有当地文化部门的个别热心人士做了尝试，也只停留在对曲牌标题的收集和对唱字的记载，无音调的记译。对于技能娴熟的吹打乐师，可能根据满篇的"嘀""啰""咚""嘟"四个唱字，能在唢呐上找到曲调，但唱字并没有记录音高的性质，只是通过平仄的互换唱出对应指法的音调，仅记录四个唱字和曲牌名的曲牌收集方式不能体现出音乐的特性。没有完整的曲牌收集、整理，至今仡佬族的曲牌仍然是散落于各位乐师的记忆中，若长期无演出任务，遗忘曲线自会将乐师脑海里的曲牌删除。

3. 忽视技艺创新：仡佬族乐师传承中对技艺的保护意识仍然存在，好的曲牌和精湛的演奏技法只有在多支乐队同时在场角逐较劲时才会显露。像徐友福、陈洪喜带领的泥高吹打乐队和旧城镇雷吉林带领的吹打乐队这样技艺精湛的乐队并不多，多数乐队凭借20余首正牌子穿梭在各种礼俗仪式活动中，有的乐队甚至不会演奏繁字曲牌，也不想钻研，久而久之，此类乐队逐渐被淘汰，这对仡佬族吹打乐的发展并无益处。

4. 生存环境变化：依附于礼俗仪式活动的吹打乐，随着仡佬族地区近年来礼俗活动的变异而受到波及。当地政府为了制止被异化的礼俗活动中的混乱现象，只允许结婚和丧葬可设酒宴，吹打乐也随之缺乏生存的场所。而被政府部门允许的结婚和丧葬活动，也发生了变化。仡佬族人的传统婚礼已经发生了变化，以取悦新郎、新娘为目的，能遵照传统习俗的婚礼少之又少，吹打乐队就没有人邀请了。仡佬族人对丧葬仪式仍然保持原有的土葬习俗，吹打乐队也仍然受重视，可随着县城殡仪馆的修建，吹

打乐的生存空间正在不断压缩，生存土壤不断流失。此外，如卡拉 OK 式的新的表演样式的侵入，进一步分化了吹打乐的消费市场。礼俗活动异化和新的表演形式的产生，无疑是对仡佬族吹打乐生存生态的严重破坏。

5. 教育意义缺失：从仡佬族吹打乐曾经拥有的独特优势，例如活儿轻、经济价值高、个人声誉好、具有教育属性等方面看，就不难理解其现在命运多舛了。毫无疑问，入校学习才是孩子成长的主要途径，没有人愿意再让孩子学习吹打乐了，吹打乐必然缺乏继承人。随着公路交通、网络线缆、高压电线穿越仡佬山寨，仡佬族人的生产模式发生了翻天覆地的变化，教育的多样化和娱乐的泛化，更轻的活儿应运而生，吹打乐逐渐失去了往日的魅力。

三、仡佬族吹打乐在乡村振兴中的价值

1. 情感娱乐价值：仡佬族人对待传统的礼俗仪式讲求"闹热"，仪式要有"起道"。热闹和起道的实现要靠人数和声音来完成。仡佬族的礼俗仪式持续少则二三天，多则七八天，有时会更长。在此期间邻里乡亲、亲朋好友几乎都是全家参加，人数越多就越热闹。只有热闹，没有氛围还不够，所以鞭炮声和吹打乐声越响，持续时间越长，才能完美地烘托气氛。尤其是吹打乐，只要乐队一到，无论男女老少，都会围坐在乐队旁边聆听乐队的演奏，叙话家常。对于大部分人来说，并不是要专心致志听明白吹打乐，而是在吹打乐的乐声中与众人一起享受礼俗活动的氛围，获得娱乐和情感交流。

2. 社会和谐价值：仡佬族人对礼俗仪式极为重视，礼俗仪式活动常常是调解矛盾的场所，作为礼俗活动重要组成部分的吹打乐，能让人们聚在一起共同聆听，交流情感，获得人与人之间的和谐，从而达到社会的和谐。就仡佬族吹打乐本身来说，它需要多人相互配合，形成高度默契才能最终完成，如果有多支乐队同时出现的情况，乐队之间的演奏顺序是有先后之别的，这些无疑都是仡佬族吹打乐的社会和谐价值。

3. 经济利用价值：仡佬族吹打乐的演出属于有偿劳动，礼俗活动是仡佬族吹打乐产生经济价值的主要载体。近年来，邀请吹打乐队基本维持在每个乐师每天 200—300 元，一般来说，一场礼俗活动中吹打乐会表演一天。在礼俗仪式活动集中的几个月，乐师们会获得可观的经济收入。此外，随着近年来乌江流域旅游业的发展，仡佬族吹打乐作为民族特色文化不断获得展示机会，这虽然是一种文化的展示，但也体现了仡佬族吹打乐的经济价值。

4. 文化传承价值：仡佬族吹打乐在乌江流域的存续历史目前尚在考究中，但它已经集中体现了仡佬族人的声音思维和文化属性。虽然在乐器构造、乐队构成上与我国民间流传的吹打乐队都有相似之处，可独特的演奏技法、音色表达以及成百上千的曲

牌足以表明其是作为优秀传统文化而存在。仅就新中国成立后的几十年间，在哭嫁歌、哭丧、跳灯、打闹琴等礼俗仪式音乐已经难闻其声时，仡佬族吹打乐经历了几次兴衰更替，至今仍然坚强地存续着。遥想数千年回荡在仡佬族地区的吹打乐，在仡佬族人的听觉文化记忆里，早已凝聚了厚重的历史文化传承价值。

四、仡佬族吹打乐在乡村振兴中的意义

仡佬族吹打乐在乡村振兴战略中的意义应从两方面进行探讨。一是立足于仡佬族吹打乐的应用意义，二是基于其自身的意义，两者在国家政策的影响力下彼此嵌套在一起。

（一）仡佬族吹打乐对乡村振兴战略实施的意义

1. 体现在完善乡村治理方面。党的十九大报告指出实施乡村振兴战略，要"加强农村基层基础工作，健全自治、法治、德治相结合的乡村治理体系"。2019年中央一号文件进一步强调"建立健全自治、法治、德治相结合的领导体制和工作机制"，三种治理方式中，德治可以理解为一种"情治"，它是建立在情感的和谐和交流之上的。仡佬族吹打乐具有的情感娱乐价值和社会和谐价值，能够在良好的礼俗仪式文化生态中显现出来，凝聚左邻右舍、亲朋好友的情感，确保乡村社会充满活力、和谐有序。这样的乡村和谐是一种有情感交流的和谐，与城市里"老死不相往来"的和谐有着本质区别。当人的情感得以和谐，交往过程彼此尊重，以德治调解社会矛盾，孝道式微、老无所养等不良社会风气才能得到有效的治理。

2. 培育乡风文明方面。2018年中央一号文件指出："乡村振兴，乡风文明是保障。必须坚持物质文明和精神文明一起抓，提升农民精神风貌，培育文明乡风、良好家风、淳朴民风，不断提高乡村社会文明程度。"在全球化、城市化的大浪潮中，大批乡民涌向城市，接受新兴文化的洗礼，琳琅满目的新时代产物带走了原本良好的家风、淳朴的民风。当下仡佬族吹打乐所体现出来的困境正是由于乡风文明的消解。礼俗仪式的变异和淡化，让支撑起礼俗仪式活动"闹热"和"起道"的吹打乐处境尴尬。礼俗仪式活动也不是礼尚往来的情感交际，而变成礼金的交易场所，手机支付宝、微信等支付方式，让已经变异的交易场所在虚拟的时空中冷冰冰地呈现，物质基础的获得，却是以丧失精神文明为代价。虽然，礼俗仪式音乐无力承担起培育乡风文明的全部重任，但扎根于仡佬族人心灵深处的吹打乐能够勾起仡佬族人的文化记忆，焕发乡风文明新气象，建设邻里守望、诚信重礼的文明乡村，展现出存在的价值和意义。

3. 弘扬优秀传统文化的意义。中共中央、国务院印发的《乡村振兴战略规划（2018—2022年）》对繁荣发展乡村文化的措施作了明确指示，从"保护利用乡村传统文化、重塑乡村文化生态、发展乡村特色文化产业"三个方面弘扬中华优秀传统文化。

综观仡佬族吹打乐的活态遗存，在三个方面都能发挥作用。仡佬族吹打乐作为仡佬族礼俗仪式音乐的代表，是值得传承和发展的。通过深入挖掘，仡佬族吹打乐能有效地融入乡村建设，重塑乡村文化生态。在文化产业方面也能开发和利用，促进消费需求的合理对接，推动文化、旅游业的创新发展。

（二）乡村振兴战略的实施对仡佬族吹打乐传承的意义

1. 民间艺术的传承，需要符合各自生存的生态环境。仡佬族吹打乐的生存生态恰好是礼俗活动。要想仡佬族吹打乐能够继续传承并发展，礼俗活动的存在不可缺少。当地政府部门须引导当地民众，采取职能手段，控制异化的礼俗行为，规范礼俗活动的存在，恢复礼俗活动的传统面貌，切不可武断地一刀切。礼俗活动的存在本身就有必要，它维系着仡佬族人的情感，是仡佬族及周边各民族团结互助的纽带。只有礼俗活动规范存在，仡佬族吹打乐才有生存空间，才有更多的人愿意传承吹打乐的技艺。礼俗活动的恢复，也需要乐师有坚守传统文化的担当。在务川、道真调研过程中，发现很多"特殊"的吹打乐队，乐队的演奏乐器加入了如小号、长号、小军鼓、大军鼓等原本不在仡佬族吹打乐队编制中的乐器，甚至唢呐也不是仡佬族乐师自制的唢呐，演奏的音色怪异，极不协调。十几年的经历表明，多数坚持传统的乐队仍然受到欢迎。但坚守传统绝不是故步自封，也需要对演奏技法、曲牌形式等有所创新。

2. 许多投身到城市建设的乐师也会返乡，传统文化的自觉认同也会吸引新的人才进入吹打乐表演队伍。这就需要在吹打乐的表演技艺、曲牌整理方面有所改进。在曲牌整理方面，由于仡佬族吹打乐传承中既无规范的乐谱，也无完整的曲牌，选择一种记谱方式和整理一套仡佬族吹打乐曲集是当务之急。近年来，笔者持续关注仡佬族吹打乐，其常以滑音、颤音等多种极具风格特色的音响塑造，着实给记谱带来很大的困扰。在访谈多个乐师后发现，仡佬族乐师以四个字唱出的牌子，其音准和调式很容易识别，再配合演奏指法，记谱就容易了，但曲牌的风格仍然没有适合的记谱方式，需要乐师面授和多聆听去把握。从事仡佬族吹打乐的乐师，都是以他们自己熟知的方法进行传承，没有人掌握目前专业音乐教育中的基本乐理知识。将专业音乐基础理论知识和仡佬族乐师们传授技艺体系的语境进行对接，把简谱记谱和唱字配合，对于接受过学校教育，小学已经接触了简谱和基础的音乐理论知识的青年一代，在民间传承方法和专业化的音乐教学方式中切换，完全不是难事。而老的乐师要学会七个基本音级的简谱，也不是难事。如此，在掌握简单的音乐理论知识后，乐师们参与收集、整理曲牌就切实可行了，完善仡佬族的曲牌必然指日可待。

3. 在优化技艺上，获得首届"中国·贵州（务川）仡佬族吹打乐大赛"金奖的泥高吹打乐队，是仡佬族吹打乐技艺精湛的代表。突出的方面有：其一，乐队演奏音色效果好，各乐器之间配合默契；其二，掌握的曲牌数量多，套数齐全，能完美地演绎正字、黄字和繁字曲牌，尤其是繁字曲牌的演绎为一绝，目前能演奏好繁字曲牌的乐队,屈指可数;其三,乐队成员几乎都掌握各种乐器的演奏,能自由组合各种乐器。其四,团队中极为有名的申修栋师傅,被百姓誉为"仡佬族鼓王",其演奏技巧得到了音乐专家和当地百姓的一致认可,尤其以快速翻鼓、凌空转鼓棒让人拍案叫绝,视听效果完美统一。泥高吹打乐队优异的演奏技艺得到了当地百姓的一致认可,他们由此成为仡佬族地区的香饽饽,但凡邀请乐队他们都是首选。在仡佬族地区,民间吹打乐队虽普遍,但通常看到的吹打乐队都是6—8人组成,表演内容单一,缺乏观赏性。改革开放后,泥高吹打乐队的几位老乐师商议,要整合多种民间技艺,优化资源。由擅长仡佬族戏曲的王明清先生、擅长傩戏的陈仕春先生、擅长吹打乐的刘廷进先生发起,把泥高、青平的几支吹打乐队组合,在泥高乡政府支持下成立了泥高吹打乐队。乐队不只从事某一方面的活动,在礼俗仪式活动中还会表演其他技艺,如花灯、吊孝、板凳戏、冲傩、舞狮等。泥高吹打乐队至今仍然是仡佬族地区最负盛名的队伍。

五、结语

文章以仡佬族吹打乐为个案,基于几千年来中国传统文化中礼、乐之关系,期望将优秀的传统礼俗仪式音乐镶嵌到关乎民生的乡村振兴战略中,在发挥礼俗音乐的价值的同时,激活和发展礼俗仪式音乐。纵观历史沿革,多数礼俗仪式音乐在时代潮流中自生自灭,仡佬族吹打乐则以自给自足的供养方式而存续,乐师们的文化自觉为乐种得以延续发挥了重要作用。例如,泥高吹打乐队的徐友福、陈洪喜在2016年9月注册成立了贵州务川自治县泥高傩戏民间文化传承有限公司,还建立了微信平台,希望通过网络媒体推广仡佬族民间吹打乐,这在仡佬族乐队中属开先河之举。这也是仡佬族吹打乐师们该有的担当,是利用吹打乐的价值进行创业的典型。但音乐文化的繁荣,离不开国家政策的引领。透过文章的探讨,可见礼俗仪式音乐参与乡村建设是必要且有效的。

重视乡村乐班在新农村精神文明建设中的作用
——基于苏北乡村唢呐班的调查与分析

赵宴会　南京师范大学音乐学院教授

围绕江苏苏北地区乡村乐班与新农村精神文明建设这一课题,笔者自2007年以来,多次赴徐州、盐城、连云港、淮安、宿迁等辖区内的村落,通过座谈访谈、实地查看、随机抽查、问卷调查等形式,对乡村唢呐班进行了深入调研。[①] 通过调研,笔者发现,活跃在苏北地区数以千计的乡村唢呐班及其数以万计的唢呐班艺人在新农村精神文明建设中发挥着重要而特殊的作用。一些唢呐班被列为县、市、省甚至国家级非物质文化遗产,一些唢呐艺人被评为县、市、省级非物质文化遗产代表性传承人。本文试图通过对苏北乡村唢呐班的调查,以及对唢呐班在新农村精神文明建设中的独特价值与作用的分析,引起社会对唢呐班的关注和重视,以推动其健康发展,并在新农村精神文明建设中发挥更大的作用。

一、唢呐班简述

据明正德年间(1506—1521)江苏人王西楼的《朝天子·咏喇叭》词"喇叭,唢呐,曲儿小,腔儿大。官船来往乱如麻,全仗你抬身价……"的描述,说明唢呐在当时已经传入江苏。明隆庆年间(1567—1572)《海州志》卷二:"然居丧不按家礼,丰酒食、具鼓吹,以待吊客……"[②] 记述了明代海州地区(即今苏北连云港地区)民间举办丧葬礼仪中使用鼓吹乐的情况。"清乾隆年间(1736—1795)《沛县志》'沛人喜唢呐',沛县民间亦有唢呐艺人和剃头艺人是一家的说法,迎亲或送葬的唢呐班路过剃头铺[③]时不演奏,可见唢呐长期流行于沛县民间。"[④] 另据睢宁县钱家唢呐班、东海县吴家唢呐班等有年代可考的唢呐班传承史料证实,苏北乡村唢呐班的历史最迟可追溯至三百年以前。

当前在苏北地区,每逢婚丧嫁娶及其他节庆之际,老百姓仍然会邀请民间艺人奏乐,以达到造势和宣传的效果。由这些民间艺人组成的音乐表演团体,在当地被称为"唢呐班""喇叭班""鼓乐班""呜哇班"等。近年来,随着乐器与表演形式的

---

① 赵宴会.苏北赵庄唢呐班与婚丧仪式研究[J].中央音乐学院学报,2009(4).
② 张峰.海州志.风俗[M]//天一阁藏明代方志选刊.上海:上海古籍书店,1962:324.
③ 剃头铺为当地俗称,即指理发店。
④ 张瑾.喇叭唢呐,曲儿小腔儿大[N].彭城晚报,2009-06-22(B).

日益丰富和拓展,唢呐班艺人将其班社自称为"唢呐乐队""唢呐乐团""唢呐电声乐队""唢呐艺术团"等时髦说法。唢呐班常用部分中国乐器见图1。

图1 唢呐班常用部分中国乐器（摄于2010年）①

此外,近年来还增加了西洋乐器,吹管类有萨克斯、单簧管、小号、长号、圆号、大号等,打击乐器包括架子鼓,电子乐器包括电子琴。1985年以前,唢呐班的表演形式多为纯乐器演奏,如唢呐独奏、唢呐齐奏、唢呐与笙齐奏、笛子独奏等,使用的乐器主要为打击和弦乐类。1985年以后,唢呐班的表演形式更加丰富,在纯乐器演奏的基础上,加入了唱歌、跳舞、戏曲、曲艺等表演形式,如演唱歌曲、跳现代舞、表演京剧、表演快书等。唢呐班使用乐器及表演形式的日益丰富和多样化,充分说明它具有很强的适应和发展能力,能够随着社会的发展进行及时的调整更新,以满足人们不断变化着的审美需求。

唢呐班参加奏乐的场合以葬礼居多,其次是婚礼、祝寿、送奶糖、剃毛头、送慰劳、送喜报等。近年来,唢呐班的运用场合有所扩展,新增了诸如过生日、贺子女考取大学、店铺开业庆典,甚至有农民因家中一头母牛产了"双胞胎"也请唢呐班奏乐庆贺。部分活动场景见图2。

① 图片由赣榆区文化馆提供。

民间艺术与乡村振兴

图 2　送喜报（摄于 1959 年）①

二、唢呐班在农村精神文明建设中具有特殊优势

近年来，农村精神文明建设虽然开展了一些活动，取得了一定的效果，但有些活动是走过场，其效果如同"沙漠上的一杯水"。如送戏下乡、送电影下乡活动效果就不是太理想，农民朋友一年看不到一场戏或一场电影的情况并不少见。即便农民朋友能够一年看上一场电影或一场戏，对农村文化建设的影响也是微乎其微。在此背景下，唢呐班的表演活动对农村文化活动的开展起到了补充作用，在满足新时期农村老百姓精神文化需求方面发挥着特有的优势。唢呐班一直受到广大老百姓的喜爱，有着相当广泛的群众基础。尽管在有些专家雅士看来，唢呐班或许有"低俗"或"下里巴人"之嫌，但一个不容置疑的事实是，唢呐班的表演比较贴近农村老百姓的生活，易于和老百姓产生共鸣，能够直接地反映和影响农民的思想道德和精神风貌。荀子云："论礼乐，正身行；广教化，美风俗。"② 即强调了音乐与民俗在塑造民众高尚品行过程中的重要作用。在当前农村精神文明建设中，就是要运用乡村唢呐班与民俗活动所具有的规范、教化、育人等功能，对农民的品行进行规范、约束和引导，帮助他们形成良好的道德观、价值观和人生观。如唢呐班参与的葬礼活动就从某种程度上体现了晚辈、后人对长辈、先人的尊重与孝敬，展示了中华民族尊老、敬老、爱老的传统思想与美德。

① 图片由连云港市非物质文化遗产保护中心提供。
② 《荀子·王制》。

唢呐班艺人具有高超的技艺，会表演许多经典传统器乐曲、地方戏曲、地方曲艺及民歌等。如唢呐名曲《百鸟朝凤》《合家欢》《万年红》，地方戏曲梆子戏、柳琴戏、淮海戏等，地方曲艺苏北大鼓、琴书等，民歌《正月里》《五更调》《十劝郎》等。唢呐班艺人通过表演这些经典曲目、优秀剧目，一方面弘扬和传承了苏北民间优秀传统文化，另一方面提高了农民的欣赏水平和审美标准，陶冶了农民的情操。此外，唢呐班艺人还通过演奏或演唱一些广为流传、内容积极健康的创作歌曲，使得老百姓在感情上得到升华，思想上有所提高。

三、唢呐班有效缓解农村就业压力，促进农村经济发展

唢呐班的发展不但缓解了苏北农村3万多名农民劳动力的就业问题，还为许多名存实亡、濒临解散的专业表演团体的演员们特别是退休的演员们提供了表演机会。近年来，受现代化传媒传播方式的冲击，大部分县级演出团体的演出活动萧条不景气，演员的收入与待遇较低。为了生活，这些专业演员们不得不接受唢呐班班主的邀请，利用业余时间与唢呐班艺人一道参与民俗表演活动。通过与30多位专业表演团体的演员私下交流获悉，他们参与唢呐班活动的收入是其官方工资的两倍以上。当然，除了经济利益驱动，有专业演员透露："跟着唢呐班表演很愉快，他们很尊重我们，给我们的表演费用还略高于他们唢呐手。"也有专业演员说："干我们表演这一行的，就是要为老百姓表演，逗老百姓开心。"还有专业演员说："如果长时间不表演，业务就废掉了，而跟着唢呐班活动，我们的业务就不会丢掉。"

唢呐班的活动对当地的经济发展也起到了一定的推动作用。为了证实这一点，笔者特以徐州地区为个案，抽查了该地区15个代表性唢呐班的约200位唢呐艺人2010年的经济收入情况。调查结果见表1。

表1 徐州地区部分唢呐班艺人2010年经济收入情况统计表

约收入/年	10 000元	15 000元	20 000元	25 000元	30 000元	35 000元
人员比例	54%	19%	12%	7%	4%	4%

上表显示，唢呐班艺人年收入在1万元左右的占多数，年收入在3万元以上的占少数。显然，唢呐班艺人的收入是存在差别的。通过了解，其差别形成的原因除了与艺人参加演出活动次数有关，还与艺人的技术水平和对唢呐班的贡献程度有关。如年收入在1万元左右的艺人多为伴奏人员，年收入在3万元以上的艺人多为唢呐班班主或唢呐班中具有核心地位的唢呐吹奏高手。以此表统计结果推算，苏北3万多名唢呐艺人每年总收入应在4亿—5亿元左右。值得注意的是，随着唢呐班艺人经济收入的不断增加，艺人们的物质生活条件也随之改善。通过对睢宁县、泗洪县、东海县、滨海县、洪泽区等10个县辖区内的50个代表性唢呐班共计1 000名唢呐艺人调查统计发

现，约85%的艺人拥有电动车、机动农用车或摩托车等交通工具，甚至有部分艺人还购买了面包车或小轿车。艺人人均手机1部以上，艺人家中有电视的占100%，有电脑的占38%。此外，有的唢呐班班主还在农村建楼房或在城镇买商品房……这些都有效地刺激了当地内需，对当地的经济发展起到了积极的推动作用。

四、唢呐班为和谐农村的构建发挥独特的作用

"建设社会主义和谐社会不仅需要完善的法规和制度，还应该利用传统的民俗文化。"[1]子曰："移风易俗，莫善于乐；安上治民，莫善于礼"（《孝经》）。其中蕴含的就是音乐与民俗礼仪活动在社会安定方面发挥的作用。乡村唢呐班与民俗活动"作为人类文化意识形态结构中最底层的文化，本身就带有稳定及和谐的特质"[2]，"具有'以和为先、以礼为基，以情为重，以人为本'的和谐价值体系"[3]，这种价值对于和谐社会的构建一直发挥着潜移默化的影响。唢呐班与民俗活动一起，向农民传递了认同感、归属感和主体意识等共同价值观。这些包括道德观念、责任意识、公共准则在内的共同价值观既是社会主义新农村建设中所需价值体系的重要内容，也是促进农村和谐发展的有力保障[4]。

乡村唢呐班与民俗活动已经成为维持农村和谐社会不可缺少的因素，在建设和谐社会的过程中发挥着重要作用。通过调查，绝大部分的农民认为，尽管现在可以通过电视、电脑、VCD、DVD、收音机等媒介欣赏节目，但他们还是更热衷于现场观看民俗活动的唢呐班表演。究其原因，老百姓看重的是表演现场的热闹、和谐的气氛。在调研过程中，笔者亲眼所见，唢呐班表演时远亲近邻聚在一起，你一言我一语、嘻嘻哈哈、其乐融融，人们身处一个热闹而放松的氛围之下。唢呐班奏乐声与人们的说话声、笑声、捧场吆喝声以及孩子们的打闹声融为一体，表演者与观众彼此互动，沉浸在一片欢乐祥和的海洋之中，"和谐"的理念在这里得到了生动的诠释和彰显。此情此景之下，即便是个别原本有矛盾纠纷的也禁不住融入其中、谈笑风生，一时间忘却和淡化了彼此之间的不悦，最终握手言和了。可以说，唢呐班与民俗活动特别是婚礼、葬礼、祭祖、祝寿、小孩满月等民俗活动一道，强化了农民之间尊老爱幼、团结互助、和谐相处的意识，起到了相互了解、增进情感、化解矛盾的效果，为和谐新农村的构建发挥了不可低估的作用。

---

[1] 万建中.民俗文化与和谐社会[J].新视野,2005(5).
[2] 万建中.民俗文化与和谐社会[J].新视野,2005(5).
[3] 沈松柏.和谐文化视野中的民俗文化建设[J].义乌工商职业技术学院学报,2008(3).
[4] 葛继红,王艳.农村文化社群是农村文化建设的载体[J].科学社会主义,2009(6).

五、结语

　　唢呐班历史之久、数量之多、使用频率之高，足见其在农村社会中的重要地位和特殊影响。对唢呐班进行研究，显然具有重要的现实意义和深远的历史意义。当前世界各国都非常重视非物质文化遗产保护工作，特别是近年来党中央提出文化是"国家软实力"，并在国家"十二五"规划中就提升国家文化软实力进一步提出新要求，因此对苏北乡村唢呐班的深入研究，既是保护非物质文化遗产的现实需要，也对弘扬中华民族传统文化，丰富和增强文化软实力有积极意义。虽然苏北地区的唢呐艺术已经被评为国家级非物质文化遗产，但这只是一个开始，后面要加大对唢呐班的宣传力度，让更多的人，特别是年轻一代认识到唢呐班的价值与作用，改变人们一提到唢呐班就与落后、封建迷信联系起来的刻板印象；要对唢呐班的功能与价值作出客观准确的判断，包括唢呐班的社会和谐功能、教育功能、经济功能，历史价值、审美价值、文化价值、科学价值等。当前及今后，在国家日益重视非物质文化遗产保护的大好形势下，在党和政府的切实关怀和引导下，唢呐班将继续为新农村精神文明建设发挥更大的作用。

民俗艺术与乡村治理

村落语境中的艺术表演与自治机制
——以鲁中地区三德范村春节"扮玩"为例

朱振华　齐鲁师范学院文学与历史文化学院教授

一、问题的提出

在中国，无论是作为一种生活实践还是国家制度，"自治"都有着极为丰富的内涵和外延。日常生活话语中的自治更多指向后者，即"民族、团体、地区等除了受所隶属的国家、政府或上级单位领导外，对自己的事务行使一定的权力"①。与此相对应的"生活实践"，也随之偏向了基于现代国家顶层设计下民众行使自治权的组织机制和政治模式。受此影响，20世纪80年代以来在中国社会学、政治学领域引起广泛关注的"乡村自治"研究，其探讨内容主要是国家自上而下的政策、法律和制度在农村自主实施的过程、机制与结果。换言之，这种"自治"研究的理念多是作为一种既糅合了西方古典民主理论，又夹杂了现代民主新模式的观察和分析。有学者甚至认为"村民自治，是近年中国农村改革的新生事物，是当代中国民主政治和法治建设的全新概念"②。那么中国人的"自治"，到底是意味着某种涵养、生发自本土文化基因的治理传统，还是国家为解决政治问题而作出的民主安排？抑或是超越两者的对立而呈现出双向互动的礼俗逻辑和公共机制？这是一个值得我们认真讨论的问题。

与西方强调宪政范畴下的"自治权"概念的倾向不同，作为一种语汇现象，中国传统意义上的"自治"还包含有"修养自身的德性""自然安治""自行管理或处理"等含义。从语文学的意义看，它们既涉及生命个体身心的体悟，又明显从生活主体本位出发，指向了一方民众，即那些"沉默的大多数"所相沿成习、生生不息的生活模式和行为规范。张士闪认为："在中国，无论是传统还是现代，国家政治与民间社会之间一直是互动共生的关系，这是西方政治传统所一直忽视的命题。"③ 就当下的中国乡土社会自治研究而言，照搬西方话语形式分析中国乡土社会的组织机制，忽视作为集体意志和自我生成规范的"乡土自治传统"，这种貌似全能化、简单化、对立化的分析框架颇有失武断。从民俗学的眼光尤其是田野调查的发现看，虽然近百年来国家意志以其强有力的手段反复、持续地干预、形塑着乡土社会和乡民生活的逻辑，但作为民

---

① 中国社会科学院语言研究所词典编辑室.现代汉语词典(第5版)[M].北京:商务印书馆,2005:1810.
② 何泽中.村民自治概念辨析[J].法学评论,2001(1).
③ 张士闪.礼俗互动与中国社会研究[J].民俗研究,2016(6).

俗模式的"自治传统"其实从未割断,而且与国家力量之间一直保持着互动互补的关系。刘铁梁甚至认为,"民间的礼俗,作为基层社会中用于维持生活秩序的政治文化传统,对于国家礼治目标的实现具有决定性的作用"[①]。在他看来,任何时期国家政治理想的实现,没有民间大众的认可和践行都是难以想象的。

相对而言,20世纪80年代以来的乡村自治研究,更多关注了作为国家基层制度概念和治理模式概念的运作机制及其效应,"自治"被简化为治理与被治理的关系。问题在于,这种简单化的倾向仅仅强调了乡土中国的政治生态与治理逻辑,反而忽视了其他关键问题。譬如,"村委会"的诞生与运作如何保证个体参与的公平及有效?"基层群众性自治组织"能否实现"民主决策"并体现"集体意志"?群众自治是"自我协调"还是"被人管理"?事实上,如果忽视中国乡土社会多元主体的存在,忽略作为乡土生活实践主体的民间传统和自治机制,只是单纯强调作为国家制度落地基层并进行权力运作的问题,那么不仅国家制度的实施只能降为控制与反控制的对立关系,这种研究框架及分析模式本身也会走向变形与失真。

自2014年12月至今,笔者先后多次赴山东省济南市章丘区文祖镇三德范村进行了累计时间达半年以上的田野调查。在鲁中地区,作为春节社火活动的一种集体表演形式,曾经广泛流行的"跑十五""扮玩"等游艺活动正不断萎缩和消失。除了乡镇、县市组织的文艺汇演和比赛活动,在乡土社会以自组织形态呈现的,带有互惠性、仪式性的游艺民俗活动已渐趋灭亡。然而,作为一个位于省会大都市郊区的城边村,三德范不仅"庄大姓多",而且是常住人口逾6 000人的"超级村落"。春节期间,三德范人以各自所在的"巷道"为组织单元,完全由村落中的"一街十巷"所在的10支队伍自主发起、自主筹备、自主运作,在长达3天时间里,组织起一个参与人数过万的"扮玩"活动。在传统村落及其组织机制普遍衰微的今天,由如此众多的演员和观众共同参与的"扮玩"活动至为难得。此外,或许与三德范村在区域社会中的特殊地位有关,尽管国家对村落的干预持续不断,但国家制度与地方传统之间却明显表现出某种互相借用、妥协和制衡的长期过程。基于此,本文立足村落民俗志调查,从乡土社会自治传统运作的角度,探讨作为生活文化传承的乡民艺术,如何在村落内部实现集体动员、行动和文化认同的问题。在此基础上,希望从乡民艺术与乡土自治传统的脉络,为国家社会如何生成统一秩序的机制问题寻求一种可能性的意义解释。

二、区域地理与村落空间

地理气候、生态环境以及它们所生成的土地、矿产、水系直接干预和形塑了不同

---

① 赵世瑜,李松,刘铁梁."礼俗互动与近现代中国社会变迁"三人谈[J].民俗研究,2016(6).

族群的历史传统和文化创造。在中国农村，自然环境塑造了农民的劳作模式，劳作模式又影响了人们的生存状态，生存状态则是理解地方性知识的总体性框架。刘铁梁认为，"艺术，尤其是老百姓的艺术，其价值一定是在特定的社会环境中得以实现的，因而我们的研究也必须与其社会环境的考察联系起来才有意义"①。由此，我们理解三德范村的乡民艺术及其组织机制也应从对它所处的生态环境及其人文空间的深描开始。

地理形貌主要为山地、丘陵和过渡地带的"鲁中地区"是山东省中部的简称。如果将山东省域图四角对折，它的几何中心就大致在鲁中地区济南、莱芜的交界处。在这里，泰沂山脉面向华北平原形成了一个喇叭状的开口，三德范村就位于喇叭嘴的地方。它是一个总面积14.3平方千米，主要姓氏有王、张、冯、单、赵、姜、刘等20多个，常住人口超过6 000人的"超级村落"。村落整体南高北低，东、西、南三面环山，山地、丘陵是村庄主要的地形地貌。海拔约563.5米的锦屏山隶属于三德范，是周边地区最高的山体。小清河水系的上游"巴漏河"由东南向西北穿庄而过，全村被河道分割为东、西两大条块，民居则处于河谷两侧的高阜地带。② 以家族或地理方向命名的10条"巷道"是村庄内部进行行政区划和组织生活的居住单元。据说从建村之日起，村民们就按家族迁徙的次序分别住在10条巷道之中。每条巷道居民的姓氏、家族都不统一，只看有姓氏冠名的巷道名称并不能确定该姓户数的多少。③ 从巷道的地理分布上看，以处于村落南北中轴线中央位置的建筑"玄帝阁"为坐标，从东南起依次有"东沟巷""辛庄巷""单家巷""张家巷""太平街""西道巷""东道巷""金家巷""陈家巷""齐家巷""大街"，这样就构成了老百姓俗称的"一街十巷"的村落框架和结构布局。三德范村内曾建有多座庙宇，以玄帝阁为中心，北有泰山行宫（姑子庵），南有禹王庙，西有关帝庙，禹王庙隔河相望的是龙王庙。现在除了禹王庙还有点香火，玄帝阁形制尚在，其他庙宇就只剩下遗迹了。

因为山脉、河流的走向决定了地形的平仄和耕地的优劣，三德范便与周边村落保持着错落分布、若即若离的态势。镇政府驻地文祖村离村庄最近，往北有不到5里的路程。其次是南方的青野、黑峪两村，彼此有10里之遥。对三德范村日常生活影响最大的，是横贯村庄的这条巴漏河。在20世纪80年代以前，庄内的河道蜿蜒曲折，宽处可达120米，窄处仅30米。河床高低不平，砾石遍地。灾年遇到暴雨，上游的洪水冲下来"就像灌老鼠窝一样"，河道"满槽"，浊浪翻滚着冲毁两侧民宅并冲走妇孺、牲口。因此山洪暴发是老人们关于灾难记忆的主要部分。

---

① 刘铁梁.村落生活与文化体系中的乡民艺术[J].民族艺术，2006(1).
② 实际上4个行政村的管辖范围因新建住宅的不规则而多有交叉，是一种非对称的状态。
③ 例如"张家巷"确实张姓最多，"金家巷"却没有一户金家人。"东沟巷""东道巷"等则因为处于古代交通必经之路的分岔口或老村的排水沟边而得名。

据老人们回忆，1935年农历七月初一，巴漏河洪水暴发，水花达到七八米高，大水冲荡了沿河的大寨村、黑峪口村、黑峪、窑头等7个村庄。在三德范，洪水漫过两岸黄土围堰，倒灌中心大街，水深达1.5米以上，河道东侧与中心大街之间的民房、祠堂荡然无存，1名村民被卷走。关于这次灾难，地方文献记载里最为悲惨的是黑峪口村，20余户人家被洪水卷走后，剩余几户人家心有余悸，全都搬到了临近的黑峪村居住，从此"黑峪口"从地名里消失。① 尽管这次水灾后仍有大小不等的水患，但是1935年洪涝的惨烈为三德范人留下了"大雨三场瑶月飘"的传说②。在三德范人的记忆里，河道没有为村庄带来任何福祉。因为长期没有大型库塘，雨季降水不会带来灌溉之利，同时"漏河漏河，大水过后剩下的就漏没了"，山地、丘陵的自然环境使得生活用水也成为问题。在三德范，吃水的"旱池"是一道外人眼里的景观，关于水的"侃子"③ 则是村民们在日常生活里使用最多的民俗语汇。从较为常见的"大水冲了龙王庙""山水河里洗豆芽"，到带有村落文化个性的"三德范的湾水——抢了""三德范人打水——按轮来"，有关三德范和水的"侃子"在周边村落的话语体系里一直有广泛的影响。

直到今天，从乡民们与水有关的生活实践来看，水源问题仍旧深刻影响了三德范人的思想观念和集体行动。因为村庄处在山地、丘陵的过渡地带和高阜位置，缺少水源的三德范人曾经把水看的比油都珍贵。1980年底前，自然降水是三德范人生活用水的主要来源。在长期的生活实践中，三德范人发明了"旱池"蓄水的办法。旱池是人工修建在地下的圆形水囤，每个旱池容量在几十立方米到上百立方米不等，30—50立方米者居多，"大小可以候八席客"。村民刘绪贵家的旱池据说最大，可以容水250立方米。下雨天气，大街、小巷、房顶乃至庭院高处的雨水顺着坡地流进旱池，地面上的土块、树叶、瓦砾乃至牲畜的粪尿倒灌而入，根本无法保证清洁卫生。因为修池需要耗费大量的人力和物力，旱池从来不是家家都有。1950年代，有旱池的农户不足1/4，因此"能不能修得起旱池""家里修了多大的旱池"曾经不但是显示家庭实力的重要标志，而且会"影响孩子找对象"。人们平时对旱池的管理非常严格，个个加盖上锁、掩石培土、严加防范，借水成为关乎人情面子的大问题。大旱之年蓄水用尽，全庄百姓只好到村北头苦涩的"溇水井"取水。可以想象，一个拥有一千多户家庭、五六千口人的大村，集中到一口安有辘轳头、深达40多米的水井取水，会是一幅多么拥

---

① 赵兴林.守望文祖[M].银川:黄河出版社,2013:245.
② 传说当时河道里浮出一条大蛇，摇着尾巴划出了"大雨三场瑶月飘"的字迹。人们十分紧张，认为这样的洪水还要再发三次。后来经过能人解读，认为不是这个意思，而是指巴漏河沿线要受灾的大寨、黑峪、三德范、长水、窑头这几个村庄。
③ "侃子"或"坎子"，歇后语的异文，属于地方性的民俗语汇概念。在文祖地区，群众公认"三德范的侃子下火车——拉也拉不完"。据说,西窑头附近有某位村民搜集了200多条关于三德范的"侃子"。

挤、嘈杂、喧闹的景象。但是村民们在表述这段历史的时候，总会强调应该尽人皆知的侃子"三德范打水——按轮来"。似乎不申明这点，就不能体味和理解三德范人古已有之的合作、谦让、"有礼"。

如果说水是万物之源，那么三德范村的自然条件显然不适合于人的生存和居住。实际情况也是如此。因为缺水，村民们几乎没有种植蔬菜的习惯。庄内的粮食作物主要是小麦、玉米、谷子和地瓜。小麦是庄内的第一大种植作物，但因缺乏灌溉条件，旱作种植的亩产量不高，1980年代以前，亩产不足100公斤。实施家庭联产承包责任制以后，小麦亩产才稳定在200公斤左右。经济作物目前只有花椒，因为它"野生野长，可以简单管理，经济效益高还不耽误打工时间"①。同样因为田间管理的复杂，价格比麦子贵很多的谷子也没有农民愿意大面积种植。② 实际上，在老人们的推测中，土地广袤应该是先民们选择定居于此的主要原因。元末明初，因为三德范地多人稀，才逐渐吸引了各地移民前来定居。像大多数中国农民那样，庄内"好骡子好马不出庄""好地不出庄"的俗语说明三德范人多么重视土地的价值。但是今天人们对土地的态度却颇为复杂，冯昭宝就自认为代表了现在大部分村民对土地的看法：现在对土地没感情。很想有人赶紧来承包土地，以前靠土地吃饭，现在谁还稀罕。说白了就是经济价值越来越低。种地不光不挣钱，而且赔钱。打工和种地之间的差距太大。丰收年种一亩地，还是好地，全部操作下来，抛去大部分开支，一亩地的利润仅在600元左右。这还不算在地里花的工夫钱，耽误打工的时间就得赔钱。之所以还种，是因为村庄在城市周边，很多群众早出晚归，利用"业余时间"去种地，基本没有耽误打工。起得早，睡得晚，打工是主业，种地是副业。成天累死累活，丰收年景才收入900多元钱，可高速公路或者规划建设占地就能每年赔986元，一口气全部承包出去更好。③ 1980年代，全村人口总数激增到6 000余人，人均占有土地也从1940年代的2.45亩，下降

---

① 村民冯昭宝解释说："一颗大花椒树能卖能产10斤干花椒皮，每斤30元左右。最多的一家能打带皮花椒800斤左右，一年能卖2万多元。但是野生野长，没法保证家家都有都种。"被访谈人：冯昭宝，57岁，男，三德范村民，农业户口，长期担任大队和联社干部；访谈人：朱振华；访谈时间：2016年6月20日；访谈地点：三德范村。

② "谷子的价格比较高，但是也会优先种麦子。谷子的管理比较麻烦。麦子耕地、播种就可以，最多打药，收割、入仓。玉米同样也很简单。但谷子要播种、剜苗、铰穗、防虫，忒耽误时间。谷子的颗粒比较小，株数要求比较严格，而且出苗比较密集，因此播种后要剜苗，而且是个技术活，别说年轻人都不会。我都不会。比方说剜苗，理想的剜苗叫'三棵两棵前后扠窝'，年轻人现在听不明白啥意思。"被访谈人：冯昭宝；访谈人：朱振华；访谈时间：2016年6月20日；访谈地点：三德范村。

③ 平心而论，因为多数村民的耕地或坐落在山顶、山腰，或散落在川洼沟谷，冯昭宝的一口气全承包出去的愿望在实际操作中几乎没有可能实现。被访谈人：冯昭宝；访谈人：朱振华；访谈时间：2016年6月20日；访谈地点：三德范村。

到 0.7 亩左右。① 少量的土地养活不了稠密的人口,但即使是集体化时代,三德范人也从没有将土地收入作为家庭收入的唯一来源。近代以来,章丘一带是山东省煤炭的重要产区。三德范人喜欢回忆历史,无论老少,村庄繁盛时期的集体记忆几乎都与煤炭有关。旧时,村子的北方、东北方不远就是大面积煤田,储量可观。同今天大部分农民进城务工的现象相似,由于村北连同相邻的文祖、三元、长水、王黑一带的煤井星罗棋布,在 2006 年煤井彻底关停之前,男人们农忙种田、农闲下煤窑或长年下煤窑为生是三德范人熟悉的生活模式。1990 年代以来,煤矿等村办企业的盛衰就强烈冲击了村民们新时期的生活。早在 1970 年代末,在以经济建设为中心、开放搞活政策的引导下,三德范大队党支部制订了"以地下养地上"的方针,以集体经营的"煤矿"为龙头,村里相继办起了制袋厂、淀粉厂、机械厂、洗煤厂等十几家集体和私营企业。至 1992 年,村办企业发放的工资总额一度超过全庄农业总收入,这使得三德范成为远近闻名、富甲一方的经济强村。

那个年代,18 岁下了学你不去煤矿上班就是不务正业。全庄 80% 以上的青壮年都在镇办、村办煤矿和其他企业上班。上世纪 80 年代,下窑(井下)每月能挣 200 多块钱,地面工 60 多块,当村干部才 50 多块。到了 90 年代各自翻了一番,还是下窑挣得最多。现在富得流油的"建筑之乡"青野村那个时候并不挣钱,因为工作累、工程小、工钱低、小打小闹的。②

在许多矿产资源丰富的村庄,进入村庄权力体系担任村干部可以带来不菲的收入,在利益驱动下,村民往往会对村庄权力表现出更大的积极性,于是围绕村民选举会经常发生"能人"之间激烈角逐、恶性竞争的情况。三德范与之不同,尽管从 1984 年起,三德范就从内部分割为东、西、南、北 4 个行政村,但从 1980 年代以来到新世纪初,村民自认为没有出现过"争着当村官"的现象。有人解释说,这是因为"一个普通劳力下井的工资就能随便顶四五个村干部,所以谁也不操心这个"。不过如下文所剖析的那样,原因没有这么简单。但在这段时间,随着集体化生活彻底解体,市场经济的优胜劣汰并没有在收入相似的村民中引起急剧的分化,反而更像是实现了"共同富裕"。鼓起的钱包、昂扬的精神、历史的传统和文化的惯性,多种因素交织在一起促成了 1983 年"扮玩"在"文革"后的复兴。

---

① 据 2002 年张福经根据村史档案主编的《三德范庄志》的统计,1949 年全村人口已有 970 户、3 870 人;至 1956 年全庄有 994 户、4 257 人;60 年代中期,全村人口始突破 5 000 人;70 年代至 1991 年,人口猛增至 6 528 人,此时恰是新中国成立以来的生育和人口高峰。由于村落基层政权强有力的管治传统和执行力,随着计划生育国策的严格执行,三德范村的户口人数在上世纪 80 年代末 90 年代初开始下降,人口自然增长率从 1991 年的 12‰ 降至 2005 年的 -3‰,常住人口稳定在了 6 500 人左右并延续至今。村庄人口王姓最多,张姓次之。
② 被访谈人:冯兰贵,82 岁,男,金家巷村民,农业户口,曾长期下井作业;访谈人:朱振华;访谈时间:2016 年 6 月 20 日;访谈地点:三德范村。

1983年后,全村最大的集体活动就是"扮玩"。眼看着快过年了,大队里就下通知:行了,别干活了,都放假"扮玩"去吧!由联社发出指令,几号开始,谁在前面,谁在后面……你要是这个胡同的"头",今天"扮玩"看着人家比咱好,你晚上还睡觉?一晚上不睡你也得想办法编出个新节目,第二天、第三天咱得把那个胡同压下去!①

简言之,旱涝交织的自然环境和半工半农的劳作模式,使得三德范村抹上了一种自然灾害和资源诅咒交错下的自然底色,这是理解村落文化和传统,以及乡民们的性格、日常生活逻辑的重要支点。如果"自治传统"是以它所处的自然、生态、经济为物质基础,经过人们长期实践并为吾土吾民所接受的行为准则或"规范性力量"的话,那么它的生成更带有自发和特殊的意味。这种特殊性可以表现在自然经济结构和村落生活空间等多个方面。以同样位处华北地区山西省的农村为例,多煤少水的自然条件塑造了不同乡村的诸多共性——这些村庄,"人口数量较少,村庄规模也不大,且具有极严重的封闭性和落后性"②。与之相比,尽管存在类似的自然条件,三德范村却凭借历史上人均占有土地较大、交通条件便利、商贸活动发达等因素,各种经济成分互补成为一个可以满足村落内部消费需求的结构整体。这让三德范在区域社会内外拥有了"大村""富村"的社会评价,同时也影响了村民们的自我意识及行为逻辑。三德范的"侃子"可以作为理解这种村落自我意识和行为逻辑的一条捷径。例如,三德范人不避讳灾年"湾水抢了"的可能,但往往更强调"三德范人打水——按轮来"背后所反映的谦让、有序以及村落内部有底线的竞争。同时,乡民普遍强调集体在困难时期取水行为的克制和秩序,实质上也是在暗示人无我有、有规有矩的村落传统。换言之,在生态资源承载力紧张的形势下,在道义与利益之间,三德范人既有竞争,更愿表示谦让,既有对立,更愿强调团结,村落的自我意识从而也就具有了实体性和统一性的特征。当然,这种"有底线竞争"的文化认同与村落内部的组织机制,乃至姻亲关系、劳作模式等文化体系有着根源性的联系。所以尽管因庄域面积广大、户口众多而造成了一种"半熟人社会"的状态,但村民们在地缘、血缘、亲缘的普遍联系之中,形成了村落社会内部类似微循环系统的文化规范和统一意识。就这样,在长期以来的生活实践当中,这个"庄大姓多"的村落既有对立纷争更有协调统一。借此基础,人们又逐渐在日常生活实践中将之从生活伦理上升为公共价值,最终磨合出一种内生性的组织机制和自治传统。

---

① 被访谈人:李景兴,70岁,男,农业户口,张家巷"扮玩""领头的";访谈人:朱振华;访谈时间:2016年6月20日;访谈地点:三德范村。
② 行龙.走向田野与社会[M].北京:生活·读书·新知三联书店,2015:146.

三、村落内部的文化与组织单元

除了土地、河流、资源和气候搭建的生存环境，村落还是由家族、宗教、民俗和传说等地方性知识复合而成的共同体。如果说生态环境为村落内部的劳作模式、文化心态搭建了现实的基础，那么集体行动的深层次结构及其组织机制则生成并潜藏于乡民们的日常生活实践之中。

在三德范，因为村落面积广大而人口繁密，无论是交往密切的集体化时代还是社会流动加快的今天，不同巷道的村民在日常生活里偶遇而叫不上名字是常见的情况。不过，双方只要谈及父母或家庭成员，90%的概率彼此会攀上确乎其然的"亲戚"关系。这是因为除了生活叙事里有"好骡子好马不出庄""好地不出庄"的俗语以外，还有一个"好闺女不出庄"的民俗传统。一直到今天，除了因升学、工作等人口外迁造成的外嫁因素，大部分女性，特别是30岁以上的妇女们的"娘家"几乎都在庄内。对此，周边村落的乡民以俗语"侃子"戏称为"三德范送闺女——哪里黑哪里住"。这一是承认三德范村庄占地面积的广大，二是调侃妇女都嫁到庄内的惯习。实际上，这种调侃带有酸溜溜的意味，因为更深层次的原因在于，三德范村总体经济水平因土地资源和矿产资源丰裕而相对较高，兼之人口众多就容易在庄内挑选和找到满意的对象。当然，也有男性下窑务工占据主要劳动时间，农业劳作和生育抚养需要妻族就近协助等多重因素。岳永逸在河北赵县相对富裕的"梨区"调查时也发现了类似的现象，"围绕梨的生活，由梨所带来的生活状况，嫁妆、彩礼这些不成文的惯习和生存资源紧张的实际状况，梨区当今年轻人的婚姻圈相对于他们的父母辈有了明显变化，一般都在附近产梨的村庄或者本村找对象"，这被认为是梨区的生存资源紧张和可婚配资源紧张的现实造成了村落通婚圈"内缩的趋势"。[①] 三德范村的生活文化与之不同：1990年代以前，三德范人没有将彩礼问题视为像当下"需要给孩子在明水县城花几十万买房结婚"这样的经济负担。除了有生理缺陷者，偌大的村庄"没有几个光棍"。此外，从近30年人均占有土地数目的变化可以看出，村落在历史时期的土地和矿产等"存量资产"的富余保证了养活众多人口的实力，因此才在村落内部实现了"阶层内婚"的现象。而周边青野、大寨等可耕地面积紧张、家庭收入来源单一的村落，女性就努力向位于财富上游的三德范流动，从而产生了"哪里黑哪里住"这种不无艳羡的调侃。

此外，同华北地区现存的绝大多数村落一样，三德范的宗族不是一个具有强烈内聚力的组织。按照以男性为宗族核心的统计标准，全村现有王、张、赵、冯、姜、单、陈、牛、高、宋等26个姓氏，在历史的流动中还有车、金等姓氏先后消亡，只留下了

---

① 岳永逸.传统的动力学：娃娃亲的现代化生存[J].北京师范大学学报(社会科学版),2005(6).

"车袁两家实在户"的俗语和"金家巷"的族姓符号。在大部分情况下,三德范的姓氏不存在学者们所界定的因血缘关系或文化认同而构成的"宗族"。也就是说,族群内部实际上更多是"同姓不同宗"的状态。以庄内人数最多的王氏为例,共有 7 个宗族,1 800 余口人。但在日常生活当中,笼统意义上的"王家"只用于宏观概括,因为 7 宗构成的王姓"枝繁叶茂",真正具有功能意义的单位是由若干个核心家庭组成的"族家","族家"内部可以划分为不同的"支分子",比"支分子"更小的单位是由父母家庭和儿孙家庭组成的"一满家子"或者"一大家子"。日常生活中,同华北地区许多乡村一样,体现血缘关系和亲属制度的"族家"主要在遇到一些以民俗仪礼的名义组织起来的互惠活动时才浮出水面,而且只有在重大仪式过程中外人才能明晰"族家"内部的亲疏关系。其中,又以红白公事中的葬礼表现得最为明显:"族家就是五服以内的关系,怎么看出有没有五服以内的关系?只要人死了看谁穿什么丧服就行了。五服以内的就是族家,就得穿丧服。其他就出五服,远了。"[①] 在日常生活表达中,因为庄大姓多且分散杂居,作为村民表达血缘亲疏关系的主要名词,"族家""一大家子""一满家子""自己人"之间的定义和边界并不十分清晰,解释起来也多有差异。例如有村民认为"自己人"的家族概念比"族家"近,有的认为反之,而 30 岁左右的年轻人就更辨别不清楚了。当然也有村民总结出一个观察族家内外亲属远近的简便办法,那就是看各种民俗仪礼活动中"随份子"钱数的多少,"给得越多,彼此之间的血缘越近"。

此外,同姓同宗的较为重大的集体活动只会在续修族谱的过程中偶然性地组织,但就大部分村民而言,也仅是在"吾辈今日不修谱,三代以后谁识君"的舆论压力下捐点钱款。[②] 村内的几座寺庙建筑大多只剩下了残损的遗迹,只有远处锦屏山还有完整的道教建筑群。2003 年,经济联社做主将锦屏山承包给了外地人搞旅游开发,所以除了农历三月十五的免费开放日有少量村民给"泰山老奶奶"上香外,山上的神灵也正与村民们失去"联系"。此外,庄内的几条巷道里有一些从事算命、驱邪、看病的"姑娘",个别人的名气在方圆几百里很大,以至于人们私下里尊称为"奶奶"。或许与职业、性格、交往等因素有关,"姑娘"是"扮玩"活动中比较活跃的因素。三德范还是周边地区如黑峪、王黑、文祖等村落基督教教徒的聚会点,以民宅改建的教堂可以容纳二三百人,本村的信教居民在 30 户 50 人左右。从"扮玩"与信仰的联系来看,整个活动除了有"舞龙"项目的巷道要举行"龙取水""龙谢水"的简单仪式外,整个筹备和演出过程几乎不带有民间信仰意味的其他仪式。因此,庄内的基督教徒认为"扮玩"活动"没有魔鬼",也乐于参与筹备、演出或充当观众。

---

① 被访谈人:李执华,文祖村村民,公务员,三德范管理区派驻干部;访谈人:朱振华;访谈时间:2016 年 6 月 20 日;访谈地点:三德范村。

② 村内现存有张、赵、齐、孙、单、李、牛等 7 家族谱。

在日常生活当中，以传说故事存在的家族叙事是同姓不同宗的各个"族家"拉近感情的重要方式，这使组织活动弱化的宗族多少增加了点集体认同的色彩。例如关于本村的赵氏家族，有"宋朝皇帝姓赵，天下庙观都封给赵姓做庙主"的家族叙事，这在现实生活中对应着赵姓家族向来主管庄内禹王庙的事实；辛庄巷关于"宋文斗学艺"故事的流行则对应宋氏家族的英雄人物与"扮玩"活动有关的武术叙事。此外，很多老人还认为不同宗族还具备历代传承的一些特殊现象和习惯，这种"老祖的老祖那时候""谁谁谁那辈子"的家族叙事往往为村民个体的现实境遇添加了某种宿命论的色彩。如人口总数在庄内排名第二的张氏家族以"普遍重视上学""文化水平较高""擅长当干部""书法水平很高"的家族叙事著称。这种说法并非空穴来风，近百万字的《三德范庄志》便是由张氏家族领衔编修的，庄志记载中的张氏先祖也多是"才子""神医"之类。此外，1948年至今的16任主要领导，包括现任三德范联社书记在内，张姓的"一把手"占到7任，晚年主笔庄志的张福经曾主持全村工作达30余年，现任"一把手"张江也是张氏家族的后起之秀。

相对于松散的宗族组织，三德范村实现日常管理和集体行动的组织单元是"巷道"，这在周边地域也被公认为是特殊现象。假如在日常生活当中，三德范的张三和李四因为庄大互不认识，那么双方见面时建立感情的搭讪一定不会是先问姓名或宗族，最精确、直接和常见的开场白是"你是哪个巷道的"或"你是哪个胡同的"。巷道或胡同在日常交流中并不强调概念的区分，但"一根巷道一伙人"却是取得集体共识的生活现象。与周边同样有类似街巷名称或布局的村落不同，三德范的巷道是作为村民生活实体而存在的，它本身具备日常生活实践和集体行动单元的功能。

以"辛庄巷"为例，巷内赵姓居多，宋姓次之，其他王、冯、李姓等总共有450多口人。除了主要关涉家庭内部的诸如"升学酒""过寿酒""温锅酒"等交往活动之外，从生产到生活，具有公共或互助意义的突发事件按惯例都是在巷道内部进行回应和解决的，巷道内部的不同姓氏或族家一视同仁。具体而言，在日常生活中，如果邻里出现纠纷，族家发生矛盾，或者婚丧嫁娶，都由4或5位老人组成的"领头的"来商议处理。在日常生活当中，"哪条巷道的头"是个不言自明的称谓，指的是巷道内部起组织作用的领袖人物。成为"领头的"成员需要满足几项要求，"要懂礼""有德行"，热心并掌握某种技能也是赢得认可和推选的重要因素。"领头的"完全是在日常生活的观察、评价以及集体活动的磨合之中自然形成的，并没有特别的任命或交接仪式。在春节期间，复杂的"扮玩"活动当然也是由各条巷道的"领头的"领衔组织和统筹协调。此外，每条巷道的"红白理事会"是集体化时代就有的组织。"领头的"虽然不一定与"红白理事会"成员完全重合，但十之八九都叠加了这两种身份。所以在集体动员的意义上，"巷道"及组织机制能够勾连起乡民们在"常"与"非常"时期的全部生活。

从 20 世纪 50 年代开始，虽然政治运动不断，但由于村民生活安定，三德范的人口迅速增长。由于集体化时代实行严格的宅基地审批政策，不少巷道一家四五口人挤在 3 间小屋里，

几户家庭聚族而居，饭屋同用、栏圈共使的现象十分普遍。1960 至 1970 年代，庄内人口平均每年出生 117 人①，激增的人口在 1980 年代迎来婚配、生育的高峰期。随着行政村分立和宅基地政策的放松，各条巷道的户主只要向村委会申请就可轻松批得住宅用地。一般意义上，宅基地的迁移和扩大首先会造成庄域面积的变化和建筑空间的错乱。三德范就出现了老宅闲置倒塌，老街失修破旧，"哪里有成片的绿色，哪里就是老巷"的现象。村民因为分家、产权和旧宅面积的逼仄，往往会放弃原来巷道的住宅将新居改建别处。问题是，进入新时期以来，这种扩建现象是否冲击了原本建立在地缘基础上的"巷道"组织呢？答案是否定的。从 1950 年代的高级农业社，到人民公社时代，再到家庭联产承包责任制，村庄内部的各类政府组织形式都采取了以"巷道"为组织单元的自治机制。不仅生产队对土地的分包，甚至后来国家实行家庭联产承包责任制都是遵循按"巷道"划拨耕地的制度。当然，行政村的区划设置原则也是如此，每个行政村都是以完整覆盖几条巷道的原则设立。② 后来村民们所占用的宅基地源自可耕地，因而新建住宅的分布总体上还是遵循原有巷道的组织框架。故此，新时期的社会转型虽然造成了人口流失和村庄衰败，但老街的物质空间的改变并没有影响"巷道"作为乡民生产、生活自治单元的体系。从新中国成立前庄域面积不到千亩，到 1990 年代扩大为 2 400 多亩，膨胀的新村在原有组织单元的基础上实现了"整体迁徙"。村民们相信，即使是国家意志主导村落生活的集体化时代，三德范村的"巷道"也是无法动摇的组织单元。近年随着青年人进城买房，新建住宅越来越少。人们认为，固有的"巷道"将来更不可能发生改变了：我们庄前后分了 3 次生产队，最多的时候分过 44 个生产队。分再多生产队也是以"巷道"做基础，比如我们辛庄巷当时 200 多口人分成两个生产队。后来解散生产队，划了 4 个行政村，但老百姓分不清那么多生产队，还是"认巷道"。为什么非得按"巷道"？！不按不行，你就说婚丧嫁娶这些事各按各的来多少辈子了，打乱了顺序没法治。不管是以前还是现在，你就是毛主席也不能拗着来啊。③

如果说以家族和"巷道"复合而成的机制是三德范村的"自治传统"。那么站在国家"农村基层民主"制度设计的角度看，三德范村的基层管理设置也具有醒目的特殊

---

① 张福经:三德范庄志[M].北京:中国文化出版社,2006:50.
② 事实上在行政村之前庄内就有几条巷道基础上的"片"的习惯称谓,那是以几条巷道为基础由线到面的称呼。
③ 被访谈人:赵介平;访谈人:朱振华;访谈时间:2016 年 4 月 20 日;访谈地点:三德范村。

性。1984年，像改革开放后的绝大多数中国农村一样，当时拥有31个生产队的"生产大队"根据国家政策解散，整个大自然村划分为以东、西、南、北为后缀名的4个行政村。行政村成立后，各村琐碎的日常性工作和具体事务由村委会负责。同时，据说鉴于村庄的集体企业众多，包括锦屏山在内的巨大资产和厂矿难以分割，乡政府在三德范生产大队原班人马的基础上又授权成立了"经济联合社"，统筹管理涉及全村公共利益的经济事务。随后，1986年文祖镇又授权设立了与经济联社合署办公的"管理区"（起初称"办事处"）。① 在我国华北地区，"管理区"是乡、镇、街道办事处等行政组织在基层政权"乡镇"和"行政村"之间设立的一种准管理组织。从功能上看，作为乡镇政府的派驻机构，基层政权和管理区之间是一种"委托方—代理人"的关系。在实际运作中，管理区领导一般由本地在编干部或经过选拔的优秀村干部担任。管理区的级别高于村委会，但是更多只是发挥一种"上传下达"功能的中介性社会组织角色。管理区主要"管理"的对象是村委会干部，表现形式则是传达、督导他们对国家政策的执行，联系、协调村委会的中介色彩其实要远大于"管理"的名号。按照派驻原则和实际执行情况，"管理区"既不应该直接干涉村委会的具体事务，也不应对村落及村民的日常生活产生任何直接干预。

"三德范管理区"行政设置的特殊性主要表现在以下两个方面：一方面，章丘地区有100多个作为乡镇派出机构的"管理区"，它们负责协调联系908个行政村，即1个管理区平均协调6至7个行政村或自然村。章丘地区以"管理区"的派驻方式只负责协调1个自然村及其内部4个行政村的例子只有三德范。另一方面，从村落日常运作所体现出的权威来看，三德范管理区实际拥有的管理权限和对村落的日常干预程度远远高于其他派驻机构。管理区干部"老李"来自附近的文祖村，他曾在三元、大寨两个管理区长期工作，属于工作责任心很强，工作主动性和积极性相对较高的基层干部。他是这样描述在三德范的工作状态的：在这村有时候一天能忙死，几乎天天都有事，星期六、星期天也得来坐班。人家东张、大寨、三元、文祖的管理区哪有这么多事？早晨八九点到办公地点，有事下通知，联系联系几个行政村的干部，没事下午三四点钟就到家了，恣煞（高兴坏了——笔者注）！没一个像我们管区似的，不是脚不着地就是一屁股坐到黑天的。②

作为从乡镇派驻到三德范的公务员，老李对三德范管理区频繁介入村落具体工作和日常生活的现象颇有微词。问题在于，为什么在村落内外，乡民们公认三德范"管理区"和"联社"才是村庄的主要领导者？无论是从乡镇政权的角度还是从庄内村民

---

① 近年更名的"管理区"的前身是办事处。除了名称，两者的功能、性质、组成人员没有任何变动。三德范的老百姓至今在日常生活中仍习惯称"联社"或"办事处"，不习惯称后来更换的新名称"管理区"。

② 被访谈人：李执华；访谈人：朱振华；访谈时间：2016年11月25日；访谈地点：三德范村。

的角度,"管理区"的主要领导为什么要选择本村人而不能在村落以外委派和选择呢?特别是在1990年代末遭遇了类似"资源诅咒"现象的三德范,"管理区"为什么没有像当初因为集体经济发达而设立的理由那样,随着集体企业的垮掉"失去存在的理由"而被撤除呢?

原因当然不只是村民们解释的"联社承包出去的锦屏山和集体土地每年有一部分收入,没有联社和管区,几个行政村容易因为分钱不均闹矛盾"的说法。因为这个问题完全可以通过由乡镇政府统一收缴然后再分配的方法解决。其实早在1948年和1953年,三德范就分别设"乡""镇",并且按照国家意志分为4个行政村。再后来,随着国家政策不断随政治环境的改变而调整,村庄又曾先后经历过生产队、合作社、大队、公社、管区等不同名目的行政组织变革。但是无论如何变迁,国家意志都无法从根本上动摇"巷道"作为村落内部组织制度的客观事实。这是因为结构化的存在规定了村落结构化的形式。普通村民认为,村委会换届选举以后,各村村委会更多是作为国家管理三德范村东、西、南、北四"片"的符号和工具存在的。他们认为,1980年代生产大队解体以后,真正能够代表村落整体的是自己熟悉的"联社"和"办事处"。

事实上,因为土地、住宅、人口的相对集中,一切可以调动的资源和力量都是由不同"族家"及其生活主体在"巷道"这个可以满足日常生活所需的自足空间里涵养、潜藏、组织和运作的。所以即使在今天,4个村委会的"自治"范围实质上也仅是各自分管了若干条"巷道"罢了。因此,完整意义上的"三德范",必须是可以涵盖村落内部所有"姓氏""族家""通婚圈",以"巷道"为核心单元的共同体和复合体。在此基础上,作为"一街十巷"村落的总代表,"管理区"的核心人物自然要具备所有"巷道"所认可的职务头衔、知识结构、宗亲关系和能力水平。否则无论是作为集体的村落还是作为领头羊的"一把手",两者都容易出现不可预知的隐患。因此,综合以上多重因素并理解家族叙事和"巷道"的结构意义之后,我们才能真正理解在1980年代集体化生活结束,国家放松了对乡村的直接干预,但乡镇还要遵循村落传统的文化惯性设置一个特殊的"三德范管理区"的根本原因。

综上所述,"巷道"其实是建立在地缘基础上的再组织化的社群形态,而且很大程度上又是家族弱化的现实成果和补充机制。在日常生活的大部分时间里,普通村民只能在"哪里黑哪里住"的通婚圈和有限的交往行为里寻找作为"三德范人"的存在感和认同感。一个人在大部分时间即使足不出户,巷道内部自足的组织机制也可以无需劳心地处理完自己生老病死的人生旅程。而且像绝大多数鲁中地区的村落一样,日常生活里的三德范平和、安静,几乎没有什么特别的事件发生。很多村民甚至认为,1980年代以来随着家庭收入的增长,家庭内部也出现了越来越平淡的趋势。男人和妇女的生活不再围着土地或锅台转,节奏变得越来越温和,除了丘陵地块需要多下点人力工夫,那种热火朝天、夏耕秋收的景象早已被快节奏的机械化生产替换了。于是,家庭、巷道和村落的日常生活更多是呈现了一种平淡、疏离的状态：1980年代刚开始，家庭关系不如过去挣工分的时候好。当物质条件提高，特别是刚开始富，但不像现在这么富的时候激发的矛盾比较多。为什么呢？以前都过穷日子，他没思没想的，矛盾就比较少。可是老百姓穷日子过惯了，一分钱都会看得很重，所以刚富裕起来的时候，老百姓会因为一点点的钱就争得面红耳赤。这个争执在分家、分东西时最明显。现在比那个时候要好得多。因为现在对小钱、小东西大家没有以前那么在乎了。过去我穿着公安服到处解决问题，因为鸡毛蒜皮的事儿，滴水、地头、分家不均等等。现在经济都宽裕了，有见识了，也就没有这些矛盾了。①

费孝通先生也曾指出，处于差序格局里的中国人习惯在自己圈子里进行自食其力的生活，只有在偶然和临时的非常态里才会感觉到伙伴的需要，而这种安全感的获得一般是通过"家族"来实现的。于是，在华北地区普遍式微的宗族面前，个体或团体生活（巷道）的自足与强化，显然可能会造成村落认同和集体行动的弱化或消失，并进而引发未知的风险。令人惊讶的是，三德范人却认为日常生活里这种"散"的状态并没有造成村落的离心或认同的危机，而且事实还恰恰相反：你别看北面文祖村也是分巷道，也有好几个村。但是人家的巷道和城里街道一样，该怎么划分怎么划分，和我们"一个巷道一伙人"不一样。他们这些村也不团结。别看我们庄大人多，出了庄可是出名的团结。谁要是惹着三德范人，别管认识不认识，只要是本村的都会上（帮忙）。②

这种生活叙事的讲述内容，往往是乡民们在1930年代遇到土匪，1970年代在某地修水库，1990年代交公粮，各种原因造成村民遇到突发情况或事件时团结互助一致对外的现象，并且这种现象现在还时有发生。那么如上所述，在日常生活里呈现出"散"化状态的乡民，在遇到"事儿"时却体现为村落认同感强烈的集体互助，并进而表现出一种"聚"或"整"的集体行动。实现这种"聚"与"散"的自然转换，或者说在各条巷道相对封闭的"独立状态"下能够取得村落"共同价值观"和"集体认同意识"的礼俗逻辑和公共机制是什么？或许，除了以巷道联结起来的村落生活，我们还能从三德范村的春节"扮玩"活动里找寻到答案。

四、春节"扮玩"的表演文本

"扮玩"是鲁中地区的乡民对春节期间，尤其是元宵节前后一类带有仪式性和集体性表演活动的俗称。严格意义上，中国北方农村地区在年节期间举行的"扮玩""闹玩""玩十五""闹红火""闹十五"等游艺活动可统称为"春节社火"。几乎都是群众

---

① 被访谈人：冯昭宝；访谈人：朱振华；访谈时间：2016年6月20日；访谈地点：三德范村。
② 被访谈人：冯昭宝；访谈人：朱振华；访谈时间：2016年6月20日；访谈地点：三德范村。

自发组织的游艺活动，既没有严格的条律，也较少有表演程式的规定性。一旦将任何貌似均质化、同质化的民俗艺术放入具体微观的村落语境观察，我们就会发现，无论是表演传统、演出文本，还是结构功能或组织机制，它们往往都会存在明显差别。以鲁中地区为例，在周村、博山、莱芜、济南、泰安等地的山野乡村之间，春节、元宵"闹扮玩"仍十分常见，但其活态的物质景观和叙事系统却又带有很强的地域特点。作为国家级非物质文化遗产的三德范村"扮玩"，向来是以"芯子"表演特色突出、近万人规模的壮观场面以及有条不紊的演出秩序而赢得大名的。

一般而言，对一项可列为"国家级非遗"的游艺活动进行研究，学院派的艺术理论家大多希望首先解决"'扮玩'是什么时候开始的"这类问题。而对人类学、民俗学家来说，这个问题预设的解决难度之大，又足以使任何研究者放弃刨根问底的企图。事实也是如此，就像华北地区各类社火表演的乡民们一样，"说不上来"和"俺也不清楚"是最常见的答案。辛庄巷"扮玩"的领袖人物赵介平曾在本地长期担任中学教师，退休后又曾主修《赵氏族谱》。在众多受访者中，他是唯一可以说明这种"艺术起源问题"的"明白人"：这个事得从单家说起，单姓一族是明朝从安徽凤阳讨饭来到了三德范，一路上逃荒卖艺，就是"扮玩"。人家来了以后，遇到天灾人祸吃不饱肚子就得干"老本行"啊。但是人家玩得很好，玩得很好就有影响，这样就有了萌芽，把大家吸引起来了。过去农闲就是农闲，啥也不干，说白了就是"闲时扮玩"。①

如果说"乞讨艺术"的论调是村民多少带有感情色彩和价值判断的家族叙事，那么"闲时扮玩"的说法或许能从更深层次的原因上阐释乡民艺术延续的发生机制。但此类问题老百姓其实并不在意，"让大家伙见见面，过年的时候高兴高兴"似乎是答案里面最好的一个。现实也正是如此，春节"扮玩"对三德范人的生活文化至今具有结构性的意义。在传统上，全村10条巷道不管户口人数现有多少，不主动参加"扮玩"或者演出效果太差而被评价为"不热闹"，那将成为新年里被村民们奚落的话题。据说，自有"扮玩"活动以来，全村不但极少出现某条"巷道"弃演的事件，各条巷道还会倾力而为。但问题也随之诞生，既然以10条巷道为组织单元，那么如此庞大的村落怎么才能保持农民集体行动的秩序？进入新时期以来，中国乡土社会的空心化也日趋严重，作为一个有"半工半农"传统的城边村，三德范的乡民们怎么避免组织机制的疏离或解体呢？此外，在大量村落随着城镇化进程日益解体的今天，三德范村这种充满公益性质且又耗时费力的集体表演活动又是怎样调动乡民们的主动性和积极性的呢？

每年正月初七或初八，三德范人就以巷道为单元，各条胡同自我组织、筹措资金、整修道具、排练表演，准备在正月十四前后3天的春节"扮玩"里一鸣惊人。在1980

---

① 被访谈人：赵介平；访谈人：朱振华；访谈时间：2016年4月20日；访谈地点：三德范村

年代之后的10年间，大部分巷道的上场演员和准备服装、道具、化妆的妇女儿童加起来最多可以达到1 000余人。现在的演员人数逐渐减少，但10条巷道人员累计起来仍旧数量庞大。正月初七前后，各"巷道领头的"就派人分头收取"捐款"。无论是否参加活动，捐款是各条巷道内每位居民的义务。或许有人会表达消极态度，但极少有人会拒绝捐款。这是因为，各条巷道"扮玩"活动的领袖人物往往也是日常生活里巷道内部的危机处理专家（例如红白理事会），所以除了家庭极其困难的村民，一般"不论出钱还是出人，大家都得给个面子"。

捐款以家庭为单位，根据家庭条件和个人积极性的差别，一般少则5元至50元不等，多则成百上千元。"管理区"近年也以"扶持资金"的名义给各条巷道一定的补助，不过在每条巷道所有募集资金里占的比例很小。此外，活动伊始，各条巷道还会精心组织由"节目小段"组成的小分队，依次去4个行政村的村委会大院，以及自己巷道"有门头房或者工厂"的居民那里"拜年"。"拜年"具有以表演活动前来"送礼"的意思。作为"回礼"，各村村委会一般会在锣鼓和鞭炮声里给每条巷道100元钱。每条巷道内部在村庄周围从事商贸活动的居民给的最多，一般从200元到3 000元不等。在这样一个"礼物"的流动过程中，巷道可以募集占全部收入40%左右的钱款，同时在"拜年"的过程中，也完成了巷道内部的交流、联谊和"夸富"功能。因为巷道之间户口人数的不同，每条巷道的收支总数多有差别。当然也有偶然因素，例如某条巷道因有给人看病、驱邪、消灾而远近出名的"大奶奶"（"姑娘"），当她率队"拜年"时，总会因为跟许多大人物的熟络关系而获得数额较大的"回礼"。刨去这种偶然因素，单个巷道在每年"扮玩"期间的收支大致平衡在1万元左右。① 在很长一段时间，各条巷道不但能募集到钱款，而且有个人或企业另外赠送的香烟、瓜子、花生、糖块和茶叶等食品。这些食品演出时一般不会有人随意取用，通常都会有专人保管并在"扮玩"结束后由组织者统一分配。绝大部分巷道都不会向演员发钱，但个别巷道为了调动积极性或避免分配物品造成争执，也会达成共识后在巷道内部实行折合财物为现金的分配机制。但是这种情况并不普遍，有这种情况的巷道常也被村民们议论是"不团结"的表现。经费的支出主要是修补、更新和添置服装、道具。所有开支中，道具的添置维修，例如"芯子"或"抬杆"的制作和维修费用最高。不过能否募集足够的捐款现在已经不是组织者担心的问题。面临城市化带来的人口流失和进城务工问题，个别人口户数较少的巷道如陈家巷、辛庄巷，领头人物的苦恼主要集中在"钱好办，几乎人人乐捐，可是现在老早就得出去打工，不好找人"方面。当然也有反例。张家巷就由于同宗人口最多和居住区域扩大，导致沟通障碍，近年在组织过程中因为多种

---

① 例如西道巷的人口总数较多，2016年的收入是10 265元，支出10 128元。同年，单家巷的收入是3 354.5元，支出是2 458.5元。

矛盾产生争执,并最终"分裂成了两伙"。于是,原本"一伙嫌多,两伙嫌少"的张家巷,发生了从"不合作"到"窝里斗"的裂变。此后,老"扮玩"队伍的领袖李景兴动员整个"族家"上阵救急,自己家庭的嫡亲兄弟和子侄在队伍里占了较大比例,却又招来另外一些抱怨。

可以说,作为一种村落语境中具有互惠和公益色彩的集体表演活动,首先是巷道内部运作起一套将金钱、威望和日常生活高度整合在一起的组织体系。每条巷道都立足自身优势,并利用巷道内部已有的人力、物力资源以及所有组织者个人能够调动的人情、面子、关系去积攒未来几天同其他巷道斗艺竞技的资本。这种运作机制超越了日常生活中例如红白公事一类的局部现象,具有了主动性、公共性和低成本、高效能的特征。既然每条巷道都是如此,那么整个村落就以艺术表演的形式凝聚了从个体到族家、从族家到巷道、从巷道到村落的文化认同。同时,各条巷道虽有差异但又差别不大的组织成本又让获得舆论好评充满了可能,这就让"作为整体一部分"的巷道到处洋溢着乐观与活力。因此,"扮玩"活动的组织过程实际勾连着一套源自民间自治传统的礼俗逻辑和公共机制。此时,以"管理区"存在的国家治理符号和"群众自治组织"存在的"村委会"则主要是以"观察员"或"赞助者"的身份因势利导。在每条巷道内部,更多是全体居民直接的、充分的介入,"自组织"酝酿、筹备、决策的过程。在大众普遍参与的氛围中,巷道内部首先形成了一种"人人有责""爱管闲事"和"家(巷)国(村)一体"的情怀,进而每个参与者又为整个村落即将迎来的汇演活动生产出了带有紧张感的情绪积累与集体期待。

"扮玩"活动的标志性节目是"芯子"。顾名思义,它因酷似旧时蜡烛台及其矗立的灯芯而得名。正式演出时须多名男壮劳力轮流肩抬衡木,所以三德范人又俗称"抬杆"①。抬杆是用粗细均匀、韧性弹性较好、长约6米的鲜杨木制成。杆木两端安装扶手,杆身用红绸包裹,因每架抬杆至少须两名壮劳力抬起,架身重量要尽量减轻,所以能上抬杆的演员都是五六岁的男童或女童。演出时,每条巷道少则出两架"芯子",多则出四五架,于是全庄便组成十几架"芯子"首尾相接的壮观场面。按照传统,各条巷道的"芯子"形制和表演内容都有很大差别,其他巷道不会模仿和照搬,这是所有村民心照不宣的规矩。"芯子"演出的内容多涉及戏文,如《白蛇青蛇》《哪吒闹海》《寇准背靴》等。表演时要求锣鼓声势要大,演员节奏要与抬杆颤幅保持一致,强调抖动杆木、上下颤动,于是抬杆的汉子多腰弓、腿弯、慢步、轻摇。身着各类戏装的儿童则手持彩绸,在离地面六七米的高处做出舞蹈化的姿态,就这样要坚持连续3天的

---

① 也有村民认为抬杆和芯子的概念不同,抬杆在传统上强调人力的身抬肩扛,步行演出;芯子则可以放置在交通工具上,在交通工具的移动和活动过程中表演。对于芯子、高跷等离开地面进行表演的项目和演员,三德范人俗称"上脚",以脚步移动表演的队伍则称"下脚"。

演出。每当此时，街道、房顶、墙头、阁楼、桥面上都站满了本村和四邻八乡闻讯赶来的观众。以正月十三为起点，正月十五为整个活动的高潮，"扮玩"在一个富有节奏和秩序感的过程中实现了一种村落狂欢式的氛围和景观。

"扮玩"活动的传统路线是走街串巷，最后到村落中心的大块空地进行集中汇演。1980年代以后，村庄中央地带的巴漏河整修了桥梁，加上庄域面积的扩大，街道也很不规则。为了省时省力，庄内环游路线变成了以巴漏河两岸及桥梁为枢纽的"口"字形路线。演出过程中，各条巷道要按照统一调度的次序衔接行动。以2015年正月十三这天的"扮玩"游行路线为例，上午10点左右，各条巷道按照统一规定的时间在指定地点集合并依次出发。领头的队伍是金家巷，队伍最前面由妇女或儿童手持的两面彩旗开路，随后又有青年人高举用红纸墨笔书写的大字"金家巷"。在锣鼓队的重锤猛击之下，接下来依次是彩旗方队、锣鼓方队和旱船队伍。往后间隔四五米，紧跟着的是陈家巷，各条巷道的彩旗、横幅、锣鼓队伍基本一致，但保留节目各有不同。陈家巷的"拿手绝活"是被称为"芯上芯"的《吕洞宾戏牡丹》。"芯上芯"是陈家巷的创新形式。扮演吕洞宾的小演员坐在第1层平台，扮演牡丹的小演员站在更高的第2层。整台芯子高4到6米，须有8名青壮年负责手抓肩扛，孩子的父亲和叔伯则手持缠有软布的钢叉侍立两侧，以随时保证高处两个小演员的平衡和安全。为降低芯子重心，芯子的圆形木质基座用多根木料搭建起来，外面裹上花绸，从基座中心有一根通顶的铁杆直插到高处。因为整套装置隐藏在演员的衣裳和裙摆下，观众并不会看穿其中奥妙。等一切扎束停当，身着戏曲服装的小演员头面整齐，长裙飘飘，水袖轻摆。四下的乡民往高处看时触目惊心，能够产生既唯美又心悸的心理体验。陈家巷"扮玩"队伍的后面又依次排列着东道巷、西道巷。最终，以张家巷结尾形成一个完整的首尾相接的环形结构。

按照传统，户口人数和节目内容最多的张家巷排在10条巷道的最后。除了仪式性的道具和内容与其他巷道大致相似以外，张家巷的拿手绝活是"转芯子"。这种芯子是将潜藏在基座上的支架做成U形铁架，以轴承贯穿起来的装置可以使演员做出倒立和翻跟头的动作。与表演动作相呼应，张家巷的保留节目是风格活泼的《猴子摘枣》和《王小赶脚》。从正月十三开始，所有巷道中午10点左右出门，依次围绕河道游走一圈后各自返回，结束时间刚好在12点左右的午饭时间。下午各条巷道则是傍晚后出门，晚上的演出主要是"看灯"。云灯、生肖灯、蚌灯是东沟巷的专属节目，其他巷道则一律以"龙灯"为主。演员人数、节目内容会因光线原因大量减少，但在夜幕的掩护下气氛反而更加放松。活动结束一般在夜晚六七点钟。此外，从正月十三到正月十五，各条巷道都会以自己的形式保存实力。按照惯例，正月十五这天才是"正日子"，每条巷道最精神的演员、最规整的队伍和最精彩的节目都集中在这天以最高水平表现出来，"养精蓄锐"和"一鸣惊人"是每条巷道常用的表演策略。最后，随着元宵节夜晚的灯火散去,一年一度的"扮玩"走向了尾声。

事实上,对"扮玩"表演文本的深描有时会削弱我们对其组织机制的理解,因为文字呈献给读者的似乎更多是从乡民艺术的审美性、娱乐性角度做出的观察、分析和描述,现场表演情景及其运作机制交织起来的综合性存在失语的可能。事实上,从探讨村落组织机制的基点出发,我们可以将"扮玩"理解为一个"文本"。以文本为坐标,作为个体的乡民、作为组织单元的巷道,以及作为语境的村落其实都是围绕集体表演所承载的文本展开运作机制的。换言之,演员的表演仅仅是"扮玩"文本的形式内容。完整意义上,作为文本的表演其实是由演出地点、路线、天气、环境、演员、观众的互动,以及糅合了既定或即兴、内外评价和组织机制等构成的复合型场域。围绕这些被容世诚称为"场合元素"① 的内容,组织机制运行的"意义"开始从巷道领袖转移到每一位参与现场表演的演员,并经由演员的状态弥散到现场的观众及其构成的村落语境之中。从这个层面上看,作为组织机制的"扮玩",激发绝大多数村民主动性和积极性的动力和基因是经由身体实践所积累的身体记忆。通过年复一年持续不断的身体实践,每个成员的参与越是深入,就越具备组织机制所期待的意识和能力,从而使"扮玩"活动从生活主体传承和延续下去。村民姜爱家的个体记忆和行为逻辑就非常能说明这个现象:我不太热心"扮玩"!小时候热,后来不热了。那时候我的家庭情况不好,兄弟姊妹好几个,父亲去世早。我小时候每年"扮玩"都想上,队伍歇着的时候我就上去抢着打打鼓、敲敲锣。可是那时候胡同里瞧不起人,你想上偏不让你上。现在不好找人了,想让我去我还不去哝!②

五、"报官":组织机制与象征性仪式

春节期间的三德范总能呈现出这样一幅生活的景观:青壮年正月初八九就要迫不及待地进城务工。妇女们接替了男人的角色,舞起龙灯,这可是旧时的禁忌。各条胡同组织队伍殚精竭虑、努力动员,因为凑不起人来就要被群众和管理区领导"瞧不起"。部分村干部则像影视舞台的监制、导演、制片人一样督导整个活动的制作流程,同时还要灵活应对新闻媒体的采访和县市、乡镇领导的视察和指示。就这样,国家与地方以一种乡民艺术表演的形式在非常时段里展开交流和互动,村民个体的归属感和对村落的认同感也在万众瞩目的现场感里凝聚生成。如此,三德范春节"扮玩"的组织与运作绝不是一种简单地以释放情感为特征的集体表演和内部联欢。建立在村落内部自治机制上的"扮玩"实质上是村民个体情感与村落集体意志的有机结合,又是体

---

① 容世诚.戏曲人类学初探:仪式、剧场与社群[M].桂林:广西师范大学出版社,2003.
② 被访谈人:姜爱家,58岁,男,三德范南村村民;访谈人:朱振华;访谈时间:2016年4月20日;访谈地点:三德范村。

现乡民在国家治理的政治框架之内涵化某种结构性紧张的礼俗智慧。

在很长一段时间里,与今天研究者们无法看到的那种隐藏在各条巷道内部的"机制和逻辑"不同,三德范"扮玩"是以传统的极富有象征性意义的动作序列"报官"仪式为标志的。20 世纪 80 年代以来,作为春节"扮玩"活动里最具象征意义的"报官"仪式,它的复兴与衰落也非常微妙地反映了国家与地方在民间自治传统问题上折射出来的互动互补的关系。

具体而言,如果从"扮玩"活动的组织秩序观察,那么无论是结构复杂的演出队伍,还是由芯子、旱船、高跷、舞狮、龙灯、蚌灯等令人眼花缭乱形式构成的内容,10 条巷道及其演出队伍组成的长龙绝不是秩序混乱的大杂烩。恰恰相反,长久以来,"扮玩"形成了各条巷道"有自己拿手的节目"的特点。① 除了高跷、龙灯、锣鼓略有重复以外,不同巷道需要遵循只在表演层面上互相竞技但绝不能在肢体行动上产生冲突的规矩。关于队伍的次序和秩序问题,张家巷的"扮玩"领袖张烈民老人如此解释:在过去的时候,我们庄"扮玩"就很出名,有名的原因有两点:一是 10 条巷道出来后,大家敲起鼓来可以一个鼓点(节奏一致),那些庄是乱敲;二是说停能一起停,"刷"的一下几十面锣鼓一下能停下来……(为什么张家巷队伍排在最后?)因为张家巷的人最多,节目最多,芯子最好看。所以多少辈子以来,我们压轴出场,并且是主动让着其他巷道后走。②

这种充满"文化自信"的解释恐怕不是事实的全部。更多细节证明,实现"扮玩"队伍统一组织、秩序井然以及避免冲突的组织机制源于"报官"的仪式过程。1992 年之前,复兴后的"扮玩"坚持了以"报官"来整合集体表演的传统。正月初七八,在个别巷道忍不住敲锣打鼓筹备巷道内部"扮玩"活动的时候,为避免混乱,10 条巷道按照惯例各由本巷道一或两位组织者在去年商议的地点聚集起来开会。10 条巷道的组织者召开"关门会议"主要有两个议程,首先是大家从巷道组织者内部推选出名称和身份称为"地方"的 2 个人物,然后继续讨论出全村"扮玩"的总指挥"官"。③ 真正所谓的"报官"主要包含"选官"和"报官"两个程序,即从巷道组织者的集体会议中推选出"候选人"(官)并通知对方就任的整个过程。这两个程序被统称为"报官"。

"官"的诞生必须经过 10 条巷道的领袖人物会商同意并履行"报官"的仪式,否则就不能获得全体村民的承认。但是,任何人想成为 10 条巷道公认的"官"起码需要

---

① 对此,庄内有句顺口溜总结为"东道云彩西道龙,金家胡同蛾子灯。陈家胡同是八卦,齐家胡同玩花瓶。西崖八仙来过海,辛庄唐僧去取经。张家胡同玩耄鱼,东沟哆嗦蛤蟆灯。单家胡同不玩灯,大刀一舞满地红"。

② 被访谈人:张烈民,65 岁,男,三德范村民,农民,张家巷"扮玩领头的";访谈人:朱振华;访谈时间:2015 年 12 月 20 日;访谈地点:三德范村。

③ "官"的具体职位在整个村落话语体系里并不统一,有村民说是"县官",有老人说是"府尹",还有村民说是"县令"。为了表述的方便,本文间或采用"县官"的说法。

满足两个条件：一是必须是三德范的男性村民，而且年龄、资历、威望能获得大多数村民的承认；二是拥有一定的家庭财富，可以拿出一笔不菲的钱款（"旧社会"是粮食）作为整个活动的备用资金和启动经费。如果以今天的币值计算，约不能低于3 000元。"官"可以在会议现场直接推选诞生，但更多是会议现场以外不知情的村民。鉴于能够就任"县官"的苛刻条件，同时为了尽可能地多筹集点活动经费，关门会议常以差额选举的方式选出4位或5位候选人，并且从当选概率最低的一位由低到高依次开始邀请。这是因为，鉴于当选"官"的苛刻条件，在真正可以入选的"官"受邀之前，其他几位候选人基本会有"自知之明"地婉言拒绝，并为了证明自己不是因为"乐捐"而故作大方地捐赠一笔钱物。就这样，在向真正中意的候选人发出正式邀请前，整个组织机制就约定俗成地募集到了一笔启动经费。在描述"选官"的过程时，村民通常会强调三德范与其他村落的诸多不同。他们认为，其他村落的村民只要有钱就可以直接当选，但三德范的"报官"，候选人"深孚众望"的条件需要放在首要位置。当然，这些条件都是"报官"仪式的前奏和背景。整个报官仪式最终是这样完成的："官"一旦被认定了，各条巷道就会敲锣打鼓拿着大红喜报到"官"的住处报喜。两个"地方"进门就高喊"大老爷，给你拜年"，然后跪下磕头。一般一看这个阵势，这个人就不能再推辞了，"官"就是你的了。如果事先接到消息，还得提前准备好两个大红包给"地方"，按现在的话说，至少200块钱。从"报官"这天起，"地方"就得在"官"家里吃喝了，因为他要随时听候"官"的调遣。①

可能是出于民众认可"官"在扮玩活动中发挥的职权，抑或是要强调这种民间仪式做出的任命具有同等的权威——传说古时章丘县的真县官坐轿出门不小心遇到"扮玩"的"假官"，真官也得让"假官"先行一步，自己则避道退让。似乎以此在表示与民同乐的同时，也在节日生活的非常时段里礼节性地传达对"民意"的尊重和认可。1980年代"扮玩"复兴，"官"和"地方"仍然按传统服饰打扮——"地方"要穿夹袄、带皮帽，"官"则戴礼帽，拿文明棍。这一时期的"扮玩"仍旧是从正月初七左右开始，但是与今天连演3天的情况不同，老传统中的"扮玩"活动主要集中在正月十四、正月十五两天，正月十三俗称"杨公忌"，按照惯例需要避讳。到了正月十四这一天，所有巷道在"官"的统一指挥下，或在庄内走街串巷进行表演，或去镇、市驻地汇演，或去外村表演。

"县官"就任后主持的仪式活动主要在元宵节，因为正月十五是"扮玩"的"正日子"。这天，10条巷道的活动流程和出行秩序都由"官"全权决定，他派遣"地方"通知到每一条巷道。任何巷道接到"官"的指令都须无条件执行，不能有所违背。接近正午时，所有的演出队伍要按"县官"的指示向玄帝阁西南方的广场汇集。上千人的

---

① 被访谈人：张烈民；访谈人：朱振华；访谈时间：2015年12月20日；访谈地点：三德范村。

队伍整齐有序地挤满了演出场地,广场正中搭起了高台供"县官"落座,广场四周则挤满了观众。在众人的簇拥下,随着"县官"上台落座,现场会点燃一枚礼炮。礼炮响时,据说三德范人可以在瞬间的静寂之后还能保持一段时间的安静。对此,《三德范庄志》的主编张福经老人曾回忆:"这是三德范'扮玩'的绝活,也是村民们纪律严明的象征,周边没有一个村子能做到我们这样整齐划一。"[①] 按照惯例,全部演出队伍要依次从高台之上的"县官"面前走过,表示接受检阅。随后,在"县官"的示意下整个队伍有条不紊地走街串巷,从而将元宵节的气氛推向最后的高潮。1992 年秋天,章丘"撤县建市",由"管理区"主要领导张福经主持和倡议,经 10 条巷道的"领头的"一致讨论同意,年届退休的联社副书记张福茂披挂上阵担任"县官",并按照传统由"地方"高举"锦屏府尹"的横幅到城区参加了一场庆祝活动。从此,三德范的"报官"仪式成为绝响。

为什么要"报官"?为什么"报官"的仪式在 20 世纪 90 年代之后不再举行却又没对"扮玩"活动的组织造成实质的影响?从乡民的几种解释里大致可以得出这样一种答案:"报官"既是一种长久沿袭的传统,也是"扮玩"活动实际运作的需要。即使是集体化生活前后"扮玩"盛行的时期,"报官"的仪式也并不是每年都要举行。一方面,"报官"的举办往往选择庄稼收成不错的年景,因为在此基础上才可以推选出既有财力又能深孚众望的"年度人物"。另一方面,三德范村在面临重要的"串村"或者到外地演出的时候,只有经过"报官"仪式的"扮玩",演出队伍才算正式和完整。在对外交流和互访的过程中,"官"就可以凭借三德范人赋予的国家符号,以一种象征性的高贵身份出现在各种场合并彰显大村落的气派。因此,三德范的老人们关于"扮玩"队伍受邀请到外地演出或联谊过程中发生的"真县令盘问假县官""三德范大闹博山县"的故事往往也围绕"县官"及其助手的机智、大方、镇定等表现为主要情节展开。

"报官"仪式衰落的原因是多方面的。张家巷"扮玩领头的"张烈民老人认为是"时代不需要了"——这个解释获得了不同巷道的"扮玩"领袖的认同。客观地说,"扮玩"活动自身就具备创新传统,这种传统在国家制度及管理方式的变革时期最为明显。1970 年代末以后,生产大队解体,4 个行政村成立,三德范"办事处"(管理区)和"经济联社"先后成立并合署办公。如上所述,它们是政府鉴于三德范乡村治理的特殊性,在集体化时代"生产大队"管治方式的基础上成立,同时又具备新时期特点的组织形式。事实上也是如此,尽管是基层政权的派驻机构,但是"管理区"的主要领导按照"习惯法"又必须由本村的干部担任,这使得它在国家制度层面上又具备了某些"自治"的色彩。1990 年代前后,章丘县、乡等上级领导部门热衷组织"农民艺术节",三德范"扮玩"因为名气最大通常是被点名邀请演出。所以无论是出于土生土

---

① 张福经. 三德范庄志[M]. 北京:中国文化出版社,2006:266.

长的情感，还是作为一项政治任务，春节"扮玩"都是历届管理区"一把手"十分重视的群众活动。同时，管理区也以国家、政府机构的形式延续着集体化时代的部分功能和治理权威。换言之，在传统意义上，全部由村民自发运作的春节"扮玩"存在着没有"报官"仪式就会秩序混乱的问题，而现在这个隐患可以在管理区的统一联系、协调、指挥下解决。时至今日，各条巷道的组织者仍然被经常召集到管理区，官民之间不但要在非常时段沟通"扮玩"活动的组织事宜，还要代表巷道围绕整个村庄的街道卫生、殡葬改革等问题商谈办法，落实任务。每当此时，因为10条巷道的头脑人物就可以代表全村，所以作为"群众自治组织"的各村"村委会"就失去了参会的必要。2014年春节前，东道巷的组织者在"扮玩"协调会上提出了恢复"报官"仪式并提请管理区书记张江担任"县官"的倡议。倡议者的理由是张江就任以来村庄发生了很大变化，近几年已经获得了村民们的衷心拥护，按照老传统可以在"扮玩"活动中以"官"的象征性身份"露露脸，接受大家的拥护了"。考虑再三，张江认为无论是自身性格，还是自己公务员的身份"都不合适"，坚决推辞了担任"县官"的机会。最后，与会者们按照提名"报官"候选人的"不成文法"，在经过前后几次认真讨论以后，各条巷道还是不能达成一致，"报官"仪式的恢复自然也就搁置下来了。

"报官"仪式的复兴与衰落实际上反映的是围绕民间自治机制及其传统，国家与地方所表现出来的双向互动、灵活调谐的关系。1949年以前，政治制度还没有剧烈地改变乡土社会的结构及其精神生活。此时，春节"扮玩"中"官"的设置及仪式更多是传统社会民间组织在寻求秩序稳定的策略时，人们对国家礼制的模仿和借用。尽管是村落社会象征性的艺术表演，但这种表演又牵涉着作为"整体"的三德范村在日常生活里的运行秩序。因此，乡民们要以对国家科层化制度的象征模拟为民间自治机制添加一种"化礼成俗"的合法性意义。"官"即是管理区为代表的"国家"象征，"地方"就是巷道为代表的"民"的缩影。1949年之后，"扮玩"活动很快随着国家力量对乡土社会的强力控制而消失了。但正如乡民们对国家成立生产队也必须要按照巷道传统的分析一样，国家制度在民间社会既体现出了暴力的干涉，同时又有对根深蒂固的民间自治传统因势利导的借用。但是，民间自治机制仅仅是潜伏在国家体制之下，并以其内在的合理性如"红白理事会"等形式继续服务民众、赓续传统。1980年代乡民艺术的复兴是与国家体制对乡土社会控制的松弛而基本同步的，乡村转而面临全球化时代的现代性问题冲击。于是在三德范，以"管理区"为代表的国家礼制和"扮玩"为代表的民间自治出现了一种社会转型时期两者风雨同舟的共谋、妥协、合作与互动，民间自治机制因此与国家基层制度之间度过了一段相对和谐的时光。

值得注意的是，以三德范村为观察对象，无论是集体化时代国家力量严密控制乡土生活的时期，还是1980年代以后国家对乡村控制相对松弛的"蜜月"时期，国家对村落的控制越来越表现出了借助乡土自治机制进行治理的常态化特征。例如政府支持

"管理区"由本村人担任主要领导,"管理区"则要频繁召开巷道领袖参与村落治理的各种会议,以及村庄卫生和殡葬改革也要依赖各巷道领袖构成的"红白理事会"得以完成等等。因此从根本趋势上讲,1980年代以后,随着"文革"之后国家意识形态对乡村控制的逐渐弱化,以主政领导为核心,逐渐放下思想包袱的"管理区"实际上大致完成了"我是谁"的身份迷茫和感情回归。与此同时,国家制度与地方传统的互动不断酝酿、培育,最终完成了对话模式的新变。三德范的村落管理体制也跟民间自治传统之间彻底实现了涵化与合流。换言之,刨去个人情操和政治品格等不确定因素,以三德范"管理区""一把手"为核心和象征的国家礼制,在名为官方实则是吾土吾民的乡土精英亲自操持下,借助国家赋予的权力和富有弹性的施政氛围,在新时期里大致完成了国家制度设计与乡土自治传统的联结与统一。最终,作为一种流动的传统,原本具有实际文化功能的象征性仪式"报官",自然也就丧失了它曾经存在的理由和意义。

六、结语

三德范村的春节"扮玩",不仅是一种充满了娱乐性的游艺活动,更是建立在特殊的村落环境及其文化创造上的一种自治机制,具有自发性、公共性和低成本的特征。乡民们凭借"巷道"的地缘关系,以广泛的个体参与不断践行着自我组织、自我运作、自我管理的乡土传统。于是,"巷道"成为复合了人情、面子、"族家",以及建立在地缘、血缘、亲缘基础上的再组织化单元。如果说"巷道"构成的村落组织形态是基于村内宗族功能弱化,为促进族际协作而创生的补充机制,那么春节"扮玩"则是整个村落为达上述目的而设置的社区传统与操演路径。

此外,作为具有复杂社会系统一切要素的村落,理解其民间自治机制的逻辑离不开对民间生活与国家政治关系的寻绎。正是它们之间互对互斥、互补互益的过程,在实现中国社会变革的同时,造就了其命维新的文化传统。事实上,自改革开放以来,国家不断从乡土社会退场,但大多数农村的社会组织发育迟缓,更难以协调和维护乡民们的利益。在自治传统饱经贬抑,"村两委"又不能有效实施自治功能的窘境下,三德范村的春节"扮玩"活动却在年复一年富有活力的展演中,与国家行政系统共生合作,成为一道独特的文化景观。张士闪认为:"在中华文明传承发展史上,国家意识形态经常借助于对民间艺术活动的渗透而向民间社会生活中贯彻落实,形成'礼'向'俗'落实、'俗'又涵养'礼'的礼俗互动情势,官民之间良好的政治互动框架由此奠定……借助民间艺术等文化形式,民间社会始终发挥着对主流传统文化的葆育传承能力。"① 三德范村的春节"扮玩"活动所代表的民俗智慧,也应该在这样的意义上予以理解,成为与国家社区治理制度相互补益,在"公权"与"习惯法"之间搭建乡土社会公共文化平台的村落样本。

综上所述,我们从对这个鲁中地区乡民艺术与自治机制的梳理可以看出,中国社会语境下的"自治"并非一种远去的传统,而主要建立在西方话语体系下的村治逻辑不能从根本上解释和回答乡土中国的实践问题。三德范村的乡民艺术表演及其所交织的自治机制再次说明,民间自治传统不仅没有成为现代化的障碍或随着社会变革而消失,反而以礼俗互动的姿态成为新时期建构国家和地方关系最可借用的传统资源。从民俗学本位出发,将对民间自治传统的理解纳入到对村落社会及其运作机制的观察,不仅可以为研究中国乡土社会提供广阔的视角,而且会更加贴近不断变革的中国农村,并有望为当今如火如荼的乡村建设作出贡献。

---

① 张士闪.眼光向下:新时期中国艺术学的"田野转向":以艺术民俗学为核心的考察[J].民族艺术,2015(1).

非物质文化遗产保护与当代乡村社区发展
——以鲁中地区"惠民泥塑""昌邑烧大牛"为实例

张士闪　山东大学儒学高等研究院教授

一、非物质文化遗产保护与乡村社区发展研究的"东亚经验"及借鉴意义

在联合国教科文组织《保护非物质文化遗产公约》（以下简称《公约》）的订立过程中，"社区"是逐渐凸显的关键词之一，尊重社区和确保社区参与甚至被视为实施《公约》，以及在地方、国家和国际层面开展非物质文化遗产保护工作的基本前提和行动基石。巴莫曲布嫫注意到："社区"则是2003年《公约》中最具反思性张力的一个术语，尊重社区和社区参与更是实施保护非物质文化遗产"各种措施"的基本前提。《公约》共10处述及"社区"二字，并在第一、第二、第十一、第十四及第十五条中做出相应规定，强调"缔约国在开展保护非物质文化遗产活动时，应努力确保创造、延续和传承这种遗产的社区、群体，有时是个人的最大限度的参与，并吸收他们积极地参与有关的管理"。第十三条则将接触社区"非遗"须遵循的伦理原则，集中表述为"确保对非物质文化遗产的享用，同时对享用这种遗产的特殊方面的习俗做法予以尊重"。《操作指南》则多达61处述及"社区"二字，对社区全面参与"非遗"保护做出了更为细致的规定，尤其是在"非遗"的商业利用问题上重申要以社区的诉求和利益为导向，并以"5个不得"系统归纳了"非遗"保护的伦理原则……丢掉"社区"就等于丢掉了《公约》立足的基石。①

这也就是说，与非物质文化遗产保护（以下或称"非遗保护"）最密切的相关利益方，应该是遗产项目的所在社区，非遗保护工作首先应该服务于所在社区的发展。这一点是联合国教科文组织在非遗保护实践中逐渐明确，并借助《公约》的起草和出台予以确认的。在进一步的解读中，我们不难发现《公约》的两个基本面向：其一，在价值观导向层面，强调保护社区传统与尊重社区民众主体的绝对优先性；其二，在工作理念层面，强调优先保障社区民众的文化权利和社区的发展权利，在此基础上，

---

① 巴莫曲布嫫.从语词层面理解非物质文化遗产：基于《公约》"两个中文本"的分析[J].民族艺术，2015(6)：66.该文引用的《操作指南》版本为2014年版。此外，在联合国教科文组织保护非物质文化遗产政府间委员会（IGC）第十届常会2015年11月30日至12月4日通过的《保护非物质文化遗产伦理原则》中，"社区"一词在"12项伦理原则"中的10项里出现，确认社区、群体和个人在保护非物质文化遗产中的地位，特别强调社区在非物质文化遗产的保护和管理中的中心作用。参见：巴莫曲布嫫，张玲.联合国教科文组织：《保护非物质文化遗产伦理原则》[J].民族文学研究，2016(3).

再考虑促进这一地方文化资源向惠及人类社会的"公共文化"的有效转化和确当利用。① 在与非遗保护相关的社区实践与学术研究中,实际情形如何呢?下面我们将聚焦于"非遗保护与社区发展"这一思考向度,一探究竟。

纵观国内外与"非遗保护与社区发展"相关的学术研究,大致以东亚地区最为活跃,且与政府行政密切关联。东亚学界的研究,又可粗略分为两种类型:一种是以日本学者的研究和相关实践为代表。日本民俗学者除了密切参与国家和地方政府主导的文化保护政策的制定过程之外,② 注意借鉴柳田国男《乡土生活研究法》中的民俗资料分类体系,配合日本政府对于"无形文化财""民俗文化财"的保护政策,探讨地域或基层社区(山村、渔村及偏僻城镇)如何"活用"非物质文化遗产,以达到振兴农村的实际经验,③ 并"通过民间的发展与实践来发现问题。这些被发现的问题经过自下而上的方式,由地方向政府逐级反馈",④ 同时,还有一批学者具有强烈的学术批评精神,

---

① 如在联合国教科文组织的《保护非物质文化遗产伦理原则》文件中,有"八、非物质文化遗产的动态性和活态性应始终受到尊重。本真性和排外性不应构成保护非物质文化遗产的问题和障碍""十二、保护非物质文化遗产是人类的共同利益,因而应通过双边、次区域、区域和国际层面的各方之间的合作而开展;然而,绝不应使社区、群体和个人疏离其自身的非物质文化遗产"等明确表述。参见:巴莫曲布嫫,张玲.联合国教科文组织《保护非物质文化遗产伦理原则》[J].民族文学研究,2016(3).

② 早在1952年,日本文化财保护委员会就设立了民俗资料主管人员,吸纳民俗学者宫本馨太郎、祝宫静进入行政部门担任专职,直接参与政策制定和行政策划工作。1953年,在文化财专门委员会内特别设置"民俗资料部会",邀集柳田国男、涩泽敬三、折口信夫等杰出民俗学者进入。此后又有多位民俗学者参与了日本的民俗文化保护政策的讨论修订,发挥了重要作用。"到现在为止,有很多的日本民俗学者与国家的文化政策发生着复杂的关系。而这种联系并不仅仅限于以上论述过的国家级别的民俗文化保护政策,在各种各样的层面上的政策以及行政事业当中,民俗学者一直以来都被动员进来而参与其间……在文化审议会等国家级的委员会中,还有在地方自治体的文化财委员会等机构中,也有很多民俗学者在参与。"菅丰著,陈志勤译.日本现代民俗学的"第三条路":文化保护政策、民俗学主义及公共民俗学[M].民俗研究 2011(2).

③ 周星指出:"日本在文化遗产保护方面取得的成就,实际上与他们的田野调查先行和全面、扎实的学术研究积累是密不可分的。日本政府和日本学术界曾先后组织、实施了很多次全国规模的农村、山村及岛屿、渔村民俗调查,积累了大量可靠而又翔实的资料。现在,几乎所有的村、町(镇)、市、县,均有各自颇为详尽的地方史记录和民俗志报告出版或印行;此外,还有'民俗资料紧急调查''民谣紧急调查',以及'无形文化财记录'等多种名目的学术调查活动。1950年政府颁布《文化财保护法》以后,全国范围内的'文化财调查',更是产生了大量的《文化财调查报告书》,这些报告书通常是在把有形文化财、无形文化财和民俗文化财加以分类之后又编在一起。所有这些调查及其成果的积累,为他们对文化遗产的认定、登录、保护及灵活应用等,创造了坚实的基础。"周星,廖明君.非物质文化遗产保护的日本经验[J].民族艺术,2007(1).

④ 李致伟.通过日本百年非物质文化遗产保护历程探讨日本经验[D].北京:中国艺术研究院,2014:148.

通过批评和反思政府文化保护政策，推进对于地域文化资源的合理性保护与活用实践。① 韩国和中国台湾、中国香港学界的研究旨趣和相关实践与日本相近，其中，中国台湾学者的研究另有担当。② 另一种是中国大陆学界的研究，人数众多，成果丰赡，研究多元，或辨析非遗保护的学术概念与文化性质，③ 或梳理有关非遗保护的海外经验，④ 或着眼于本土实践的总结与反思，⑤ 或关注相关历史资源和民间智慧的挖掘与贯

---

① 这类研究针对相关社会实践进行学术反思，试图对相关国家政策的制订、实施施加影响，以菅丰、岩本通弥为代表。如菅丰著．陈志勤译．何谓非物质文化遗产的价值[J]．文化遗产，2009(2)；陈志勤．民间文化保护的学术思考——应该保护的民间文化究竟是什么？[M]//王恬．守卫与弘扬．北京：大众文艺出版社，2008；陈志勤．日本现代民俗学的"第三条路"：文化保护政策、民俗学主义及公共民俗学[J]．民俗研究，2011(2)；岩本通弥．围绕民间信仰的文化遗产化的悖论：以日本的事例为中心[J]．文化遗产，2010(2)《文化立国論》の憂鬱[J] 神奈川大学評論，2002；フォークロリズムと文化ナショナリズム—現代日本の文化政策と連続性の希求[J]日本民俗学，2003；ふるさと資源化と民俗学[M]．吉川弘文館，2007 等。此外，才津裕美子著、西村真志叶编译的《民俗"文化遗产化"的理念及其实践——2003 年至 2005 年日本民俗学界关于非物质文化遗产研究的综述》(《河南社会科学》2008 年第 2 期)一文，梳理了从 2003 年 1 月到 2005 年 12 月发表于《日本民俗学》的研究成果，重点关注对相关国家政策与社会实践问题予以批评和反思的多种学术观点。

② 中国台湾学者的相关研究，不仅要适应本土城市化进程中乡村社会的衰弱，而且需要对政治意识形态的乱象予以清理。如对民俗文化"去污名化"的辩护。台湾社会对民俗文化性质的认知，自 20 世纪 50 年代以来，大致经历了从"封建迷信"到"民族传统"再到"民族文化瑰宝"的过程，并从 1981 年开始实施"民间传统技艺调查"项目，从 1994 年开始"社区总体营造""社区营造"等项目。台湾学界研究，与上述社会背景密切相关。如吴密察．台湾行政中的非物质文化遗产[M]//廖迪生．非物质文化遗产与东亚地方社会．香港：香港科技大学华南研究中心/香港文化博物馆出版，2011；曾旭正．台湾的社区营造．台北：远足文化事业股份有限公司，2013；张珣．非物质文化遗产：民间信仰的香火观念与进香仪式[J]．民俗研究，2015(6)。

③ 如乌丙安．非物质文化遗产保护中文化圈理论的应用[J]．江西社会科学，2005(1)；刘锡诚．非物质文化遗产的文化性质问题[J]．西北民族研究，2005(1)；巴莫曲布嫫．非物质文化遗产：从概念到实践[J]．民族艺术，2008(1)；刘晓春．非物质文化遗产的地方性与公共性[J]．广西民族大学学报(哲学社会科学版)，2008(3)；宋俊华．论非物质文化遗产的本生态与衍生态[J]．民俗研究，2008(4)；麻国庆．非物质文化遗产：文化的表达与文化的文法[J]．学术研究，2011(5)；朝戈金．非物质文化遗产：从学理到实践[J]．西北民族大学学报．(哲学社会科学版)，2015(2)．

④ 如周星．非物质文化遗产的社区保护：国外的经验与中国的实践：文化遗产与"地域社会"[J]．河南社会科学，2011(3)；杨正文．非物质文化遗产"东亚经验"研究[M]．北京：民族出版社，2012；潘鲁生．非物质文化遗产资源转化的亚洲经验与范式建构[J]．民俗研究，2014(2)．

⑤ 如高丙中．利用民族志方法书写非物质文化遗产：在作为知识生产的场所的村落关于写文化的对话[J]．西北民族研究，2009(3)；黄永林．非物质文化遗产保护语境下的新农村文化建设[J]．文化遗产，2010(2)；刘德龙．坚守与变通：关于非物质文化遗产生产性保护中的几个关系[J]．民俗研究，2013(1)；朱以青．基于民众日常生活需求的非物质文化遗产生产性保护[J]．民俗研究，2013(1)；彭兆荣．我国非物质文化遗产理论体系探索[J]．贵州社会科学，2013(4)；耿波．文化自觉与正当性确认：当代中国非遗保护的权益公正问题[J]．思想战线，2014(1)；高丙中，赵萱．文化自觉的技术路径：非物质文化遗产保护的中国意义[J]．中南民族大学学报(人文社会科学版)，2014(3)；方李莉．论"非遗"传承与当代社会的多样性发展：以景德镇传统手工艺复兴为例[J]．民族艺术，2015(1)．

通,①不一而足。不过就总体倾向而言,虽有部分学者关注到国家非遗保护政策制定及其行政运作中的错位与工作实践中的纠结,但中国非遗研究的主流是以民俗学的政治性为前提,简单贴近国家政治的行政运作,②学术批判精神严重不足,在这一重大社会运动中的声音微弱,学术贡献有限。

对于当下的中国社会情境而言,经历了近现代以来持续进行的对民俗文化的"污名化"处理和改造实践之后,近年来以地方民俗文化为资源的社区自治传统虽有一定复兴,并受到国家非遗保护制度的护佑,但在助益乡村社区发展方面依然受到诸多钳制,特别是作为非物质文化遗产重要组成部分的仪式实践,因事关民间信仰的维系,依然身份暧昧,"污名"难除。同时,市场经济的冲击余波未了,全球化、都市化的浪潮又叠加而来,当代乡村社会已经大面积地出现了"空心化"危机。目前,中国正面临比经济转型更具挑战性的社会转型,亦蕴含难得的发展契机。就非遗保护工作而言,急需在借鉴"东亚经验"的同时,揆理度势,通过非遗保护在国家整体建设中的活用与拓展,使之融入乡村社区发展,为当代中国新农村建设提供助力,走出一条富有中国特色的非遗保护传承道路。

与当代中国巨大的社会现实需求相比,尽管国内学界已有比较丰赡的学术积累,并呈现出多学科参与、多向度探索的可喜态势,但多是宏观概论或微观个案式的探讨,真正具有大局观的、系统性的方法并未出现,基于案例总结的操作模式也尚未成型,因而,资政能力与实践推广价值有限。与此同时,与非遗保护相关的认知误区仍有存在,需要清理。如对非物质文化遗产作"文化遗留物"的静态理解和对民俗文化的"精华糟粕二分法",两种观念虽各有所失,但都会导致对非物质文化遗产与社区关联的漠视甚至忽略,不能充分尊重非遗所属社区、群体和个人的意愿和权益。如何继承中国本土学术的"学以致用"传统,在国家与社会之间的良性互动框架中,促进非遗保护工作的合理发展与有效运用,服务当代社会特别是作为非物质文化遗产核心承载地的乡村社会,仍有待于在对本土实践进行观察、总结与反思的基础上作进一步讨论。

---

① 如萧放.非物质文化遗产核心概念阐释与地方文化传统的重建[J].民族艺术.2009(1);高小康.非物质文化遗产与乡土文化复兴[J].人文杂志,2010年第5期;耿波."后申遗"时代的公共性发生与文化再生产[J].中南民族大学学报(人文社会科学版),2012(1);彭兆荣."以生为业":日常的神圣工作[J].民俗研究,2014(4);张士闪.眼光向下:新时期中国艺术学的"田野转向":以艺术民俗学为核心的考察[J].民族艺术,2015(1);耿波.地方与遗产:非物质文化遗产的地方性与当代问题[J].民族艺术,2015(3).

② 笔者在此并非要反对民俗学的政治性研究的必要性,而是批评那种将民俗研究简单贴近国家政治的做法,从而削弱了学术研究应有的独立品格。事实上,整体性的民俗研究是不能缺少对其政治性的研究的,民俗不仅有政治性,而且其政治性表现出多个维度,分别对应着全球化、民族国家、地方社区的不同语境而展开。基层社区的政治运作,是更广阔的多种政治运作的基础。因此,对基层社区的政治运作是否被更强势的政治运作遮蔽,其主体权力是否获得充分尊重,其实是联合国教科文组织《保护非物质文化遗产公约》的精髓之一。

二、从"抢救濒危遗产"到"融入社区发展":中国非遗保护的理念转变

21世纪初的中国,原本在民间生活中传承的民俗,被国家政府有选择地赋予荣誉和资助,有差别地置于四级非遗保护框架之内。作为一项重大文化政策,它已经发生了深刻的现实作用,也必将具有深远的历史意义。非遗保护制度启动伊始,采取了地区性的非遗项目与个体性的非遗传承人并重的方式,追求价值导向的稳健性、普查范围的广泛性与工作政绩的时效性。随着国家非遗名录审批、非遗传承人评选、国家级文化生态保护区试点确定等工作的持续推行,非遗保护逐渐呈现出政府、学者和民众合力推动的态势,作为一项社会运动声势渐壮。在这一过程中,"非物质文化遗产"作为一个新名词,在全社会经历了一个从陌生、怪异到习以为常的过程,而如何看待民俗文化以及怎样保护、应用等问题,也在一波又一波的大讨论中形成了更多的社会共识。有学者认为,"非物质文化遗产保护在中国确实正在造成社会变化的奇迹"①,此言不虚。笔者在追溯这一过程时注意到,我国非遗保护先后出现过"抢救性保护""生产性保护""整体性保护"等理念和方法,并持续引发讨论乃至辩论,大致代表了中国非遗保护的主流脉络。

在国家层面最初提出的"抢救性保护",体现的是国家政治的急切诉求,并在2005年最终成为一项基本国策。此后,借助国家行政的推行,落实为非遗项目评审、非遗传承人评选等制度,特别是发动社会力量进行了非遗"普查"工作。而"生产性保护"②,则是各级政府在非遗普查工作宣告结束后,面对已有的非遗资源,试图"通过行政手段使之转化为实际生产力,达到经世致用的目的"③。随后展开的"生产性保护"实践,率先指向传统手工艺类非遗项目,探索以创造经济效益的方式融入当代社会生

---

① 高丙中认为:"非物质文化遗产保护在中国并不只是一个专门的项目,而是一场社会运动。它吸引了广泛的社会参与,改变了主流的思想,重新赋予长期被贬低的文化以积极的价值,改变了现代制度与草根文化的关系。"高丙中.中国的非物质文化遗产保护与文化革命的终结[J].开放时代,2013(5).

② 关于非物质文化遗产"生产性保护"这一概念,最早出现在王文章主编的《非物质文化遗产概论》(北京:文化艺术出版社,2006年)一书中。2009年,文化部副部长周和平在"非物质文化遗产生产性方式保护论坛"开幕式上,对这一概念作了如下界定:"它是指通过生产、流通、销售等方式,将非物质文化遗产及其资源转化为生产力和产品,产生经济效益,并促进相关产业发展,使非物质文化遗产在生产实践中得到积极有效的保护,实现非物质文化遗产保护与经济社会协调发展的良性互动。"

③ 施爱东.中国现代民俗学检讨[M].北京:社会科学文献出版社,2010:194.也有学者对此现象提出了质疑:"国家提出了非遗保护,开始对民间,特别是经济欠发达而传统文化资源丰富的地区的文化遗产进行抢救性的保护。随之而来的一种倾向就是文化遗产被各级地方政府甚至包括遗产传承人和社区自身当作一种可以直接利用的资源,这使文化发生了另一种脱离常态的转变。在许多的此类工作中,有的地方政府的利益诉求非常明确,希望能拿文化换来实际的经济利益;对于文化的关注,很难以一种长远的价值判断来考虑,大部分是一种工具理念的直接利用,把文化资源直接资本化。"参见李松.多民族地区村落文化保护与社会发展的思考:以贵州荔波水族村寨研究项目为例[J].民俗研究,2010(3).

活的途径。这一实践延续至 2015 年,文化部重点推出非遗传承人群研修、研习、培训计划,旨在"架设传统工艺通向艺术、走进生活的桥梁",这既反映了国家层面推进非遗工作的一贯性,又通过富有弹性的"三个理念"的强调,体现出新形势下强调与传统村落社区相结合的非遗生态保护新趋势。①

值得注意的是,"抢救性保护""生产性保护"等理念和方法一经提出,随即成社会热点。相较而言,体现了当代学术群体诉求的"整体性保护",却始终处于不温不火的状态。尽管学界的讨论也不乏热闹,但国家主导的相关实践却始终停留在试点层面。② 细究之,"整体性保护"与其说提出了一种解决方案,不如说是使一个真正需要提出的问题,在公共话语层面被明确地提了出来:在一个经济强势发展的时代,文化保护与整体社会发展之间如何真正实现平衡?尤其是《公约》自 2006 年生效以来,在国家层面实施的非遗保护制度已经推进 10 年后的今天,城市化进程成为中国社会发展的大势所趋。建设富有良好生态与社会活力的乡村已不再仅仅是单纯的农村建设问题,而是关乎整个中国乃至世界发展的大问题。就此而言,"整体性保护"对于当下与未来的中国均具有重要意义,这是毋庸置疑的。但问题是"整体性保护"应该如何实施,怎样落地?笔者以为,在当今社会背景下,非遗保护的前景在于融入乡村社区发展,而不在于对地域面积庞大的"文化生态保护区"的设立和建设。换言之,只有融入乡村社区发展的"物归原主"式的非遗保护,才是使非遗获得"整体性保护"的真正路径。

毋庸置疑,地域辽阔、人口众多的农村,是承载中国非物质文化遗产的核心地。中国非遗保护工作的根本,是使原本就在乡村社区中存身的非物质文化遗产或更具广泛意义的民俗文化,获得传承与发展的更好条件。非物质文化遗产的持有权和使用权在于所属社区,非遗的主人是社区民众,国家非遗保护工作的服务对象,首先就应是社区中的群体和个人,包括其文化发展自主权和以文化发展改善生存的权利,这是首先需要明确的。随着现代化和城市化的迅猛发展,当前中国农村正处于快速转型的剧烈振荡期,非遗保护工作因之与调谐乡村社会秩序、接续乡村文明传统连接在一起。如果说,已有的中国新农村建设主要是从经济与政治的层面入手,那么,非遗保护工作则应开辟一条以乡村文化传承助推社区发展、以社区发展葆育文化传统的新路径,

---

① 时任文化部副部长项兆伦提出,在不断深入的非遗保护实践中,近年来特别强调了三个理念:一是在提高中保护的理念;二是非遗走进现代生活的理念;三是见人见物见生活的生态保护理念。参见项兆伦在全国非物质文化遗产保护工作会议上的讲话[EB/OL].[2016-01-14]. http://www.mcprc.gov.cn/whzx/whyw/201601/t20160119_460360.html.

② 按照国家的"十二五"规划,2011 年至 2015 年期间应建设 20 个国家级文化生态保护区,实际批准设立了 18 个国家级文化生态保护区试点工程,并一直处于"试点"状态。据笔者所知,有的省市区批准设立了若干个省级、市级文化生态保护区,但基本上处于挂牌状态,并无实质性运作。

探索如何通过社区民众的广泛而强有力的主体参与，消除乡村社会发展过程中的隐患和风险，弥补国家行政可能存在的疏漏。就此而言，非遗保护之融入乡村社区发展，其实就是国家层面的新农村建设与非遗保护两项制度在乡村社会的对接与融合。毋庸置疑，我们在相关理念的厘清、相应原则的制定和具体社会工作实践层面，均可谓任重道远。

比如，我们在田野调查中经常看到，一些农家（牧民）书屋、文化大院等乡村公共文化设施，其整体利用率很低。与此同时，一些由乡村社区民众自发组织、在特定时间和空间里举行的公共仪式活动，依托村落的庙宇、祠堂或集市，热热闹闹年复一年地举行，显现出社区活力。前者以国家行政为依托，需要各级政府不断地提供资金来运行，后者则以地方传说或信仰等为资本，通过民众自发捐款而流畅运转。同为满足一方水土的精神活动需求，二者之间形成了很大反差。通过进一步的调查，我们知道后者其实就代表了乡村社区的非遗传承。然而，即使获得了"非物质文化遗产"的称号，活动中与信仰有关的地方传说、灵异故事等，在公开场合依然是只可意会不可言传的禁忌，组织者会频繁强调他们的活动绝非"封建迷信"。这显示出我国自近现代以来对民俗文化持续进行的"封建迷信"的指认与改造实践，在当下乡村社区留下的消极影响，这在事实上已经影响到非遗传承与乡村社区的兼容，以及在乡村社区发展中的更大作为。

此外，我们以"非遗保护与乡村社区发展"的角度观察就会发现，在此前相关工作中还有另外的疏漏。比如，表演类非物质文化遗产活动的组织者的作用往往是比较突出的，但因组织者本人主要承担活动的组织动员或幕后协调工作，并不一定登台亮相，故难以进入非遗传承人的认定体系。还有一类人员，并不直接参与乡村非遗活动，却因为能够熟练掌握和使用民间文献，熟知乡土礼仪，热心公益事务，在民间拥有出色的组织能力与运作智慧，在日常生活中积累了较高的社会声望，而在当地非遗活动中起到了组织灵魂或"幕后推手"的作用。我们没有理由忽视这类乡村精英在非遗保护中的重要价值，但原有的非遗传承人评审制度却容易对其积极性造成伤害。而更深层的原因是，我们已有的非遗保护工作在学术储备与调研预估方面存在严重欠缺，在制度设计时主要考虑的是行政运作之简便与政绩指标的易评估性，因而比较重视项目评审、传承人遴选等方面的工作，这在客观上容易助长非遗传承中的个人专享或专有倾向，而忽略了社区整体权益。这或许会对非遗传承的社区共享性产生一定的消极影响，甚至加剧了一些社区节庆类非遗活动的涣散或解体。因此，如何使这类具有社区公共活动性质的非遗传承，借助国家的行政运作在乡村社区中更具活力，在延续已有的社区共享传统的基础上，助推乡村社区的当代发展，就成为目前非遗保护的关键所在。

三、对鲁中地区两个非物质文化遗产社区实践个案的考察

乡村社会中的任何非物质文化遗产活动，都会面临经济运作与精神自洽的问题。经济运作，是指活动本身会有一定的财力损耗或经济交换行为，精心运作才会保证活动的可持续性。精神自洽，则是指参与活动会使人们获得一定的精神满足，这与所在社区对于该项活动的文化赋意有关。在乡村社区内部，大家都是非遗活动的"局内人"，对于非遗活动中的各种角色及程序、细节比较熟悉，并通过活动中的社会交往、情感交流，实现公共文化认同。在鲁中乡村地区传承的"惠民泥塑""烧大牛"等非遗活动，都是在广泛的社区动员中完成的经济运作与精神自洽，营造出热热闹闹的年节生活，但在社区公共性的建构方面又有差异。

河南张村与火把李村，是山东省滨州市惠民县皂户李镇的两个"对子村"，相距约6公里，一项国家级非物质文化遗产"惠民泥塑"即与两村有关。据民间口传，河南张村泥玩具制作已有300多年的历史，在当地卓有声名，所谓"河南张，朝南门，家家户户做泥人"。每年一度在二月二定期举办的火把李村庙会，不仅被本村村民视为"过第二遍年"，而且名闻遐迩，每每吸引鲁冀豫三省十几个县市民众前来赶会。造型古朴的"泥娃娃"（俗称"扳不倒子"）是火把李村庙会上最具影响的"吉祥物"，其影响之大，从河南张村俗称"娃娃张"、火把李村庙会俗称"娃娃会"即可想见。可以说，借助于二月二这一特殊节期，河南张村村民在火把李村庙会上集中销售自制的泥玩具，火把李村庙会则因为有了河南张村泥塑而享誉四方，两个村落之间的经济协作与文化分工由此形成，并在年复一年的延续中凝结为一种民俗传统。①

现在已很难弄清历史上"泥娃娃"与火把李村庙会的出现孰先孰后，不过，我们可以设想一下当初"泥娃娃"进入火把李村庙会的"准入问题"。火把李村庙会实际上也是当地乡民在开春之前选购农具的市场，而"泥娃娃"却并非农具。那么，"泥娃娃"何以堂而皇之地出现在火把李村庙会上，并成为众人热衷购买的对象呢？"泥娃娃"是凭借什么，立足于春耕大忙前的一个农具市场呢？要想解答这一问题，必须深入追溯当地相关的民俗观念与社区传统。

在中国北方地区，"拴娃娃"习俗可谓由来已久。人们常常在集市上将做工精巧、细腻逼真的"泥娃娃""请"到家中，作为家庭添丁的寄寓之物。"拴娃娃"之俗，就其民俗祈愿而言，表征着对家庭添丁进口的祝望，因此又产生了其对时间节点的规定，故一般会选择在自然万物的萌动、分蘖与收获时节，这就是"拴娃娃"习俗多行于初春、初夏与深秋的原因。在我国传统的时间制度中，一年四季始于春，而"二月二，

---

① 张士闪，邓霞.当代民间工艺的语境认知与生态保护：以山东惠民河南张泥玩具为个案[J].山东社会科学，2010(1).

龙抬头"之说,又寓示着"二月二"乃是典型的春信时刻。因此,"二月二,拴娃娃"的约定俗成并非偶然。二月二火把李村庙会,就其区域商集功能而言,是开春之际货卖春耕农具。"货卖农具"虽然是不折不扣的商贸行为,但与"一年之首"的神圣时刻杂糅在一起,这一商贸行为便因之产生了所谓"一年之计在于春"的文化赋意。凭借"春首新生"的民俗意蕴,"泥娃娃"便与诸多农具一起拥有了相同的身份,共同表达了人们在新的一年里对物质生产与人的生产的良好祝愿。共处于庙与庙会的神圣时空之中,二者是买卖也是仪式,是人与人的交易,也是人与神的沟通。买卖行为发生的过程,即是"春首新生"民俗意义的产生与民俗传统的再生产。经此民俗认同与生活实践,河南张村与火把李村之间的"对子村"关系得以固化,获得长久传承的动力。这其实就是非遗社区传承的一种活生生的形式。

不过,在国内非遗保护运动急剧升温的大背景下,虽然河南张村泥玩具以"惠民泥塑"的名义,早在2006年便进入第一批省级非物质文化遗产名录,2008年进入第一批国家级非物质文化遗产扩展项目名录,但无论是在技艺传承还是在制作规模上,依然走向了衰落,却是不争的事实。① 由上可知,作为一处完整的文化空间,河南张村泥玩具与火把李村庙会其实是难以分割的:泥玩具因庙会而显神圣,庙会因泥玩具而显温情,民间信仰则将二者联结在一起。以"惠民泥塑"的笼统名义而进行的非遗申请,和申请成功后的具体保护工作,能在多大程度上有助于所属"对子村"(河南张村与火把李村)的社区发展与民生改善,效果可想而知。难以融入乡村社区发展的非物质文化遗产,其传承活力从何而来!

在鲁中昌邑市东永安村,则有一项被列入山东省省级非物质文化遗产名录的项目——"孙膑崇拜",当地俗称"烧大牛"。每年一进腊月,孙膑庙(俗称"孙老爷庙")"庙委会"人员就开始张罗活动。先是耗费相当的人力物力,用近1个月的时间扎1头高约7米、长约13米的"独角大牛",谓之"扎大牛";然后在正月十四这天上午,抬着大牛在村落街道上巡游一番,谓之"游大牛";中午时分,抬至孙膑庙西侧空地上,人们拥来挤去争相"摸大牛",然后付之一炬,谓之"烧大牛"或"发大牛"。通过进一步的调查得知,类似"烧大牛"的活动在这一带普遍存在,并非东永安村所独有。②

---

① 河南张村泥玩具在2006年进入第一批山东省省级非遗名录,2011年入选第三批国家级非遗名录。根据我们的持续调查,2005年制作泥玩具的有近20户,2006年为10户,2007年、2008年均为9户,2009年为12户,2010年为6户,近年来大致保持在3户左右。
② 譬如,东永安村东邻的远东庄,每年在正月十二观音庙会上要烧3台"花轿";西邻的西永安,每年正月十五要烧掉3台"花轿"献祭老母娘娘;相距5华里的渔埠村,每年正月十六举行祭祀孙膑的仪式活动,最后烧"牛"3头;同在东永安村,除了以吕家、丛家为主举行"烧大牛"仪式外,齐氏家族近年来会在正月初九这天烧掉1匹"大马"等。参见李海云.信仰与艺术:村落仪式中的公共性诉求及其实现:鲁中东永安村"烧大牛"活动考察[J].思想战线,2014(5).

与现代理性经济逻辑形成巨大反差的是,这一带乡村为什么要劳民伤财,花大量的金钱财帛与精力去扎制"圣物",然后一炬燎之?

在东永安村"烧大牛"的过程中,所产生的比钱财更重要的东西,是这一乡土社区的社会资源。"烧大年"仪式的首要特点,在于它场面大,全村参与,人人有份。尽管耗资不菲,却是村里的"大事儿",是只有在过大年期间才会有的"耍景",① 为邻近十里八村所称羡。惟其是村里的"大事儿","烧大牛"才构成了村落社区的重要传统;惟其场面大,需要全村民众群策群力,因而产生了神圣、隆重的社区总动员。其次,全村村民合力举行、为邻近十里八村所围观的"烧大牛"活动,仪式意味极为浓厚。伴随"扎大牛""游大牛""摸大牛""烧大牛"仪式程序的次第展开,形成了人群摩肩接踵争相观看的场面,现场气氛越来越高涨。特别是在"烧大牛"这一万众期待的最后时刻到来之际,火光冲天、雾匝四野,是社区传统充分张扬、社区生活在仪式中得以净化的特殊时刻。而纵观整个活动的动员、运作与调控,与日常的村落政治之间有重合亦有疏离,其中就隐含着乡村社会资源的设计与展演,而这将对村内外的社会网络、经济关系与文化权力格局产生微妙的影响。

可以说,与"烧大牛"相关的仪式表演,作为当地村落社区中别具一格的"过大年"的方式,是民众对于社区生活的一种文化设置。"独角大牛"从开始扎制的那天起,就注定是要被烧掉的,以此作为与孙膑崇拜相关的信仰实践,从而显示出地方性信仰传统的底色。但在每年一度的活动中,同时又伴随着乡民情感的尽情抒发,承担着凝聚人心的社会功能。在这里,非物质文化遗产的自洽性特征,与社区内在公共性诉求紧密联系在一起。这是非遗社区传承的又一个鲜活例子。

从上述两个个案中可以看出,作为一种与地方节庆密切相关的乡村传统,非遗活动对应着当地乡村社区的结构特性与一方民众的心理需求。如果认识不到这一点,非遗保护工作的效果将是非常有限的。与列入国家级非遗名录的河南张村泥玩具制销活动的衰微相比,昌邑市东永安村"孙膑崇拜"在2015年才进入省级非遗名录,却一直依存在乡村社区的庙宇、庙会与年节传统之中,显现出良好的社区运作状态。② 我注意到,因为羡慕丛、吕家族的"烧大牛"仪式的持续举办,村内齐氏家族也行动起来——从2005年起,他们以献祭玉皇大帝的名义,每年扎制一头红色高头大马,在正月初九中午隆重举行"烧大马"仪式,场面壮观。近年来,邻村村民也多有前来东永安村请教者,试图重建或创造本村的社区烧祭仪式传统。在这里,村落社区的公共性运作显现出强大活力。这一现象耐人寻味。

---

① "大事儿""耍景",均为当地俗语。
② 2015年下半年,东永安村孙膑庙"庙委会"成功举行了换届改选工作,新当选者很快在村民中集资十几万元,在孙膑庙前修建台阶并立碑。

大量田野调查表明,借助相关非遗项目及其传统实践在产业开发中获得利益,固然是社区民众的广泛诉求,但借助非遗传承保护搭建社区交流的公共平台,亦为民众所普遍期望。如果不能顺循乡村社区发展的自然之道,不论国家支持的力度有多大,非遗保护都难以真正落地,甚至可能造成对社区非遗存续力及其传统语境的破坏。我们还注意到,对当代非遗传承构成最大威胁的,不是非遗开发的产业化冲动,而是对包括仪式类民间信仰在内的相关非遗项目的偏见和误解,以及由此引发的乡土社区公共价值观的紊乱。换言之,赔钱或是赚钱,在历史上并未影响到社区非遗活动传承的根本,而以判定落后、过时甚或贴上"封建迷信"标签为手段的粗暴干涉,则可能会动摇甚至消解非遗传承的社区根基。这是因为,对社区非遗项目的"污名化"指认,打破了自古以来中国"礼""俗"结合的社会传统,撕毁了国家政治与民间社会"礼""俗"分治的神圣契约。在中国历史上,很早以来就已形成所谓的"礼俗社会",呈现出国家政治与民间自治之间联合运作的社会形态。"礼"与国家政治有着一个逐渐联结的过程,最终结合成为一种文化制度,而"俗"则在地方生活的运作中呈现出民间"微政治"的多种社会样态。以此为基础,在中国社会悠久历史进程中的"礼俗互动",起到了维系"国家大一统"、地方社会发展与民众日常生活之间的平衡作用。① 更何况,我国自20世纪80年代以来强势的经济单向度发展,已经使得民俗传承的神圣性与对于社区生活的自洽性日益弱化,并导致民俗文化在当代社会整体格局中的建构作用持续衰微。这一切都表明,让非遗实践真正回归民间,融入乡村社区发展,是非遗保护工作的关键。10年前,周星曾有几句话语朴素的提醒,现在看来仍未过时:无论我们把保护非物质文化遗产的口号喊得多么高调,也无论我们把非物质文化遗产的热潮鼓吹得多么热闹,最后都必须落实到它们所依托的社区,都必须是使它们在民众生活中得以延伸或维系……非物质文化遗产,通常是首选表现为地域性,是特定地域社会里的文化,固然它其中可能蕴含着超越地域、族群或国家的普世性价值,但归根到底,它是地域的,若是脱离了地域的基层社区,它就会变质,就会营养不良或干枯而死。②

四、结语

　　非物质文化遗产保护是当今世界性的热点话题之一。在传统社会向现代社会、后现代社会发展的全球性趋势下,关注基层社区的文化和价值观,采取积极行动促进其

---

　　① 张士闪.礼俗互动与中国社会研究[J].民俗研究,2016(6).笔者曾以民间艺术为例,在另文中曾做过更具体的表述:"民间艺术中的礼俗互动态势,就其本质而言,既是民众向国家寻求文化认同并阐释自身生活,也体现为国家向民众提供认同符号与归属路径。"这其实也适用于广泛意义上的非遗传承。见张士闪.眼光向下:新时期中国艺术学的"田野转向":以艺术民俗学为核心的考察[J].民族艺术,2015(1).
　　② 周星,廖明君.非物质文化遗产保护的日本经验[J].民族艺术,2007(1).

文化遗产的保护、传承与发展，不仅使地方民众受益，同时也有助于促进人类文化多样性，并推动地方文化资源转化为普惠全人类的共有文化财富，这是20世纪下半叶以来，联合国教科文组织探索非遗保护并制订相关国际公约的初衷。综上所述，要想真正发挥非遗保护的社会效能，使"非遗保护与社区发展"这一命题在实践中落实，需要特别注意如下方面：

第一，非遗保护的前景在于融入当代乡村社区发展。已实施近10年的国家非遗保护工作成果丰硕，其后续工作，应考察评估其在助推当代新农村建设，乃至整体意义上的中国乡村文明传承方面所发挥的作用，总结其实践模式，调整其工作策略。毋庸置疑，地域辽阔、人口众多的农村，是承载中国非物质文化遗产的核心地。长期以来，农村服务于城市的模式为中国经济腾飞提供了有效支撑，广大农村及其所承载的人群（农民），在国家现代化进程中，因为长期的资源输出和急剧的文化转型，在为新中国的建立和发展作出巨大贡献的同时，逐渐成为国家社会发展的短板，成为今天社会"帮扶"和"反哺"的对象：从村落的"空心化"，到乡村文化传统的传承危机，再到乡村社会价值观的弱化，都构成了中国现代化进程无法忽视的负面效应。这些问题拉低了中国经济发展所带来的国民生活质量，影响到中国现代化在世界现代化进程中的竞争力。在国家非遗保护工作实施10年后的今天，城市化进程成为中国社会的大势所趋，建设富有良好生态与社会活力的乡村不再仅仅是单纯的农村建设问题，在当下与未来的中国整体发展均具有重要意义。更新观念、创新机制，使非遗保护制度融入乡村社区，有助于充分发挥乡土传统对于中国现代化进程的价值建构与社会培育的重大意义，为以乡土传统为根基的中国特色现代价值体系筑基。

第二，非物质文化遗产在当代乡村社区中的保护发展，与国家基层社会治理是一种互益互补的关系。自上而下的国家治理，与社区非遗传承乃至广泛意义上的民俗文化发展，乃是一种长期互动中的共生关系。一方面，非物质文化遗产本是在民间自发形成，具有多样性、地方化、生活化的特征，而国家社会治理则属于顶层设计与宏观管理，具有统一性、标准化、制度化的特征。另一方面，国家社会治理又是以广泛的生活实践为支撑的，离开了民众的认同与贯彻，便无从谈起。值得注意的是，当代乡村虽然正在经历着现代化、都市化和信息化所带来的急剧变化，村落空间、村落组织、村落关系、村落劳作模式，以及村落文化系统等正在发生全方位的变化，但这并不意味着"村落的终结"。这是因为，村落自身的民俗脉络依然坚韧，只要国家与社会层面的"反哺"策略合理得当，乡村社会就能够在"文化应激"的振荡中顺时应变，寻求到"自洽性"发展之路。换言之，传承千载的乡村文化传统，自有一种特殊的进化力量，具有适应社会发展、不断自我更新的能力。在国家政治改革持续向基层社会生活落实的过程中，将非物质文化遗产在乡村社区中的发展，与国家基层社会治理有效对接、互益互补，对于当代社会整体发展具有标本兼治的深远意义。

第三，应当代城镇化急速发展的社会态势，在乡村社区特别是城乡接合部社区，促进"城乡民俗连续体"的合理重构意义重大。在传统的中国城乡二元结构社会中，借助于因集镇体系的经济流动而产生的公共场域，为民俗文化提供了在城乡两大传承系统中的交流耦合，并进而促进了民俗传统传承与创造的完整生态系统。新时期以来，特别是近年来，在中央新型城镇化决策的持续推动下，城市与乡村的民俗文化处于更加密切的互动态势。截至2013年，我国常住人口城镇化率已达53.7%，约有7亿人生活在城镇中。在现代化、城市化与信息化的扩张之下，当代社会发展呈现出诸多新特点与新趋势，其中之一便是"城乡民俗连续体"重构趋势的日益突出。① 在当代中国，城市一直都是乡土气息浓郁的城市，乡村则是越来越具城市化色彩的乡村。在乡村社区特别是城乡接合部社区，创造合理机制，借助非遗保护促进"城乡民俗连续体"的合理重构，可以在缩小城乡差距、建设和谐新农村等方面发挥特殊作用。

一言以蔽之，非遗保护作为一项"为民"的当代文化工程，应在促进乡村社区文化重构、探索乡村社区自治发展等方面有更大作为。可以说，通过非遗保护在国家整体建设中的活用与拓展，让非遗保护真正融入乡村社区发展，与新农村建设相互助益、相得益彰，是当前亟须探索的重大理论问题与社会实践问题。

---

① 张士闪,李海云."城乡民俗连续体"有重构趋势[N].社会科学报,2015-04-16.

舆论监督：作为乡村治理的民俗艺术
——以陕西省H县"耍歪官"活动为例

沙垚　中国社会科学院大学副教授

一、提出问题：发现内生性文化治理

2021年，乡村振兴全面推进。2021年4月28日，中共中央、国务院发布《关于加强基层治理体系和治理能力现代化建设的意见》，再次强调"基层治理是国家治理的基石……是实现国家治理体系和治理能力现代化的基础工程"。但是，为什么十九届五中全会报告却指出，农村"社会治理还有弱项"？从学界来看，乡村文化治理是近年来持续的热点议题，那么乡村传统的民俗文化和艺术该如何参与乡村治理呢？

当前乡村社会治理总体上以如下两条路径展开：其一，行政化手段是乡村社会治理的主要方法；其二，乡村文艺常常被视为主推文旅产业的方式，而很少有学者关注其中的治理内涵。

首先，在建立现代国家的进程中，国家权力不断渗透到基层，乡村社会治理日渐科层化，"中国乡村治理的历史变迁源于国家权力对乡村社会的塑造"[1]。有学者分析了1949年以来中国乡村治理的体制结构，概括出"行政化和集权化、乡村治理思维的城乡分治、乡村治理主体的精英化和乡村治理方式的技术化"[2]等发展路径。可见乡村社会治理的行政化倾向由来已久。近年来，随着乡村网格化管理，实施干部驻村、第一书记等制度，进一步强化了乡村社会治理的行政化趋势。为此，有学者提出隐忧，虽然这些制度和操作可以迅速提升乡村治理能力，但是否会影响乡村本身的社会与主体活力？[3]也有学者指出，行政化的乡村治理，村民是以被动角色进入乡村公共领域的，他们的主体性是缺席的。[4]

其次，在文旅融合的大背景下，乡村如何振兴？文旅产业成为重要的依托，一方面是乡村文艺的产业化处理，因为长期以来文化产业都被作为"克服和解决经济和社会发展问题的治理工具和治理手段"[5]；另一方面，借助文旅开发，很多本已奄奄一息

---

[1] 刘晔.治理结构现代化:中国乡村发展的政治要求[J].复旦学报(社会科学版),2001(6):56.
[2] 赵一夫,王丽红.新中国成立70年来我国乡村治理发展的路径与趋向[J].农业经济问题,2019(12):21.
[3] 唐皇凤,汪燕.新时代自治、法治、德治相结合的乡村治理模式:生成逻辑与优化路径[J].河南社会科学,2020(6):66.
[4] 沙垚.乡村文化治理的媒介化转向[J].南京社会科学,2019(9):113,114.
[5] 胡惠林.国家文化治理:发展文化产业的新维度[J].学术月刊,2012(5):28.

的民俗艺术得以"起死回生",重新出现在公众和媒体的视野中,呈现出表象的繁荣。究其逻辑,能否增加农民收入是民俗艺术存在的价值与意义的根本考量,乡村文艺被乡村旅游大规模征用,只是这一逻辑在新时代的某种延伸。比如,一些历史文化名村"机械复制"的民俗表演,如舞龙舞狮。在村民心中,这些传统的民俗表演是脱嵌于村庄的,他们参与的目的仅仅是为了 200 元一天的劳务报酬。有学者却提醒我们,有着很好文化生态(包括民俗)的民族村寨不断商业化会导致"文化上的无所适从而产生大量的社会问题"①。在这种情况下,文艺是不会被纳入治理范畴的。

事实上,民俗艺术从来都不是作为漂浮于乡村社会上空的一种"表演"而存在的。民俗具有社会功能。在马林诺夫斯基看来,民俗是"一种依传统力量而使社区分子遵守的标准化的行为方式",是"能作用的或能发生功能的"。② 比如史书中常常记载一些统治者因势利导,利用民族地区的民俗治理国家、安抚民心、秣马厉兵。③ 近代以来,也有史料记载革命者在革命根据地"通过制定村规民俗,治理不良恶习"④。在这些资料和分析中,前者是通过尊重民族或习惯来实现的,而后者是通过签署或规范社会契约的方式完成的。在惯习和契约之外,常见的还有诸如信仰、表演、仪式、象征等方式。比如城隍是以民间信仰的方式来发挥"护城佑民、抵御灾害""祛病消灾、扬善惩恶""祈禳报赛、兴旺庙市"等功能⑤;戏曲是通过舞台表演的方式来实现酬神、教化、娱乐等功能⑥;民间美术则具备通过象征的方式来表达对美好生活的向往等抽象功能⑦。"'俗'意味着是集体的,'俗'一经形成以后,便支配着整个群体成员的意识。"⑧ 钟敬文对民俗功能的提炼较为经典,他认为民俗有教化、规范、维系和调节四种社会功能⑨,比如我们常常听到惩恶扬善的民俗故事⑩,对所有人的言行和思想具有控制力量,是一种规范和规范的依据⑪,能够提供群体安全感而强化整合⑫,等等。

如何看待这些能够满足村民们某种社会和文化需求的,且以村民为主体的民俗事

---

① 张小军. 让"经济"有灵魂:文化经济学思想之旅[M]北京:清华大学出版社,2014;7,236.
② 马林诺夫斯基. 文化论[M]. 费孝通,译. 北京:华夏出版社,2002:33.
③ 中国古都学会,银川古都学会. 中国古都研究. 第九辑[M]. 西安:三秦出版社,1994:170.
④ 彭兴富,唐剑. 彭湃的农民思想政治工作方法及其当代启示[J]. 湖南第一师范学院学报,2013(6):14.
⑤ 王存奎,周志钧. 民俗学视角下城隍信仰的社会功能初探[J]. 江苏师范大学学报(哲学社会科学版),2013(4):90-91.
⑥ 吴双. 明代戏曲的社会功能论[J]. 中国文化研究,1994(4):40.
⑦ 刘燕. 中国民间美术色彩研究[D]. 济南:山东大学,2016:88-94.
⑧ 梁钊韬,张寿祺. 试论民俗形成的社会根源[J]. 社会科学战线,1982(2):237.
⑨ 钟敬文. 民俗学概论. 第二版[M]. 北京:高等教育出版社 2013:22.
⑩ 孙民. 民俗故事中的精神[J]. 沈阳教育学院学报,2003(2):1.
⑪ 万建中. 论民俗规范功能的历史与现实[J]. 广西民族学院学报(哲学社会科学版),2003(5):81.
⑫ 庄孔韶等. 时空穿行:中国乡村人类学世纪回访[M]. 北京:中国人民大学出版社,2004:13-14.

项？有学者提醒我们,"乡村社会蕴藏着丰富的自治规则、经验和文化"①,"发挥农民群体的主体作用"并"创造性利用传统","依靠(农村)内部性力量"可以进行自我治理②,即社会治理。秉持这一逻辑,"乡村的一整套社会关系、文化形式、价值观念和情感结构等都应当被引入到文化治理的实践中来"③。

但是问题在于,无论是在当代乡村文旅产业发展,还是在乡村社会治理的过程中,民俗艺术的社会功能均被忽略了。甚至可以说,乡村内生性文化功能的遮蔽恰恰构成了十九届五中全会所提及的乡村社会治理的弱项。如果我们能够重视民间文艺传统,发掘乡村内生性文化,将其引入到乡村治理领域,或许可以消弭当代中国乡村社会治理的薄弱环节,打开治理的新局面。

二、陕西省 H 县"耍歪官"的民俗案例

2015年,笔者在陕西省田野调查时意外听说 H 县 J 村有一个"耍歪官"的民俗活动。民俗活动期间两个村庄会以对联的方式对对方村里不道德、不公平或不合理的事情进行讽刺和揭露,以表演的方式对一些公共事务提出批评,要求政府工作人员严格践行科学发展观,对人民负责。笔者惊叹于该艺术形式在乡村社会发挥的治理功能,遂一直寻找机会亲历该仪式。但遗憾的是,该仪式 15 到 20 年才举行一次。为了尽可能详细地了解和还原这场民俗活动的原貌,2015 年以来,笔者多次前往 H 县开展田野工作。截至今日,2010 年春节期间发生的"耍歪官"是最后一次活动,当时有两位亲历者用摄像机全程记录,留下 24 个小时的 DV 磁带,其一为文化馆工作人员,其二为某影楼工作人员,二者不同的身份视角和摄制水平,让笔者看到了更为全面立体的仪式过程。笔者于 2019 年初花 7 天时间集中观看了活动录像,借此还原了仪式全貌,并从中抠出了现场仪式表演的全部台词。

(一)"耍歪官"民俗艺术的组织与动员

什么是"歪官"?有学者认为,与"歪官"相对的是正式的官员,他们文质彬彬,温良恭俭让,但他们按照城市科层制的逻辑行事,解决不了基层的问题。歪官有点像混混,有脾气、讲义气,具有过硬的口头表达能力,善表演,这样的人不正,所以是歪官,但他们不坏,他们能控制场面,解决问题,只有表面上的歪,才能镇得住。歪官在民间深得人心。④

---

① 王春光.中国乡村治理结构的未来发展方向[J].人民论坛·术前沿,2015(3),44.
② 徐勇.乡村治理的中国根基与变迁[M].北京:中国社会科学出版社,2019:171-173.
③ 沙垚.乡村文化治理的媒介化转向[J].南京社会科学,2019(9):113,114.
④ 访谈:中国社会科学院新闻与传播研究所副研究员杨斌艳,H县人,从小到大亲历过数次"耍歪官"活动,2018年1月8日。

"歪"为邪,"官"为正,"歪官"即亦正亦邪,这就构成了一个矛盾修辞格,即"将两个语义相斥的词或词组结合在一起,构成不合标准语的解释"①,表现出"强劲的语义张力"②。"歪官"与古代的侠客传统有些微关联,虽然侠客们的行为不符合科层、行政甚至是法律逻辑,但是他们有诚信,有正义感,讲义气。在百姓遇到困难、需要帮助时,他们能够挺身而出,行侠仗义,主持公道。③"歪官"与"游民"亦有一些关联,他们与官方力量并不同心同德,但也谈不上离心离德,而是有自己"独特的运作规则与行为方式",既与"主流社会相抗衡",又与"主流社会存在着某种互动关系"。④或如张小军所说,乡村的能人、带头人,"有多重身份、多重伦理、多重人格。这种复杂性正是中国社会复杂性的反映,多种秩序集于一身",但是产生的结果却不是"秩序危机",而是"协调","他们在基层社会以自己的理解和行为方式建构了一个基层的'国家',并如此把'国家'复制到基层社会"。⑤

"耍歪官"民俗的发生地 J 村位于 H 县西南 15 公里处,为 J 乡乡政府所在地,全村约 5 000 人口,下辖 4 个自然村,分别是东门村、西门村、南门村、北门村。"耍歪官"是该村晚清形成的民俗。清康熙年间,J 村一位张姓将军由于剿倭寇有功,被清廷赐封"怀远将军",至今村庙(永宁寺)内尚存碑碣。这位张将军带回一种锣鼓名"蛮鼓",让村民对垒演习游戏,流传至今。⑥至清末民初,J 村一位龚姓文人在江苏省某县当县长,头一年他回来看到东西南北四门的人都会敲鼓,但内容单调乏味,于是开始教西门村的人编对联,东门的文人见状也回对联,于是就形成了"出板对"的习俗,即把对联写在两块木板上,由 8 位男子抬着游村。第二年回来后,龚县长又创新了"耍歪官"的形式,首先由西门对阵东门,目的是讽刺、批评对门。由此逐渐形成"耍歪官"民俗的三个主要议程,直至今日,即"敲蛮鼓""出板对""出歪官"。

首先让笔者好奇的是,如此一个数千人参加的民俗活动是如何组织起来的?

这需要从第一个回合"敲蛮鼓"说起。每个"门"都有自己的锣鼓队,敲鼓是年俗,村民过年时都喜欢敲,他们抬着鼓到村口或有钱人门口去敲,图个热闹,主人家还会发糖发烟,这是和平鼓。有时候玩得高兴了,或者有人起哄,鼓声一变,就成了蛮鼓。2010 年正月十三,南门村民在北门敲起了蛮鼓,北门的老人一听,知道不对了。锣鼓队长召集大家商量,大家认为 1997 年以来就没再耍过"歪官",北门决定应战。

---

① 戴维·克里斯特尔.剑桥语言百科全书[M].任明等,译.北京:中国社会科学出版社,1995:111.
② 曹晋,徐婧,黄傲寒.新媒体、新修辞与转型中国的性别政治、阶级关系:以"绿茶婊"为例[J].新闻大学,2015(2),54.
③ 徐忠明.传统中国民众的伸冤意识:人物与途径[J].学术研究,2004(12):52.
④ 王学泰.游民文化与中国社会[M].太原:山西人民出版社,2014:12.
⑤ 张小军.让"经济"有灵魂:文化经济学思想之旅[M].北京:清华大学出版社,2014:7,236.
⑥ J 村党支部,村委会.J 村简史[Z].2014 年(未出版):59.

天色将晚,北门锣鼓队在南门村口敲起蛮鼓以作回应,此为开战。① 事实上,H 县文化馆的工作人员 LK 告诉笔者,北门村迎战不仅是因为"歪官"民俗久未举行,更主要是近些年村里发生了很多不好的事情,有必要拿出来说一说。从过程来看,"耍歪官"民俗是由锣鼓队发起和组织的。锣鼓队,类似于今天的农村广场舞队,看似是一个松散的文艺组织,但是一旦"耍歪官"仪式开始,锣鼓队便被赋予了很大的权力,主要表现为:首先,锣鼓队队长是"敲蛮鼓"和"出板对"两个回合的总指挥,需要组织多个小分队去对方村里敲鼓,同时组织村里的文人编排对联;其次,他还要找到"歪官"候选人,并秘密布置第三个回合"出歪官"的相关事宜。所以,从这个意义上讲,锣鼓队在村里不仅仅是一个文艺组织,其核心成员必须关心村庄公共事务,了解民心所向和村民特长,还要具有相当的组织能力。

不同于以旅游或消费为目的的文艺表演,村民将"敲蛮鼓"视为自己的事情,他们以主人翁的姿态极富热情地参与其中。

"敲蛮鼓不是表演,而是目的性很强的挑衅,杀气腾腾。农民敲鼓的热情,你很难想象,都豁出命去敲。开战之后,鼓声不能停,有来有往,我敲过去了,你必须敲回来,不然你就败了,都是整夜整夜地敲,不睡觉,夜里两三个人一队,轮着睡觉,换着敲。"②

以鞭炮锣鼓这种声音机制进行召唤,达到动员效果,是常见的乡村传播方式。③ 但"耍歪官"的动员不止于此。活动过程中可以见到很多"公告"或"露布"贴在墙上,红纸黑字。比如南门村的墙上有这样一份"奸敌令":

"解颐迎虎岁,千乘铁马××,放眼看中国,万里春风醉人,新春佳节,万民欢腾,南征北战,史传至今。北草胡房历来自命不凡,常怀夜郎之心,祖传牛皮之舌。昨日又不自量力,狂妄之态令人作呕。看我泱泱南国,金戈铁马精兵良将,战无不胜攻无不克,面对小丑作态,势必全歼之。故号召我府居民众志成城,同仇敌忾,百万雄师直捣黄龙,以耀我无敌之军威,震慑北草之鼠鳖。"

落款为:"南府,正月十二日。"

这里我们不仅可以看到 J 村文人的笔力和文脉的流长,更能看到他们对仪式完整性的重视,文字(公告)、声音(锣鼓),以及随后出征仪式上"歪官"的演讲,共同构成了"耍歪官"民俗的动员机制,全体村民参与其中的一场民俗"战事"即将开始。

(二)作为治理的舆论监督与民俗表演

第二个回合是"出板对"。村民选择几块木板,一般高 2 米,宽 20—30 厘米,表

---

① 访谈:H 县 J 村农民 WLY,2019 年 1 月 17 日。
② 访谈:2010 年仪式现场亲历者、记录者,H 县文化馆工作人员 LK,2019 年 1 月 16 日。
③ 沙垚.在乡村发现传播[J].现代视听,2019(2):84.

面涂成黑色,用粉笔在上面写字。每一副对联写成后,均要游村。正月十三黄昏,南门首先开始出板对,选出6个孩子,高举"帅旗",走在最前面,随后,两块木板各由4个男人抬着,最后面跟的是锣鼓队,到对方村里巡游。游完回来之后,把黑板上的内容擦掉,写作下一副对联,继续巡游。如此反复,且双方逐渐形成对垒关系。关于对联的内容,村史如是记载:

"初开始内容不过是些欢度春节,庆贺新年的和平文字,接着逐渐转入争占上风,抬高自己,压倒对方,再进一步互相奚落,诙谐风趣,语意双关,一副不行,拿出两副、三副甚至四副……真乃文字酣战,琳琅满目,邻村识者无不称赞叫绝。"①

比如,北门有一位男士勤勤恳恳,但他的媳妇却不守妇道,于是南门讽刺道:"堂堂男儿持家种地暗流泪,亭亭玉立不守妇道情意乱。"同样,南门有一位属鼠的、戴着眼镜的老板自以为是,做人不厚道,北门讽刺道:"阴暗角落线鼠是怪物,眼瓷僵蛇扮莽非龙样。"

除了个人,"板对"也会对村庄整体进行讽刺。因北门不团结,没有人愿意把自家房屋贡献出来当"歪官"的帅府(即活动指挥中心),北门只好把帅府的门楼搭在马路上,南门就此讽刺道:"修彩门霸古道北草胡儿夜郎心,读兵法习经史江南才俊鸿鹄志。"对北门的对联创作水平,南门讽刺道:"对联无常规假充文人之辈,语句太野蛮枉费祖宗之绩。"作为回应,北门讽刺南门的鼓敲得不好,"鼓太乱铙太乱有辱祖迹,志也无勇也无难载村史";南门的帅旗是龙旗,北门的帅旗是虎旗,北门就此贬损道"猛虎长啸震山林鼠辈丧胆狂逃窜,妖龙腾空扰黎民英雄显威抽龙筋"。

由此,我们可以看出"板对"是对村庄公共事务和不良个体的批评,板对游村,公之于众,村里每个村民都能看到,心里也清楚说的是谁,这无形当中会形成强大的舆论和道德压力。写作对联的人,一般是乡间饱学多才的长者,如退休教师、退休干部等,锣鼓队队长把他们请到"帅府"连夜创作,这几位被请的老先生会坐在一起讨论对方村里有什么丑事值得批评。从这个过程中,我们不仅可以看到舆论的发源,以及由此形成的文化治理的形式和痕迹,同时,我们还能感受到一种乡贤文化,知识和道德被格外地尊敬,并且形成了一种弥厚的优良风气。

J村是个大村,什么样的人才能当得上"歪官"?

"像电工、水工,关心公益事业,当干部的才能把村民认全,我当过电工,还当过一届村长,现在是村里红白喜事的主持人。我认识的人多,也能说会演。他们就让我当歪官,还给我买了一条烟。我还是说不干。我走的时候,锣鼓队队长说,你不当我们就不要了。我说,你们弄你们的。因为这是要保密的,提前让南门知道我当歪官,他们会编排了骂我,像锣鼓队队长、歪官、村干部这些肯定是要挨骂的。我的意思是,

---

① J村党支部,村委会.J村简史[Z].2014年(未出版):59.

我既然收了烟了,又让你们弄,我肯定是要当的,只是当时我不好表态。"①

锣鼓队讨论出歪官人选,队长携礼邀请。活动完全是民间发起、组织、运行的,村两委一般不露面,也不公开表态支持。"但不是不支持,他们只在背后支持,怕出面会带来麻烦,本来村干部就是对方歪官讽刺的主要对象了,再公开出面,就会被搂(作者注:揭露)得更深。"②

北门的歪官词是ZYS一个人编写的,他说:"任务交给我,我蒙着头在炕上躺了一天,想怎么写。先把要撅(作者注:讽刺)的人名字写下来,再把他们的事情写下来,然后想用什么语言。歪官批评人,不提名,只是形象地把他的事描述一遍,外面的人不懂,本村人一听就懂撅的是谁。"③被批评者"大部分都是存在缺点、有可批评的问题的,但也有提前圈定的对象,比如平日里喜欢批评讽刺别家的热闹头。这些事情由专门的人打听,搜集黑材料,由文人专门编写而成"④。由此,我们也大致可以看到村庄内部的信息情报传播搜集系统,不仅如此,"耍歪官"过程中,还有"潜伏"的信息情报员。

"北门决定应战了,还有些人不配合的,我们就跟南门上关系好的一说,南门的歪官就编排了骂他呢。我们自己骂自己人不合适,就把他的故事说给对方,让对方来骂。比如这次南门有个人小名叫牛娃,是村副主任,他不支持耍歪官,南门的人告诉我,我就出了个对子'西牛望月戏嫦娥,蝴蝶飞舞采花蕊',他被一激,就出来了,参加活动了。因为他平时有点花心,他老婆小名叫蝴蝶,别人一看就知道我说的是谁。"⑤

正月十五,南门出歪官;正月十六,北门出歪官。⑥ 相比之下,北门的仪式感更强,出征前,先锋官练兵,对随行人员喊道:"立正、稍息、报数。"大家齐声喊口号:"消灭南蛮,保卫祖国。"先锋官向元帅汇报:"报告首长,三军整顿完毕,请元帅指示。"然后,元帅讲话:"同志们、朋友们,正当全人民高高兴兴、欢欢乐乐,举国上下一片欢腾度春节之际,南蛮番犬,狂蹦乱跳,屡犯我境,使我国无宁日、民不聊生,我全国人民无比气愤,同仇敌忾,所向披靡,锣鼓震敌胆,板对撕敌心,乘胜追击贼寇,我今统帅海陆空三军征服南蛮,斩草除根、拔毛灭种,打他个片瓦不留,共创太平,不获全胜,绝不收兵,请先锋官命令三军出发。"

征途中,一共设了六个站点,每到一个站点,都会有一场表演,讽刺过去几年里在这个地点发生的人和事,最后由元帅训话,要求大家改过自新、努力向善。限于篇

---

① 访谈:2010年J村北门"歪官"扮演者ZYS,2019年1月19日。
② 访谈:2010年仪式现场亲历者、记录者,H县文化馆工作人员LK,2019年1月16日。
③ 访谈:2010年J村北门"歪官"扮演者ZYS,2019年1月19日
④ 访谈:H县J村农民、陕西省级非物质文化遗产传承人LQS,2019年1月18日。
⑤ 访谈:2010年J村北门"歪官"扮演者ZYS,2019年1月19日。
⑥ 作者注:南门的"出歪官"也很精彩,但限于篇幅,本文仅以北门"出歪官"过程中的一个站点为例。

幅，本文选择北门"出歪官"过程中最精彩的第四站的文本进行分析。

第四站，乡政府。①

歪官：先锋官，我们来到什么地方？

先锋官：报告元帅，来到J乡乡政府所在地。

歪官：传乡政府领导来见。

小丑（饰乡政府领导）：参见元帅大人，有何吩咐？

歪官：本元帅征南大军路过此地，发现大街漆黑一团，路灯不明，马路不平，在干什么？

小丑：元帅大人有所不知，我们忙于搞产业结构调整，发展西瓜大棚，扩宽南大街，硬化道路……

民妇（急上）：你停一下，让我来说，元帅大人，听我给您汇报。老爷我冤枉。

先锋官：元帅，前面有人喊冤。

歪官：州有州官、县有县衙，哪里所管，哪里去告。

民妇：那人恶霸，州县衙门管他不下。

歪官：不要胆怕，大胆地讲来。

民妇：老爷，（快板）事情发生在近几年，广大村民心太烦；横行霸道没人管，见了黑恶离得远，他们手段很危险，政府是他的保护伞，中华正气不弘扬，这样下去咋富强。

先锋官：不要害怕。

小丑：二道毛胆太大，天不怕地不怕，集体钱胡乱花，出门雇的桑塔纳，天天小车堂堂堂，好似给他娘在报丧，贪污现金实在多，听我给咱慢慢说，第一招，要二球，首先卖了商贸楼，回得暴利十几万，村民对他有意见；第二招又受贿，很快招了十八队，西门爪牙帮着干，随手贪污十七万。中华自古有青天，小丑至今还坐监，狐狸狡猾蒙过关，以为还是有空钻，书记村长一身担，J村就是我的天，2009年搞大选，牛鬼蛇神来造反，口香糖和香烟，美女跟了一串串，眼看就要当村官，结果又去坐了监。

先锋官：为什么呢？

小丑：只因我的心太黑，独吞财产和资金。

先锋官：你这披着羊皮的狼，还贼喊捉贼，滚下去。

元帅：J乡的官员们，你府大门上的为人民服务你们做到了没有，路灯不明，马路不平，难道是装饰品吗？做官不为民做主，不如回家种红薯。本元帅命令你们，要加强学习和贯彻科学发展观，认真实践"三个代表"的重要思想，为人民办好事，办实事，深入实际，踏实工作才是人民的好公仆。这一民妇你不要胆怕，本元帅命他们加

---

① 作者注：由于乡政府驻地在南门，因此成为北门歪官讽刺的对象。

大扫黑除恶力度,确保人民安居乐业,勤劳致富,过上平安幸福生活,三军继续前进。

该表演由四个人完成,表演时人山人海,大致估算有上万观众。歪官扮演元帅,他全副铠甲,骑着一匹马,随行众多,高举"回避""肃静"的牌子,先锋官是歪官的副将,亦是一位骑马的将军,小丑扮演一位贪腐的乡干部,民妇是一位拦马告状的人。讲述的故事是,一位名叫"二道毛"的村干部,与乡干部勾结,作恶多端,结果乡干部为求自保,把"二道毛"送入了监狱。该表演原本请了一位板胡师傅来为"民妇"配乐,但他一听是骂"二道毛"的,就吓跑了。由此可见此人在村中的恶名。"一开始我没想到去乡政府的,看到正月十五南门的歪官在乡政府门口表扬领导了,我想我一定要批评。可是怎么批评呢,不敢乱说,我想了一晚上,想到我主持婚礼时常说的'路灯明马路平,出门坐车不用行',我想乡政府门口路灯不明马路不平,这也是民生问题,就批评一下。"① 最后"歪官"的训话充满智慧,很有政治站位,他要求乡干部兑现"为人民服务"的承诺,学习科学发展观,加大扫黑除恶的力度等,借助这些官方的主流话语,表明无意挑战乡政府的权威,从而使活动获得更多合法性。

村民的意见即民意,是一种舆论监督;而"耍歪官",作为一种民俗表演,则是村民参与村庄公共事务,进行社区管理的形式,也符合《关于加强基层治理体系和治理能力现代化建设的意见》中"群众广泛参与,自治、法治、德治相结合的基层治理体系"以及"基层群众自治充满活力"的要求。几百年来,被批评的人,不能生气、不能急、不能报复。不仅如此,事后见了"歪官"的扮演者,还得给他发烟,请他多包涵。当然,由于"歪官"及其团队掌握了舆论监督的权力,也会有一些走后门的人,"出歪官的前一天晚上,我电话多得很,一百多个来电,都打电话说争取一下,不要说得太重了。有个叫九娃的,知道自己太坏,肯定要被我编排,就托北门锣鼓队的副队长给我送了一条烟,叫我手下留情"②。

耍歪官"是有警示作用的,村里面互相监督的,西门东门相互监督,南门北门也相互监督。耍完一次歪官,能够教育村民。偷东西的现象起码一两年都不会有,男女关系也比较干净"③。"江山易改本性难移,凭借耍一次歪官就让犯错误的人洗心革面是不可能的,但也是有效果的,对当事人来说,他们一定会格外小心,不敢再明目张胆地搞,怕下回再被当众讽刺;对其他村民,也有警示作用,他们知道做了错事,会被歪官当众批评,很没面子,以后不好做人。"④ 耍歪官对于村庄的公共治理也有积极的推进效果。"第二年柳泉河的污水就治理了,我当时在乡政府门口批评河水污染,感染

---

① 访谈:2010年J村北门"歪官"扮演者ZYS,2019年1月19日。
② 访谈:2010年J村北门"歪官"扮演者ZYS,2019年1月19日。
③ 访谈:H县J村农民、陕西省级非物质文化遗产传承人LQS,2019年1月18日。
④ 访谈:地方文化学者王昊,2019年1月15日。

瘟疫，反映了群众的呼声。领导心里也有数了。也是刚巧，第二年有了环境治理的项目和经费，就治理了。路灯不明、马路不平，现在也都治好了。"①

三、结语：舆论监督与内生性文化治理

"耍歪官"是一个新鲜的田野案例，其中富含着一种实践指向的研究路径，当乡村文艺在实践中与政治经济意义上的社会问题产生对话，主动介入乡村公共生活，进而参与构建更为美好的乡村秩序的时候，艺术就具有了时代和社会的双重意义，甚至对乡村振兴战略的全面推进以及"推进国家治理体系和治理能力现代化"的基层助力，都具有一定的启示性。以"耍歪官"民俗为切入点，我们可以看到一个较为成熟的农耕社会内生的功能和秩序，即在没有国家暴力机器和强制性权力作为后盾的情况下，民俗艺术是如何在乡村发挥治理功能的。舆论监督是其中的关键词，无论是"出板对"，还是"歪官"表演，其中对个体或整体的批评，都构成了舆论压力，进而督促相关人员在后续实践中调整言行、改过自新。在这里，舆论监督与乡村社会结构和文化结构是有机镶嵌的。

但事实上，新闻传播学中"舆论监督"的主流概念却并非如此。一般来说，舆论监督是指"公民通过新闻媒体对公共事务进行批评与建议"，是作为一种"言论自由权力的体现"，是"人民参政议政的一种形式"。② 换言之，舆论监督常常与媒体和政治（或意识形态）相关，因而舆论监督被认为是近代以来的现代性的产物。"耍歪官"的民俗却提醒我们，剥离"舆论监督"概念之现代性的可能性，将其置于乡土社会，或许可以发现更为深远的中国基因。古代战车为"舆"，乘车的人为"舆人"，舆论就是"舆人之论"，后引申为"众人之论"③；而"监督"有"监察督促"之意。因此，"舆论监督"至少可以理解为用群众意见来监察督促相关人员和组织。从这个角度来说，本文不仅具有实践性意义，即将乡村内生性文化引入社会治理领域，而且也以"去媒介中心主义"的方式打开了新闻传播学中舆论监督概念的新视野。

更为重要的是，这样一种基于乡村内生性的舆论监督机制是如何展开和落实的？

首先，组织与主体。在村两委及上级政府部门没有介入的情况下，村民依托锣鼓队等民间自发形成的文艺组织筹办盛大的民俗活动，吸引了两倍于全体村民的人数参与其中，可见村民的组织能力。这与近年来关于农村组织力衰退的言论构成了直接的对话关系。一个具有组织能力的民间组织是民俗舆论监督功能得以展开的保障，为整个民俗过程划定了规则和秩序。一方面，在舆论形成过程中，小部分村民主导民俗过

---

① 访谈:2010 年 J 村北门"歪官"扮演者 ZYS,2019 年 1 月 19 日。
② 陈建云.舆论监督与司法公正[M].上海:上海人民出版社,2016:44.
③ 赵锡元."舆论"溯源[J].史学集刊,1999(4):19—20.

程,通过文字和表演的方式,准确把握人情练达和政治边界,对相关干部和个人提出诙谐的批评,引导舆论;另一方面,在日常生活中,大部分村民作为监督的主体,敦促受批评者痛改前非、重新做人。所以说,全体村民参与该民俗活动,不仅是抵达仪式现场,更是舆论监督的全过程跟进,表现出相当的文化自觉。

其次,关系与传统。"耍歪官"进行舆论监督的有效性,或者说文化治理的力量,是由地缘亲缘关系和文化传统或惯习所赋予的。20世纪80年代末,J村曾有一次"耍歪官"在村部门口批评了时任村支书,有一群小混混意图驱散"歪官"队伍,被村支书喝止了,他说:我的祖坟就在这里,几百年的民俗不能断在我手里。① 在这里,"祖坟"指向了地缘、亲缘关系,"几百年"指向了历史文化传统,不能对不起祖先,不能对不起历史,可见关系与传统是乡村重要的资源,对当下的社会行为仍具有相当的制约和规训力量。关系与传统同时表现为乡土中国的文化秩序,产业化和符号化地处理这种文化秩序,将会导致其失去实践性的治理力量。

最后,仪式与日常。"耍歪官,就是一个仪式,给村民一个表演的外衣,村民用讽刺的形式来发表意见,参与村里公共的事情。"② 换言之,"耍歪官"的表演撑开一个特殊意义上的仪式"阈限",表演者进入到一种神圣的仪式空间,世俗的权力、规则和等级暂时消除。③ 或者说,是仪式让村民具有了在乡政府门口批判的力量和可能。最终,所有的仪式和功能都要落回到日常生活,在"耍歪官"民俗中,村民们前期会在日常搜集"坏人坏事"的材料,后期又会在日常执行舆论监督,从而形成一个完整的、闭合的信息传播链条和文化治理机制。

总之,在"耍歪官"活动中,我们看到了蕴藏于民间的组织能力、主体意识、文化仪式、舆论监督、信息传播和批判自觉。这要求我们对乡村内生性文化进行更为深入的反思。其一,乡村文化治理不能仅仅停留在文本层面,比如剪纸、绘画、手工技艺,它们固然寄托着乡民的美好愿望,但乡土社会更需要的是,能够直接落实到当下实践,与当时当地社会秩序和文化秩序形成某种对话(甚至挑战)关系的民俗活动,它需要具有"实用性满足"④的社会功能,同时其组织过程也是参与社会资源和公共事务的动员与协调的过程。其二,乡村文化不能仅仅是表演性的,村民通过"耍歪官"民俗认识到了"自身'固有的力量'是社会力量"⑤,当乡村在全球资本和国家权力的夹缝中艰难自处之时,文化表现出的一定的批判性和治理性,可以帮助乡村应对社会转型过程中可能遇到的种种风险。推而广之,"耍歪官"的活动并非民俗个案,在中国

---

① 访谈:2010年仪式现场亲历者、记录者,H县文化馆工作人员LK,2019年1月16日。
② 访谈:2010年H县J村农民WSR,2019年1月20日。
③ 王铭铭.逝去的繁荣:一座老城的历史人类学考察[M].杭州:浙江人民出版社,1999:197-198.
④ 王铭铭.功能主义人类学的重新评估[J].北京大学学报(哲学社会科学版),1996(2):45.
⑤ 马克思、恩格斯.马克思恩格斯文集.第1卷[M].北京:人民出版社,2009:46.

大地上，广泛存在着各种相关的民俗艺术表演活动。比如流行于河南陕西一带的"骂社火"，即活动中主要表演者披上兽皮，由锣鼓队助阵，到对方村庄中历数和批评一些不公正的事务，同样是以舆论监督的方式助推社会治理。